Bernhard Uhde

Warum sie glauben, was sie glauben

Bernhard Uhde

Warum sie glauben, was sie glauben

Weltreligionen für Andersgläubige und Nachdenkende

FREIBURG · BASEL · WIEN

MIX
Papier aus verantwor-
tungsvollen Quellen
FSC® C106847

© Verlag Herder GmbH, Freiburg im Breisgau 2013
www.herder.de
Alle Rechte vorbehalten

Satz: Barbara Herrmann, Freiburg im Breisgau
Herstellung: fgb · freiburger graphische betriebe
www.fgb.de

Printed in Germany

ISBN 978-3-451-30917-5

P. E.
M. C. G.

„Seid stets bereit, jedem Rede und Antwort zu stehen"
(1 Petr 3, 15)

Inhalt

Vorwort 13
Einleitung 17

I. JUDENTUM – Der Gedanke der erscheinenden Wirkungen Gottes

1. Gottes Wirken – Menschliche Erfahrungen 48
2. Die Tora – Gegenwärtige Erfahrung 54
3. Die Geschichte – Wahre Gegenwart 62
4. Das Menschenleben – Nachahmung Gottes 68
5. Warum sie glauben, was sie glauben 72
   1. Glauben aus Erfahrung 72
   2. Glauben trotz Leiden? 74

Erster Exkurs:
Die Treue Israels als Herausforderung des
Christentums 78

II. CHRISTENTUM – Der Gedanke der erscheinenden Einheit Gottes

1. Gottes Wirken – Göttliche Erfahrungen 82
2. Das Evangelium – Selbstvergegenwärtigung Gottes 88
3. Die Trinität – Wahre Einheit 99
4. Das Menschenleben – Nachahmung Christi 111
5. Warum sie glauben, was sie glauben 115
   1. Glauben aus Erfahrung 115
   2. Glauben trotz Leiden? 119

Zweiter Exkurs:
Die Selbstvergegenwärtigung Gottes als Herausforderung der Religionen 123

III. ISLAM – Der Gedanke der erscheinenden Rede Gottes

1. Gottes Wirken – Verständliche Erfahrungen 128
2. Der Koran – Gegenwärtige Rede Gottes 136
3. Gott der Eine – Und nicht gleich ist Ihm einer! ... 144
4. Das Menschenleben – Nachahmung des/der Propheten 151
5. Warum sie glauben, was sie glauben 159
   1. Glauben aus Erfahrung 159
   2. Glauben trotz Leiden? 162

Dritter Exkurs:
Die Widerspruchsfreiheit in der Religion als
Herausforderung des Christentums 166

Überleitung: Vom „Westen" in den „Osten" –
Von „Wissenschaft" zur „Weisheit"? 170

IV. HINDUISMUS – Der Gedanke der Kausalität von Allem

1. Der Götter Wirken – Vielfältige Erfahrungen ... 176
2. Die Lehren – Ursachen und Wirkungen 181
3. Alles ist Eines – Eines ist Alles 189
4. Das Menschenleben – Gleichsein mit dem Dharma 201
5. Warum sie glauben, was sie glauben 206
   1. Glauben aus Erfahrungen 206
   2. Glauben wegen Leiden 209

Vierter Exkurs:
Die Selbst-Verantwortung der Lebewesen als
Herausforderung des Christentums 211

V. BUDDHISMUS – Der Gedanke der Konditionalität
von Allem

1. Der Buddha – Eine Erkenntnis 216
2. Die Predigt – Wechselseitige Bedingtheit 223
3. Der Buddha – Wahres Wissen 226
4. Das Menschenleben – Gleichsein mit dem Buddha 230
5. Warum sie glauben, was sie glauben 236
   1. Glauben aus Erkenntnis 236
   2. Glauben ohne Leiden 238

Fünfter Exkurs:
Die Selbst-Erlösung der Lebewesen als
Herausforderung des Christentums 240

Nachwort 244

Verzeichnis der Quellen 246

Verzeichnis der Literatur 250

Vorwort

Dies kleine Buch ist ein ungewöhnlicher Versuch. Es ist der Versuch, den Denkstrukturen der Weltreligionen Judentum, Christentum, Islam, Hinduismus und Buddhismus für jeweils Andersgläubige verständlich nachzudenken, so nachzudenken, dass diese Denkstrukturen als Grundlage von Erfahrungen sowie als Denkmöglichkeiten verstanden werden können. Vorgestellt werden also grundlegende gedankliche Voraussetzungen den Andersgläubigen und Nachdenkenden als eine in sich folgerichtige und mögliche Begründung des jeweiligen religiösen Denkens. Damit soll ein Verständnis als Anleitung zum Nachvollzug des Gedachten vermittelt werden, das dem Selbstverständnis der Gläubigen entspricht, unabhängig davon, ob sie sich dessen stets selbst bewusst sind. Die hier vorgelegten Gedanken der Weltreligionen und die Gedanken über die Weltreligionen sollen mithin weit mehr zeigen, *wie* von den jeweils Gläubigen gedacht wird, als eine Gesamtdarstellung dessen geben, *was* von ihnen gedacht wird. Daher wird die Darstellung exemplarisch sein müssen und auch wichtige Einzelheiten nicht berücksichtigen können, jedoch den Gesamteindruck zu vermitteln suchen.

Religionen und deren Inhalte sind zur Weitergabe bestimmt und stets auch weitergegeben worden. Eine solche Weitergabe muss auch auf Verständlichkeit angelegt sein, sei es für die Verbreitung, sei es für die Überlieferung dieser Inhalte. Die Überlieferung im Sinne der belehrenden Erziehung setzt bei dieser Weitergabe sobald als möglich auch auf das Einsichtsvermögen des zu Belehrenden, indem ihm Kenntnisse anvertraut werden. Nicht zuletzt dient die Verständlichkeit aber auch dem Selbstverständnis des religiösen Lehrers, wenn er von seinem Verstand Gebrauch macht.

Hier sind unterschiedliche Denkstrukturen, unterschiedliche Denkvoraussetzungen zu erkennen. So haben sich besonders in den sogenannten Weltreligionen Gedankenfolgen entwickelt, die diese Religionen jeweils als in sich schlüssige, aber voneinander unterschiedene Denkmöglichkeiten darstellen – neben der rituellen und spirituellen Praxis. Eben diese Gedankenfolgen sind aber Grundlage für das Verständnis und die verständliche Darstellung der Inhalte der Religionen, wenn sie nicht gar als unbedingte Voraussetzung für den Vollzug von Religion genommen werden.

Diese Gedankenfolgen der Religionen lassen erkennen, was als bedeutender und unbedeutender angesehen wird. So treten die gedanklichen Prinzipien der Religionen hervor, aus denen andere Inhalte abzuleiten sind. Diese Prinzipien werden als erste Voraussetzungen auch in der Unterscheidung der Religionen deutlich und bestimmen somit deren prinzipielle Verschiedenheit. Als Prinzipien aber begründen sie auch eine spezifische Art von Wissen, sei dieses als ein gegebenes, „geoffenbartes" Wissen verstanden wie in Judentum, Christentum, Islam und manchen Religionen innerhalb indischer Geisteswelt (Hinduismus), oder als ein eingesehenes, „erworbenes" Wissen wie in anderen Religionen des Hinduismus sowie des Buddhismus. Dabei ist klar, dass die sprachliche Weitergabe dieses Wissens noch nicht den Vollzug dieses Wissens darstellt, also jenen Glauben, der dieses Wissen als Wahrheit begreift.

Die den Weltreligionen eigenen Denkstrukturen erhellen, warum Menschen glauben, was sie glauben. In ihrer prinzipiellen Unterschiedlichkeit sind sie aber auch eine Herausforderung für „Andersgläubige", insbesondere dann, wenn sie als Reform, Vollendung oder Korrektur vorgängiger Religionen hervortreten. Versteht man den Buddhismus als Reform des altindischen Denkens, das Christentum als Vollendung des Judentums und den Islam als Korrektur von Judentum und Christentum, so wird diese Herausforderung deutlich. Nun sind die so herausgeforderten nachdenkenden Gläubigen in jenen Religionen nicht ohne Antwort auf diese Herausforderungen. Nur so können sie ja eine nachdenkliche Begründung der eigenen Religionszugehörigkeit vortragen. Diese Begründungen zielen nicht nur auf die Einwände abwehrende Darstellung der eigenen Religion, also auf die Behauptung einer Denkmöglichkeit unter vielen anderen Denkmöglichkeiten, sondern auch auf die Vorzüglichkeit der eigenen Religion, da sie ja eben die eigene Religionszugehörigkeit begründend verständlich machen sollen.

Dieser apologetische, auf die Verteidigung des Eigenen angelegte Weg soll hier nicht beschritten werden. Vielmehr sollen die Religionen in ihrer jeweiligen Stärke vorgestellt und von innen her verständlich gemacht werden. Zuvor aber sind wichtige methodische Überlegungen für das Verständnis und die Darstellung von Religionen nötig. Dies vor allem, um zu erklären, weshalb eine solche Darstellung im Gefüge abendländischen Denkens und dort erst in der Neuzeit möglich wird und welche Schwierigkeiten dennoch bleiben – wem diese Lektüre zu trocken erscheint, mag diese „Einleitung" übergehen.

Die Weltreligionen stehen mit ihren konkurrierenden Wahrheitsansprüchen und Inhalten in gegenseitiger Herausforderung. Für jede der Religionen Judentum, Christentum, Islam, Hinduismus und Buddhismus sind daher die jeweils „Anderen" Herausforderungen der eigenen Glaubensüberzeugung, so auch für das Christentum, das die abendländische Kultur und deren Werte nachhaltig geprägt hat. Diese jeweiligen Herausforderungen und deren Entgegnungen werden im Nachfolgenden an wenigen, das Christentum jedoch fundamental betreffenden Beispielen in knappen Exkursen dargestellt. Damit soll nicht allein ein bescheidener Beitrag zum interreligiösen Gespräch vorgestellt, sondern vielmehr ein kleiner Eindruck davon gegeben werden, was die wesentlichen Themen dieses Gesprächs sein könnten.

Die Inhalte von Religionen sind zur Weitergabe bestimmt. Diese Weitergabe muss auf Verständlichkeit angelegt sein, um ihren Sinn zu erfüllen. So sind auch die nachfolgenden Gedanken auf Verständlichkeit angelegt. Daher verzichten sie auf eine Fachsprache, verzichten auf den Ballast der Präsentation akademischer Gelehrsamkeit. Dies hat seinen Grund auch darin, dass sie nicht zuletzt ein Ertrag von vielen Abenden in der „Erwachsenenbildung" sind, bei denen zusammen mit einem interessierten und fragetüchtigen Publikum um ein Verstehen von Religionen und Andersgläubigen gerungen wurde. Diesem Publikum ist dieses Buch verdankt und gewidmet. Gedankt aber soll auch jenen Institutionen und deren Mitarbeitern sein, die solche Veranstaltungen ermöglichen und durchführen. Für vielfältige Hilfen sei Frau Dipl.-Theol. Friederike Schmidt und Herrn Dipl.-Theol. Fabian Freiseis herzlich gedankt, und nicht zuletzt auch dem Herder-Verlag in Freiburg, insbesondere den Herren Peter Raab und Dr. Rudolf Walter, für die geduldige Begleitung dieses Vorhabens und für das Verständnis für diese ungewohnte Darstellung der Weltreligionen.

Einleitung

Zur abendländischen Wissenschaftsgeschichte

Die Darstellung von Religionen gemäß ihrem Selbstverständnis, gar der Versuch, diese Religionen als menschliche Denkmöglichkeiten darzustellen, entspricht der Auffassung abendländisch-neuzeitlicher Wissenschaft. Diese Auffassung setzt eine besondere wissenschaftsgeschichtliche Entwicklung voraus. Deshalb ist die Besonderheit dieses abendländisch-neuzeitlichen Denkens, wie es sich von vorherigen abendländischen und von anderen außereuropäischen Denktraditionen unterscheidet, zu erhellen. Deutlich zeigt sich dadurch, dass die Frage nach Religion und Religionen, also auch der Versuch einer nicht bewertenden oder gar abwertenden Darstellung derjenigen Religionen, die nicht der eigenen entsprechen, erst im Denkgefüge der abendländischen Neuzeit möglich wird. Weder in der Antike noch im Mittelalter ist es in der europäischen Tradition üblich oder auch nur erwünscht, „fremde" Religionen und Kulturen ihrem Selbstverständnis nach und ohne Bewertung zu erkunden und zu beschreiben. Weshalb?

Die Antwort auf diese Frage wird durch einen Blick auf die abendländische Wissenschaftsgeschichte deutlich – ein Blick, der auch in der Kürze notwendig ist. Denn dieser Blick macht auch klar, dass die in den großen Epochen dieser abendländischen Wissenschafts- und Geistesgeschichte erkennbaren Prinzipien des Denkens von Antike, Mittelalter und Neuzeit eine Verwandtschaft zu den Prinzipien des Denkens großer Religionen haben. Daher ist das Verständnis dieser Prinzipien auch für das Verstehen der großen Religionen, sofern sie hinsichtlich ihrer jeweiligen Denkmöglichkeit betrachtet werden, unerlässlich.

Was bewegt nun diese abendländische Wissenschaftsgeschichte? Es ist die Frage nach einem sicheren Wissen, einem Wissen, das nicht nur einem einzelnen Menschen als sicher erscheint, sondern das so ist, dass es jeder Mensch von Einsicht teilen muss. Nun hat ja jedes Wissen Voraussetzungen, und sind diese Voraussetzungen nicht sicher, wie könnte es dann das Wissen sein? Folglich müssen die allerersten Voraussetzungen jeglichen Wissens als sicher und notwendig für jedes folgende Wissen erkannt werden: die Prinzipien. Aus deren gewusster Sicherheit heraus allein entfaltet sich ein menschenmögliches und unter Menschen teilbares Wissen: „Was können wir sicher wissen?" ist demnach die Frage, die durch Antike, Mittelalter und Neuzeit die abendländische Wissenschaftsgeschichte bewegt.

Und wozu ist diese Frage, wozu ist eine Antwort auf diese Frage sinnvoll oder gar nötig? Wo wünschen, wo benötigen wir Menschen ein mitteilbares sicheres Wissen? Ein solches Wissen ist keineswegs nur theoretisch interessant, sondern von größter Bedeutung auch für die Praxis des menschlichen Zusammenlebens. Sehr wohl wünschenswert ist sicheres, mitteilbares Wissen bei der Wahrheitsfindung vor Gericht, sehr wohl wünschenswert bei den Diagnosen und Therapien der ärztlichen Kunst. Wünschenswert wäre ein solches sicheres Wissen gewiss auch bei dem alle Menschen betreffenden, die allermeisten Menschen auch berührenden Rätsel nach dem Woher und dem Wohin des Menschen: „Was ist der Mensch? Was ist Sinn und Ziel unseres Lebens? …Was ist der Tod …? Und schließlich: Was ist jenes letzte und unsagbare Geheimnis unserer Existenz, aus dem wir kommen und wohin wir gehen?"[1] Hier „erwarten die Menschen Antwort von den verschiedenen Religionen"[2], und gerade deren Ver-

---

[1] II. Vaticanum, Erklärung über das Verhältnis der Kirche zu den nichtchristlichen Religionen *Nostra aetate 1.*, Abs. 3.
[2] A. a. O.

schiedenheit zeigt, dass diese Religionen verschiedene Denkmöglichkeiten als Antworten anbieten. Daraus ergibt sich, dass sie ein Wissen vortragen, das nicht von allen Menschen gleichermaßen geteilt wird, ein Wissen, das auf unterschiedlichen Prinzipien beruht und daher prinzipiell unterschiedlich ist.

Menschen benötigen aber auch ein sicheres Wissen, das allen Menschen mitteilbar ist und nicht in Frage gestellt werden kann. Ein solches übereinstimmendes Wissen könnte ein „Weltethos" begründen, das seinerseits Garant für friedliches menschliches Zusammenleben und Überleben sein könnte. Einen Versuch, ein solches Wissen aus einer Anzahl von Religionen und Kulturen zu erheben, hat Hans Küng mehrfach unternommen.[3] Mag man auch daran Kritik üben können, so bleibt doch, dass menschliche Gemeinwesen ein übereinstimmendes und nach Möglichkeit sicheres Wissen in Gesetzgebung und Rechtsprechung haben sollten, um einheitlich zu sein und dadurch fortbestehen zu können.

Daher: die Frage nach einem sicheren und mitteilbaren Wissen treibt die abendländische Wissenschaftsgeschichte in Theorie und Praxis voran, zumal diese Frage keine endgültige Antwort zu erhalten scheint, wie dies auf manchen Wissensgebieten seinerzeit noch gedacht wurde. Noch Immanuel Kant erklärt in der Vorrede zur ersten Auflage der „Kritik der reinen Vernunft" aus dem Jahr 1781 hinsichtlich der Metaphysik: „Ich erkühne mich zu sagen, daß nicht eine einzige metaphysische Aufgabe sein müsse, die hier nicht aufgelöst, oder zu deren Auflösung nicht wenigstens der Schlüssel dargereicht worden."[4] Und doch schreitet die Wissenschaftsgeschichte weiter fort, indem sie den Geltungsbereich überkommener Erkenntnisse und Aus-

---
[3] Vgl. besonders Hans Küng, *Weltethos für Weltpolitik und Weltwirtschaft*. Darmstadt ³1998.
[4] Immanuel Kant, *Kritik der reinen Vernunft*. Vorrede zur ersten Ausgabe. Riga 1781, A XIII.

sagen einschränkt und somit Platz schafft für neue Forschung.

Man kann, wie es ja auch allgemeiner Sprachgebrauch ist, die abendländische Geschichte in drei Epochen einteilen: Antike, Mittelalter, Neuzeit. Dies ist auch eine Möglichkeit, die abendländische Geistesgeschichte zu betrachten.[5] Dabei ist zu fragen, wie sich diese Epochen unterscheiden – und dabei können unterschiedliche Prinzipien des Wissens bemerkt werden, wobei das mittelalterliche Prinzip das der Antike, das neuzeitliche Prinzip das von Antike und Mittelalter voraussetzt.

Antike

Die erste Erpoche dieser Wissenschaftsgeschichte, *die Antike*, findet die sichere Voraussetzung allen sicheren Wissens im „Satz vom zu vermeidenden Widerspruch", also im Prinzip des ausgeschlossenen Selbstwiderspruchs, das Aristoteles so formuliert: „Dass nämlich dasselbe demselben gemäß desselben gleichzeitig zukommen und nicht zukommen kann, ist unmöglich."[6] Dies kann man auch anders ausdrücken: es ist unmöglich, einem Subjekt oder einer Sache zu gleicher Zeit und in gleicher Hinsicht einander widersprechende, gegensätzliche Prädikate zuzuordnen. So kann ein Sachverhalt nicht zu gleicher Zeit und in gleicher Hinsicht selbstwidersprechend sein – ein Trinkglas ist entweder voll oder leer. Ist es zunächst gefüllt, sodann ausgetrunken und leer, so ändert man den Zeitpunkt der Betrachtung; blickt man auf ein halbvolles Glas und betrachtet die untere gefüllte Hälfte, dann aber die obere leere Hälfte, so ändert man Zeitpunkt und Hinsicht der Betrachtung. Gleichzeitig

---

[5] Es ist eine Möglichkeit unter anderen Möglichkeiten; so begreift Heidegger diese Geschichte, spätestens seit Platon, einheitlich als eine Geschichte der „Metaphysik in der Vergessenheit der Wahrheit des Seins" (*Brief über den Humanismus*, in: Wegmarken, GA Bd. 9, S. 328).
[6] Aristoteles, *Metaphysik* 1005 b 19 f.

und in gleicher Hinsicht aber kann das Glas unmöglich voll und leer sein. Dieser Satz gilt als vollkommen sicheres Wissen, zumal der Widerlegungsversuch, der den ganzen Satz als Sachverhalt nimmt und ihn für falsch erklären will, nicht gleichzeitig und in gleicher Hinsicht den Satz für richtig halten kann. Der Satz wäre aber nur dadurch zu widerlegen, dass einem und demselbem Sachverhalt Widersprüchliches zugesprochen werden kann. Nimmt man also den Satz selbst als Sachverhalt, müsste ihm „wahr" und „falsch" gleichzeitig und in gleicher Hinsicht zugesprochen werden können. Das aber will der, der den Satz für falsch – und nur für falsch – hält, gerade nicht, sondern er möchte nur „falsch" zuschreiben, nicht aber auch „wahr". Wollte er beide Zuschreibungen gleichzeitig und in gleicher Hinsicht, also „wahr und falsch", trifft er keine Aussage. Das Trinkglas kann nicht „voll und leer" sein. So ist die Unmöglichkeit der Widerlegung dieses Satzes gezeigt, weil der Widerlegungsversuch den Inhalt des Prinzips selbst voraussetzt, nicht gegenteilige selbstwidersprüchliche Aussagen sinnvoll machen zu können. So setzt sogar der Widerlegungsversuch den Inhalt des Satzes voraus und erweist ihn damit als sicheres unwiderlegliches Wissen, das jeder Aussage, jedem Gedanken vorauszusetzen ist. Damit gewinnt der Satz den Charakter eines Prinzips.[7]

Aus dieser Weise sicheren Denkens, die als Grundlage des „natürlichen Verstandes" des Menschen genommen werden kann, geht eine das abendländische Denken lange beherrschende Tradition hervor: das Denken in Gegensätzen von Wahr und Falsch. „Wahres" wird gegen „Falsches" gestellt, nicht aber gegen „Anderes"; das Andere ist mithin immer auch das Unwahre, das Falsche. Wenn also das „Eigene" das „Wahre" ist, so ist das „Andere" das „Unwahre"; wäre das

---

[7] Genau gegen dieses Prinzip des Denkens scheint die Lehre von Christus als „wahrer Gott, wahrer Mensch" zu verstoßen; vgl. unten S. 105 f.

„Eigene" das „Unwahre", so wäre das „Andere" das „Wahre". So ergeben sich Gegensatzpaare: „Griechen" gegen „Barbaren", „Freie (Griechen)" gegen „Unfreie (Perser)", „Wissen" gegen „Unwissen". In einer solchen Betrachtungsweise, einer solchen Denktradition ist eine wertfreie Beschreibung des „Anderen" nicht denkbar. Das jeweils „Andere" muss das „Falsche" sein. Ist nun die eigene Kultur, die eigene Religion das „Wahre", so sind alle anderen Kulturen und Religionen „unwahr" und damit falsch. So aber ist eine wertfreie Beschreibung anderer Kulturen und Religionen prinzipiell unmöglich.[8]

Mittelalter

Die zweite Epoche dieser Wissenschaftsgeschichte, *das Mittelalter*, wird durch die Kritik am Prinzip der alten Epoche eröffnet. Der dem Neuplatonismus zugeordnete, im 3. Jahrhundert nach Christus lebende Denker Plotin sieht[9]: Das Prinzip der alten Epoche ist nicht vollkommen einheitlich, denn genau betrachtet untersucht es eine Zuordnungsproblematik, also minimal eine Zweiheit von einem Subjekt („Glas") und einem Prädikat („leer" / „voll") oder aber die Selbstwidersprüchlichkeit der beiden einander widersprechenden Prädikate („leer" / „voll"). In jedem Fall aber wird eine „Einheit" vorausgesetzt: die des Subjekts und die jedes der Prädikate. Also hat dies Prinzip eine Voraussetzung, es ist nicht das erste und höchste Wissen. Hat aber das antike Prinzip eine Voraussetzung, so ist seine Sicherheit von der Sicherheit dieser Voraussetzung abhängig. Damit verliert das antike Prinzip seinen Rang als „erste Voraussetzung allen Wissens" an diese ihm vorausgesetzte „Einheit": diese „Einheit" wird Erstes

---

[8] Dieses „antike" Denkschema hat sich im Islam durchaus erhalten, vgl. Koran 22, 62; dazu Bernhard Uhde, *„Denn Gott ist die Wahrheit, und was sie außer ihm anrufen, ist Trug"*. Freiburg 2011.
[9] Vgl. insbesondere Plotin, *Enneade* III, 8, 9, 1–26.

Prinzip, das antike Prinzip vom „Satz vom zu vermeidenden Widerspruch" tritt an die zweite Stelle. Diese Einheit selbst aber ist ohne Prädikat, also absolut einfach und einheitlich, daher „jenseits" allen zuordnenden Denkens.

Und genau so ist dieser Begriff von „Einheit" als notwendige Voraussetzung allen Wissens zu begreifen. Diese Einheit ist dem Menschen unzugänglich und unbekannt, da „jenseitig", denn menschliches Denken kennt kein Subjekt, dem man nicht ein Prädikat zuordnen, kein Prädikat, das man ohne Subjekt denken könnte, kennt nur Vielheit – außer eben diesen Begriff von „Einheit", der weder mit Körpersinnen noch intellektuell zu erkennen ist. Auch intellektuell ist dieser Begriff nicht zu erkennen, weil in diesem Falle noch immer der Erkennende und das Erkannte, die „Einheit", zusammen gedacht werden müssten, also wiederum die Einheit nicht ohne Beziehung gedacht werden kann. So kann diese Einheit zwar als notwendige Voraussetzung aller Vielheit begriffen, nicht aber selbst eingesehen werden. Und selbst diese Einsicht in die Notwendigkeit der Voraussetzung wäre ja nicht möglich – wie käme der Mensch auf diesen Gedanken – hätte sich diese Einheit nicht sich selbst in menschliches Bewusstsein im Gedanken der Notwendigkeit ihrer Voraussetzung für alles Wissen gesenkt.

Diese Abfolge der Prinzipien – zuerst die „jenseitige Einheit", sodann das „Widerspruchsprinzip" – kennzeichnet die mittelalterliche Epoche. In dieser Epoche kann die christliche Theologie das Erste Prinzip, die „jenseitige Einheit", mit Gott gleichsetzen, von dem Menschen nur wüssten, weil er sich in der Person Jesu Christi selbst zu ihnen hingewandt habe, als absolute Einheit erhaben über das „Widerspruchsprinzip" und damit über die Gegensätze in der Welt, ja erhaben über den größten Gegensatz, den von Leben und Tod: Christus war tot und ist auferstanden.[10]

---
[10] Siehe unten S. 92 f.

Für das Geschehen in der Welt aber bleibt das „Widerspruchsprinzip" höchste Urteilsgrundlage.

Mit dem Auffinden dieses Prinzips der „jenseitigen Einheit" leistet Plotin zweierlei. Für die Philosophie: das Prinzip allen Wissens ist vollkommen einheitlich und als solches auch dem „Satz vom zu vermeidenden Widerspruch" logisch vorausgesetzt. Es ist allerdings selbst nicht einsehbar, sondern „nur" in der Notwendigkeit seiner Voraussetzung erkennbar. Für die christlich-abendländische Theologie: die logische Denkmöglichkeit der Christologie und der Trinitätstheologie.[11] So wird mit dem Prinzip der „jenseitigen Einheit" nicht nur ein sicheres Wissen begründet, sondern – im Selbstverständnis des Christentums der mittelalterlichen Epoche – ein sicheres Wissen vom Heil des Menschen. Die Nähe von Philosophie und Theologie in der zweiten Epoche der abendländischen Wissenschaftsgeschichte wird somit gekennzeichnet und verständlich.

Hieraus ergibt sich aber auch, dass sich das Christentum als die Vollendung aller Religionen versteht, insbesondere was die Religion des Judentums anlangt, und aller Kulturen, insbesondere was die griechische Philosophie anlangt. Beide können als „Vorbereitung" des Christentums begriffen werden, wie es bereits Klemens von Alexandrien im 2. Jahrhundert auffasst. So wird das antike Schema „Wahr" – „Falsch" abgelöst durch das Schema „Vorbereitung" – „Vollendung", eine Vollendung, die nur eine einzige vollkommen wahre Religion erkennen lässt, während die anderen keine „falschen Religionen", sondern die vollkommene Wahrheit vorbereitende Religionen sind.

Wie steht es aber mit den Menschen, die vor oder außerhalb der Botschaft des Christentums leben, wie mit diesen Religionen? Justinus von Alexandrien bedenkt dies im 2. Jahrhundert mit einem Gedanken, der seinen Ursprung bei

---

[11] Siehe unten S. 99 f.

Platon hat. Die höchste Idee ist bei Platon die Idee des Guten, und wer immer gut denkt oder handelt, hat Anteil an dieser Idee. Ebenso sind alle Menschen auf besondere Weise mit Christus verbunden, indem allen Menschen ein „Samenkorn" jener Wahrheit geschenkt ist, die Christus in Vollkommenheit verkörpert. So haben alle Menschen Anteil an Christus, indem sie ihm als dem absoluten wahren Maßstab der Unterscheidung von Gut und Böse folgen, wenn sie mit gutem Willen nach dem ihnen gut Erscheinenden streben, denn „der Geist weht, wo er will", wie es im Johannes-Evangelium (3, 8) heißt. So ist Christus der „Logos", das begründete Unterscheidungsvermögen von Gut und Böse, an dem alle Menschen Anteil haben, das sich aber vollendet in Christus zeigt. So sind, wie später gesagt werden wird, die „verschiedenen Religionen gleichsam auch Reflexe einer einzigen Wahrheit als ‚Keime des Wortes'."[12]

Mit dieser Auffassung kann es auch in der zweiten Epoche der abendländischen Wissenschaftsgeschichte, der christlich geprägten mittelalterlichen Epoche, keine wertfreie Deskription anderer Kulturen und Religionen geben, indem diese „Anderen" niemals die vollkommene wahre „Religion" sein können: sie sind entweder vorbereitend auf das Vollkommene oder haben Anteil am Vollkommenen.[13]

---

[12] Johannes Paul II, Enzyklika *Redemptor Hominis* vom 4. März 1979, Nr. 11.
[13] Dieses „mittelalterliche" Denkschema hat sich im Christentum durchaus erhalten, vgl. II. Vaticanum, Dogmatische Konstitution über die Kirche *Lumen gentium*, Art. 9: „... Also hat Er das israelitische Volk Sich zum Volk erwählt, mit dem Er einen Bund geschlossen und das Er schrittweise unterwiesen hat, indem Er Sich und den Vorsatz seines Willens in dessen Geschichte offenbarte und es für Sich heiligte. Dies alles jedoch wurde zur Vorbereitung und zum Vorbild jenes neuen und vollkommenen Bundes, der in Christus geschlossen, und der volleren Offenbarung, die durch das Fleisch gewordene Wort Gottes selbst übermittelt werden sollte ..."; Art. 16: „Diejenigen endlich, die das Evangelium noch nicht empfangen haben, werden auf das Volk Gottes auf verschiedene Weise hingeordnet ...".

Neuzeit

Die dritte Epoche dieser Wissenschaftsgeschichte, *die Neuzeit*, wird von Descartes[14] eröffnet. Descartes tilgt dabei die „Unvollkommenheiten" der Prinzipien der alten und der mittleren Epoche: war das Prinzip der ersten Epoche zwar einsehbar und ließ eine Anwesenheit im Denken zu, so war es doch nicht vollkommen einheitlich; war das Prinzip der zweiten Epoche des abendländischen Denkens zwar vollkommen einheitlich, so war es doch nicht an sich selbst, sondern nur in der Notwendigkeit seiner Voraussetzung einsehbar, ließ also keine Anwesenheit im Denken zu. Das von Descartes eingesehene Prinzip allen Wissens ist vollkommen einheitlich und lässt Anwesenheit im Denken zu.

Gemäß der ersten methodischen Vorschrift seines „Discours de la Méthode" nimmt Descartes nur das als wahres, sicheres Wissen, was nichts mehr in das Urteil nimmt als das, „que ce qui se presenteroit si clairement & si distinctement a mon esprit, que je n'eusse aucune occasion de le mettre en doute"[15] – „was sich meinem Geist ebenso klar wie bestimmt zeigt, so dass ich keine Möglichkeit habe, es in Zweifel zu ziehen". Allein die Möglichkeit, etwas zu bezweifeln, muss ausreichen, das Bezweifelte als falsch zu nehmen, um Wissen sicher zu gründen.[16] So muss nunmehr das Prinzip bewiesen werden, nicht mehr es sich selbst als Prinzip erweisen. In dieser Form von Wissenschaft kann daher auch „Gott" nicht mehr als Voraussetzung allen Wissens erscheinen, da es ja die Möglichkeit gibt, seine Existenz zu bezweifeln. Wie es aber möglich ist, an Allem zu zweifeln, so ist es doch unmöglich zu bezweifeln, dass es beim Zweifel an Allem mit notwendiger Sicherheit ein zweifelndes Sub-

---

[14] 1596–1650.
[15] Descartes, *Discours de la Méthode*, ed. Adam & Tannery, S.18.
[16] Descartes, *Principia philosophiae* I, ed. Adam & Tannery, S. 5.

jekt geben muss, denn auch der Zweifel daran setzt ein solches wiederum voraus.[17]

Diese zunächst einfache Erkenntnis begründet aber die gesamte neuere Wissenschaft, weil sie das zweifelnde, also das denkende Subjekt an der logisch ersten Stelle sicheren Wissens, mithin als Prinzip erkennt. Diese Selbstgewissheit des Subjekts, das sich als erstes Prinzip allen Wissens selbst setzt[18], erreicht die vollkommene Sicherheit des Wissens durch vollkommene Unbezweifelbarkeit. Der Satz „Cogito ergo sum" – „Ich denke, mithin bin ich" ist die sicherste erste Erkenntnis und damit sichere Voraussetzung allen Wissens. Das denkende Subjekt erscheint nun als Herr seiner eigenen Urteile, die es selbst logisch zu besichern weiß durch seine Selbstgewissheit. Eben dadurch wird jeder mögliche Gegenstand menschlichen Wissens diesem Urteil des Subjekts unterworfen, so dass auch die Prinzipien der überkommenen Epochen, ja auch die Religion nicht mehr Voraussetzung menschlichen Wissens und Urteilens, sondern Objekt derselben werden. So werden auch alle Religionen und Kulturen – auch die christliche Religion – menschlich selbstbestimmtem Urteil unterworfen. Und so wird das Prinzip mittelalterlichen Wissens, Gott, diesem Urteil unterworfen und damit von seinem ersten Rang abgelöst.

Diese Unterwerfung unter das menschliche selbstbestimmte Urteil führt zur Aufklärung, indem das Prinzip menschlicher Selbstgewissheit als Grund menschlicher Freiheit verstanden wird: „für diese Aufklärung aber wird nichts erfordert als Freiheit."[19] So Kant in seinem berühmten Aufsatz „Beantwortung der Frage: Was ist Aufklä-

---

[17] Descartes, *Meditationes de Prima Philosophia* II, ed. Adam & Tannery, S. 26 f.
[18] Vgl. Descartes, *Meditationes de Prima Philosophia* II, 26 ff.
[19] Immanuel Kant, *„Beantwortung der Frage: Was ist Aufklärung?"*, S. 484. Der Aufsatz erschien zuerst in der „Berlinischen Monatsschrift" im Dezember-Heft des Jahres 1784, S. 481–494.

rung?" Wenn dieser Aufsatz beginnt: „Aufklärung ist der Ausgang des Menschen aus seiner selbstverschuldeten Unmündigkeit. Unmündigkeit ist das Unvermögen, sich seines Verstandes ohne Leitung eines anderen zu bedienen ..."[20], so wird deutlich, wie sich der Abschied des Prinzips der zweiten Epoche, das ja als „Leitung" von Allem galt, vollzogen hat. Sich seines Verstandes zu bedienen, „sapere aude!"[21], ist Kennzeichen des „aufgeklärten Zeitalters", das noch nicht erreicht ist: „Daß die Menschen, wie die Sachen jetzt stehen, im ganzen genommen, schon imstande wären oder darin auch nur gesetzt werden könnten, in Religionsdingen sich ihres eigenen Verstandes ohne Leitung eines anderen sicher und gut zu bedienen, daran fehlt noch sehr viel ..."[22]. So wird Aufklärung als Phase der dritten Epoche dieser Art von Philosophie im Abendland Ausdruck für den Gebrauch des freien, sich selbst setzenden Verstandes des Menschen, und dies nicht zuletzt gegenüber jener Epoche, die das Prinzip der Religion als Voraussetzung jenes Verstandes angesehen hatte.

Daher gibt es erstmals in der dritten Epoche der abendländischen Wissenschaftsgeschichte eine wertfreie Beschreibungsmöglichkeit anderer Religionen und Kulturen, indem das „Eigene" und das „Andere" gemeinsam erfasst und einem Begriff von Religion und Kultur untergeordnet werden können.[23]

---

[20] A. a. O. S. 481.
[21] A. a. O. S. 481: „Zu wissen wage!"
[22] A. a. O. S. 491.
[23] Dieses „neuzeitliche" Denkschema begründet auch die Entstehung des Faches Religionswissenschaft im 19. Jahrhundert als späte Folge der Aufklärung.

Die Darstellung von Religionen

Wohl erscheint es nunmehr möglich, Religionen wertfrei und gemäß ihrem Selbstverständnis darzustellen. Dennoch ergibt sich eine Anzahl von Problemen bei einem solchen Versuch. Zunächst aber: der Versuch einer solchen Darstellung auch „fremder", „anderer" Religionen nimmt sein Recht aus dem Universalitätsanspruch der Weltreligionen, da deren Inhalte ja unabhängig von lokaler Begrenzung gedacht werden sollen. Sie müssen also verschiedenen Sprachen und Kulturen verständlich sein und in verschiedene Sprachen und Kulturen übersetzt werden können, ja sie müssen in verschiedenen Denktraditionen vermittelbar sein. Dies trifft nicht nur für den Universalanspruch des Christentums zu: „Traditionen, die aufgrund ihrer traditionsvermittelten Identitätsbestimmung anderen Denkmustern folgen, stellen sich die gleichen Probleme in anderer Symbolik, Metaphorik und Sprachform."[24] Da es sich also um Probleme aller Religionen mit Universalanspruch, also um Probleme aller Weltreligionen handelt, soll und muss auch ein kurzer Blick auf diese Probleme geworfen werden, ohne dass auch hier Vollständigkeit angestrebt ist.

Probleme der Sprache

Eine erste Schwierigkeit bei der Universalisierung der Inhalte von Weltreligionen sind die Probleme der menschlichen Sprache.[25] Alle Religionen, auch die Weltreligionen, ver-

---

[24] Michael von Brück, *Identität und Widerspruch*, in: Reinhold Bernhardt/Perry Schmidt-Leukel (Hrsg.): *Multiple religiöse Identität. Aus verschiedenen religiösen Traditionen schöpfen*. Zürich 2008, S. 292.
[25] Vgl. dazu Reinhard Wendt (Hrsg.), *Wege durch Babylon. Missionare, Sprachstudien und interkulturelle Kommunikation*. Tübingen 1998; Markus Krienke, *Theologie – Philosophie – Sprache. Einführung in das theologische Denken Antonio Rosminis*. Regensburg 2006.

wenden naturgemäß zunächst diejenige Sprache, die im Umfeld der Entstehung und frühen Ausbreitung der jeweiligen Religion gesprochen wurde. Nun sind aber sogleich zwei große Probleme zu bemerken: einerseits die lokale Begrenztheit jeder Sprache innerhalb der Vielzahl der menschlichen Sprachen, andererseits die temporale Bestimmung der jeweiligen Sprache als Sprache einer bestimmten Zeit. So ergeben sich das Problem der Verbreitung und/oder Übersetzung der Ursprungssprache in andere Sprach- und Kulturräume einerseits und das Problem der Übertragung der Ursprungssprache in die jeweilige Gegenwart andererseits. Beide Probleme sind miteinander verbunden, zumal Übersetzungen religiöser Texte und Beschreibungen religiöser Phänomene meist einen Inhalt haben, der nicht aus der Zeit des Übersetzers oder des Beschreibenden stammt.

Zunächst das Problem des Übersetzens, das wiederum in sich eine Anzahl von Schwierigkeiten birgt. Auch bei einer fehlerfreien Übersetzung, sollte sie denn möglich sein, gehen der Sprachklang, die Melodie der Ursprache weitgehend verloren. Dies wird, als ein Beispiel für andere heilige Texte, besonders bei Übersetzungen des Koran von Muslimen angemahnt: unabhängig von der Fragestellung, ob der in arabischer Sprache gefasste Koran, im Selbstverständnis des Islam Sprache Gottes, überhaupt in eine andere Sprache übersetzt werden kann und soll, ist die in der Koran-Rezitation enthaltene Sprachmelodie kaum in anderer Sprache wiederzugeben. Der Versuch der Übersetzung gleicht etwa dem Versuch, einen der Vertonung gewidmeten italienischen Operntext in deutscher Übersetzung vorzutragen. Bei der Koran-Rezitation bedeutet dies aber auch keinen geringen Verlust von religiöser Empfindung und Spiritualität[26], und

---

[26] Vgl. dazu Bernhard Uhde, *Zur Einführung [in den Koran]*, in: *Der Koran. Vollständig und neu übersetzt von Ahmad Milad Karimi, Mit einer Einführung herausgegeben von Bernhard Uhde.* Freiburg u. a. 2009, S. 526 ff.

zu diesen hinzu kommen die Differenzen in der Lautwahrnehmung.[27]

Aber auch die Worte selbst sind von unterschiedlicher Bedeutung, selbst wenn sie eine Übersetzung genau wiederzugeben suchen. Sowohl die arabisch sprechenden Muslime als auch die arabisch sprechenden Christen verwenden in Umgangssprache, in Gebet und Kult das arabische Wort für „Gott": „Allāh". Und doch: trotz Wortgleichheit sollte der Christ „Gott" als Trinität glauben und denken, der Muslim aber gerade dies nicht, sondern als absolute Einheit. Hier ist der wichtige Unterschied von „Univokation" und „Aequivokation" zu beachten: ein Wort, das „univok" („eindeutig lautend") gebraucht wird, hat stets nur eine und dieselbe Bedeutung; ein Wort, das „aequivok" („gleich lautend") gebraucht wird, hat zwar stets denselben Klang (gleich lautend), doch unterschiedliche Bedeutungen,[28] wie etwa in deutscher Sprache das Wort „Tau", das sowohl „Seil" wie auch „morgendlicher feuchter Niederschlag" bedeuten kann. So ist das Wort „Gott" für den Juden, den Christen und Muslim zwar dasselbe, aber eben aequivok zu verstehen. Schon von dieser Schwierigkeit her sind Übersetzungen genau zu betrachten.

Schließlich sind nicht nur Probleme anderer Sprachen und Sprachebenen zu bedenken, auch die jeweils eigene Sprache – hier die deutsche Sprache – muss bedacht werden. Sehr wohl gibt es auch im Deutschen regionale Unterschiede in Wortwahl und Grammatik: der in Bayern beliebte Satz „Wasser trink ich niemals nicht" drückt mit seiner doppel-

---

[27] Vgl. dazu Stefan Volke, *Sprachphysiognomik. Grundlagen einer leibphänomenologischen Beschreibung der Lautwahrnehmung.* Freiburg 2007.
[28] Vgl. dazu auch Şuayip Seven, *Die Auseinandersetzung der klassischen Gelehrten mit der Problematik der Äquivokation der arabischen Wörter im Qurʾān*, in: Jahrbuch für Islamische Theologie und Religionspädagogik 1/2012. Freiburg 2012, S. 15 ff.

ten Verneinung nicht etwa wie im Hochdeutschen die Zustimmung, sondern die Bekräftigung der Ablehnung aus. Es gibt also sehr wohl unterschiedliche Interpretationsmöglichkeiten von Worten und Sätzen, wie das (wohl fälschlich) Karl Kraus zugeschriebene Bonmot „Was Österreicher und Deutsche wirklich trennt, ist die gemeinsame Sprache" heiter zum Ausdruck bringt. In der Tat ist aber auch die gemeinsame Sprache auch innerhalb einer Sprachgemeinschaft unterschiedlich, abhängig von der genauen Herkunft, dem sozialen Umfeld wie auch dem Alter des Sprechenden. Daher ist auch der eigene Sprachgebrauch auf Allgemeinverständlichkeit und allgemeine Übereinstimmung hin zu prüfen.

Sodann aber ist von größter Bedeutung, dass Sprachen eigene Geschichte haben, also alle Sprachen Entwicklungen und Bedeutungsverschiebungen unterliegen, was den Inhalt von Worten anlangt. Dies lässt sich an einem einfachen Beispiel zeigen: verstand man in der Antike unter dem Wort „Erde" das Zentrum der Welt, so wissen wir heute, dass unsere „Erde" ein verschwindend kleines Gebilde im Universum ist und schon gar nicht dessen Zentrum. So ist also der Sprachgebrauch der jeweiligen Zeit zu berücksichtigen, um ein treffendes Verständnis für einen Text zu erreichen.

Nun sind alle diese Probleme nicht allein auf religiöses Sprechen, auf religiöse Texte zu beziehen. Auch bei der Betrachtung von poetischen Texten, zumal bei Lyrik, stellen sich diese problematischen Fragen ein. Spezielle Probleme der religiösen Sprache finden sich jedoch in Wort und Schrift religiöser Texte.

Probleme der religiösen Sprache

Texte vermitteln nicht nur unterschiedliche Eindrücke, erzeugen unterschiedliche Bilder, sondern sind auch auf ihre Mitteilungen hin unterschiedlich zu lesen. Dies trifft vor allem auch auf Texte zu, die aus dem Bereich der Religionen stammen und demgemäß religiösen Inhalts sind. Diese Texte können auf ihren Inhalt hin unterschiedlich gelesen und verstanden werden. Hier zeigen sich wenigstens drei unterschiedliche Grundkategorien für den Inhalt solcher Texte: sie vermitteln entweder einen historischen oder einen systematischen oder einen spirituellen Inhalt, wobei die Grenzen zwischen diesen Kategorien nicht selten fließend sind. Und meist ist es nicht möglich, einen Text nur einer Kategorie nach auszulegen, sondern je nach Betrachtungsweise aus Sicht verschiedener Kategorien.

Der historische Inhalt betrifft historische Fakten, wie sie durchaus auch in religiösen Texten vorkommen können. Diese Fakten werden nicht anders mitgeteilt wie in nichtreligiösen, profanen Texten. Sie sind in Aussagesätzen mit klarer Information enthalten. Ein Beispiel aus einem religiösen Text für einen Satz mit historischem Inhalt findet sich im Lukas-Evangelium: „In dem fünfzehnten Jahr der Herrschaft des Kaisers Tiberius, da Pontius Pilatus Landpfleger in Judäa war und Herodes Vierfürst in Galiläa …".[29] Dies ist zu vergleichen mit dem Anfangssatz eines berühmten nichtreligiösen, altgriechischen Textes: „Dareios und Parysatis hatten zwei Söhne, der ältere Artaxerxes, der jüngere Kyros …"[30] Das Problem solcher historischer Inhalte in religiösen Texten ist nun wiederum, dass sie nicht selten historisch formuliert sind, tatsächlich aber nicht oder nur möglicherweise historische Fakten enthalten.

Der systematische Inhalt betrifft gedankliche Zu- und Einordnungen sowie Zuschreibungen, die sich aus einem methodischen Zusammenhang („System" – altgriechisch: „das Zusammengestellte") folgerichtig ergeben. Solche Inhalte sind also Bestandteile eines „großen Ganzen", dessen Einzelteile aufeinander verweisen. Ein Beispiel aus einem re-

---

[29] Lukas 3, 1.
[30] Xenophon, *Anabasis* I, 1, 1.

ligiösen Text für einen Satzzusammenhang mit systematischem Inhalt: „Seid untereinander gesinnt wie in Christus Jesus, welcher in Gestalt Gottes existierte, es aber nicht für seinen Besitzstand hielt, Gott gleich zu sein, sondern er entäußerte sich selbst und nahm die Gestalt eines Sklaven an; er wurde den Menschen gleich und dem Ansehen nach wie ein Mensch erfunden."[31]

Der spirituelle Inhalt betrifft Vorstellungen, die einer geistig-geistlichen Erfahrung oder Auffassung entsprechen, die einem Ereignis oder einer Person zugeschrieben wird. Solche Inhalte können gleichwohl auch historisch oder systematisch sein, sind jedoch in ihrer Ausdeutung zunächst geistigen Gehalts. Ein Beispiel: „Und da Jesus getauft war, stieg er alsbald herauf aus dem Wasser, und siehe, da tat sich der Himmel auf, und er sah den Geist Gottes wie eine Taube herabfahren und über sich kommen ..."[32]

Neben dem Inhalt ist die Funktion der religiösen Sprache genau zu bestimmen. Auch die Sprache der Lyrik ist kein Informationstransfer, keine Mitteilung sachlicher Information. Wenn der Liebende die Geliebte eine „Rose" nennt, wäre eine Enttäuschung unvermeidbar, wenn sie denn wirklich eine Rose wäre. Und so ist die religiöse Sprache der Religionen kaum Informationstransfer im modernen Sinne, nach modernem abendländischem Verständnis von „Wirklichkeit". Die religiöse Sprache verwendet Vergleiche, Gleichnisse und Sprachbilder, um ein annäherndes Verstehen von dem entstehen zu lassen, was der sinnlichen wie auch der intellektuellen Anschauung entzogen ist, also eine annähernde Vorstellung im Hörer oder Leser entstehen zu lassen, wie sie dessen Vorstellungsmöglichkeit entspricht. So entstehen Vorstellungsmodelle: das Paradies gleicht einem Garten, die Freuden des Himmelreichs einem Hoch-

---

[31] Paulus, *Brief an die Philipper* 2, 5–8.
[32] Matthäus 3, 16 f.

zeitsmahl. Die Vermittlung dieser Vorstellungsmodelle wird nicht selten auch durch kompositorische Erzählungen bewirkt, deren konkreter Inhalt modernem Wirklichkeitsverständnis nicht mehr entspricht: so müssen modern verstandene „Wirklichkeit" und zeitlose „Wahrheit" unterschieden werden. Dabei nimmt die religiöse Sprache, wenn Gegebenheiten der sinnlich erfahrbaren Welt beschrieben werden, auch Elemente der „Wirklichkeit" auf. Daher ist der jeweilige Text auf dieses Vorgehen hin einzuordnen und entsprechend zu verstehen.[33]

Sprachbilder und Gleichnisse werden besonders dann verwendet, wenn eigentlich Unvorstellbares vorgestellt werden soll. Dies trifft vor allem auf religiöse Bereiche, die „jenseits" des irdischen Lebens liegen. Dazu hat der Theologe Karl Rahner in einer bedeutenden Rede wenige Wochen vor seinem Tode gesagt:

„Aber ich will nun noch von einer Erfahrung etwas zu sagen versuchen, von einer Erfahrung, die quer zu allem bisherig Berichteten liegt und darum nicht mit diesen mitgezählt werden kann, ich möchte noch etwas sagen von der Erfahrung der Erwartung des Kommenden. Wenn wir als Christen das Ewige Leben bekennen, das uns zuteilwerden soll, ist diese Erwartung des Kommenden zunächst keine besonders seltsame Sache. Gewöhnlich spricht man ja mit einem gewissen salbungsvollen Pathos über die Hoffnung des Ewigen Lebens und fern sei mir, so etwas zu tadeln, wenn es ehrlich gemeint ist. Aber mich selber überkommt es seltsam, wenn ich so reden höre. Mir will scheinen, dass die Vorstellungsschemen, mit denen man sich das Ewige Leben zu verdeutlichen sucht,

---

[33] Vgl. dazu Bernhard Uhde, „Alles Vergängliche ist nur ein Gleichnis". Des Bildlosen Bild: Religion als Grenzüberschreitung. Hans Friedrich Geißer zum 75. Geburtstag, in: Jahrbuch für Religionsphilosophie, 3. Jahrgang. Frankfurt am Main 2004, S. 205–219.

meist wenig zu der radikalen Zäsur passen, die doch mit dem Tod gegeben ist. Man denkt sich das Ewige Leben, das man schon seltsam als „jenseitig" und „nach" dem Tod weitergehend bezeichnet, zu sehr ausstaffiert mit Wirklichkeiten, die uns hier vertraut sind als Weiterleben, als Begegnung mit denen, die uns hier nahe sind, als Freude und Friede, als Gastmahl und Jubel und all das und Ähnliches nie aufhörend und weitergehend, immer und immer. Ich fürchte, die radikale Unbegreiflichkeit dessen, was mit Ewigem Leben wirklich gemeint ist, wird verharmlost und was wir unmittelbare Gottesschau in diesem Ewigen Leben nennen, wird herabgestuft zu einer erfreulichen Beschäftigung neben andern, die dieses Leben erfüllen; die unsagbare Ungeheuerlichkeit, dass die absolute Gottheit selbst nackt und bloß in unsere enge Kreatürlichkeit hereinstürzt, wird nicht echt wahrgenommen. Ich gestehe, dass es mir eine quälende, nicht bewältigte Aufgabe eines Theologen von heute zu sein scheint, ein besseres Vorstellungsmodell für dieses Ewige Leben zu entdecken, das diese genannten Verharmlosungen von vornherein ausschließt. Aber wie? Aber wie?"[34]

Wie also könnte religiöse Sprache Mitteilungen machen von jenen Gehalten, die keine konkrete Vorstellung zulassen, außer in Gleichnissen, Bildern? Dazu kommt noch ein anderer Aspekt, wenn in religiöser Sprache etwa vom „Diesseits" und „Jenseits" die Rede ist. Auch das Bewusstsein des Menschen als Empfänger der religiösen Sprache ist nicht geeignet, Inhalte aufzunehmen, die eben über dieses menschliche Bewusstsein hinausragen. Sehr schön hat dies der hochbedeutende islamische Theologe Muhammad al-Ghazzali (1058–1111) in

---

[34] Aus Karl Rahner (1904–1984), „Erfahrungen eines katholischen Theologen." Rede am 12.2.1984 auf der Tagung der Katholischen Akademie der Erzdiözese Freiburg anlässlich des 80. Geburtstags von Karl Rahner am 5.3.1984 im Auditorium Maximum der Universität Freiburg i. Br.

einem grundsätzlichen und für den Islam bezeichnenden Gedanken gezeigt, welcher Gleichnisse würdigt und dabei selbst Gleichnisse benutzt: die Erdenwelt, das Diesseits, gleicht dem Schlaf, das Jenseits aber dem Wachzustand:

> „Wisse: Das Diesseits gehört zur Erdenwelt und zur Welt der Sichtbarkeit, das Jenseits zur Welt des Übersinnlichen und zur Wesenswelt. Unter dem Diesseits verstehe ich deinen Zustand vor dem Tod, unter dem Jenseits deinen Zustand nach dem Tod. Dein Diesseits und dein Jenseits sind also deine Eigenschaften und Zustände, von denen das, was benachbart und nahe ist, Diesseits, was später kommt, Jenseits genannt wird. Wir sprechen jetzt vom Diesseits aus über das Jenseits, wir sprechen also jetzt im Diesseits, der Erdenwelt, haben aber die Erklärung des Jenseits, der Wesenswelt im Auge. Doch es ist undenkbar, dass man die Wesenswelt in der Erdenwelt anders erklären könnte als durch Gleichnisse. Darum sprach Gott: *Das sind die Gleichnisse, die wir den Menschen prägen. Nur die Wissenden verstehen sie* (Sure 29, 43). Die Erdenwelt ist nämlich im Verhältnis zur Wesenswelt ein Schlaf. Daher hat der Prophet gesagt: ‚Die Menschen schlafen. Wenn sie sterben, wachen sie auf.' Was im Wachzustand sein wird, kann dir im Schlaf nur durch die Prägung von Gleichnissen, die einer Deutung bedürfen, erkennbar werden."[35]

Die religiöse Sprache verwendet Gleichnisse.[36] Der menschliche Verstand muss und kann sich diese Gleichnisse gleichsam übersetzen, darf dabei aber auch nicht ins Beliebige

---

[35] Übersetzung Richard Gramlich, *Muḥammad al-Ġazzālīs Lehre von den Stufen zur Gottesliebe. Die Bücher 31–36 seines Hauptwerkes eingeleitet, übersetzt und kommentiert.* Wiesbaden 1984, S. 62 f. Vgl. dazu für die Rede von der „Kommenden Welt" im Judentum Günter Stemberger, *Jüdische Religion.* München 1995, S. 109f.
[36] Vgl. dazu auch die Stelle im Matthäus-Evangelium, wenn Jesus gefragt wird, weshalb er denn in Gleichnissen spreche: Matthäus 13, 1–23.

ausgreifen. Daher die Warnung: wer „eine speziell religiöse sprachliche Äußerung verstehen will"[37], „muss sich als fähig erweisen, sich das Gehörte so anzueignen, dass er es nicht nur wortgetreu wiederholen, sondern in seine eigene Aussage verwandeln kann. Und er muss sich als fähig erweisen, die Grenzen zu bestimmen, an der alle ‚freie Aneignung' endet, weil der ‚Geist' des Gesagten nicht ohne den ‚Buchstaben', also nicht ohne die konkrete sprachliche Gestalt seiner Bezeugung, bewahrt werden kann."[38] Bei diesem Vorgang ist es aber von größter Bedeutung, was der Lesende oder Hörende über den Wahrheitsgehalt des Inhalts der religiösen Sprache denkt, ob er ihn glaubt oder nicht. Genau danach richtet sich auch die Einordnung der jeweiligen Aussage in „historisch, systematisch, spirituell".

Wenn ein Muslim folgenden Satz liest oder hört: „Muhammad der Prophet erhielt Offenbarungen, deren Autor Gott ist", so wird er diesen Satz in alle drei Kategorien – also auch in die historische Kategorie – einordnen können. Wenn ein Christ den Satz liest oder hört: „Christus ist von den Toten auferstanden", so wird er diesen Satz ebenfalls in alle drei Kategorien einordnen können. Der Nichtmuslim wird jedoch dem ersten dieser Sätze nicht zustimmen, der Nichtchrist dem zweiten dieser Sätze nicht, und dies in keiner der Kategorien. So entscheidet der Glaube dessen, der einen Text spricht oder hört, auch nicht nur über die Einordnung dieses Textes in die Kategorien, sondern auch darüber, ob dieser Text für „wahr" gehalten wird.

So ist also zu unterscheiden zwischen dem jeweiligen Selbstverständnis einer Religion, dem Verständnis „von innen", und dem Verständnis „von außen", also einem Ver-

---

[37] Richard Schaeffler, *Philosophische Einübung in die Theologie. Erster Band: Zur Methode und zur theologischen Erkenntnislehre* (= *Scientia & Religio Bd. 1/1*, hrsg. von Markus Enders u. Bernhard Uhde). Freiburg/München 2004, S. 338.
[38] Schaeffler a. a. O., S. 338.

ständnis, das nicht die Zugehörigkeit zur jeweiligen Religion einschließt.

Probleme der Allgemeingültigkeit

Eine weitere Schwierigkeit bei der Darstellung von Religionen ist zu beachten. Religionen, vor allem die Weltreligionen, verfügen über ein reiches Schrifttum, also geschriebene Texte. Abgesehen von den genannten Problemen der Sprache sind diese Texte als normative Texte nicht selten weit entfernt von der Praxis der Angehörigen der Religion, auch von jener Praxis, welche die Gläubigen selbst für durchaus religiös halten. Dies betrifft nicht allein die „Volksfrömmigkeit", sondern auch manche lokale oder temporäre Abweichung von der Praxis der jeweiligen Mehrheit.

Die in Theorie und Praxis erscheinende Vielheitlichkeit auch innerhalb einer Religion macht eine allgemeingültige Beschreibung derselben oftmals nicht nur schwer, sondern nahezu unmöglich. Gleichwohl muss vermieden werden, aus vereinzelten Texten wie aus partikulären Eindrücken auf das Ganze zu schließen. Aber was ist das jeweilige Ganze? Es ist nicht selten ein Konstrukt, das in der konkreten Begegnung kaum noch selbst erscheint.

Daher ist zu erheben, was für die große Zahl der Angehörigen einer Religion als verbindlich angesehen werden kann. Dies übergeht freilich Ausnahmen und legt den falschen Eindruck nahe, Religionen seien gleichsam wie monolithische Blöcke und im Erscheinungsbild ihrer Angehörigen weitgehend einheitlich. Genau dies ist aber nicht der Fall, wie die empirisch erhobenen Befunde sogleich zeigen. Nur wenige Grundannahmen können jeweils als übereinstimmend für eine Religionsgemeinschaft erhoben werden. Diese aber werden wiederum nicht selten auch als zeitlos in ihrem Inhalt, wenn auch geschichtlich in ihrer Form verstanden. Daher ist, um einer allgemeingültigen Aussage über einen Inhalt einer Religion nahezukommen, auch die Zeitlosigkeit dieser Aussage im Selbstverständnis der Religionsangehörigen zu prüfen. Und dennoch wird jener so ausgesagte Inhalt kaum jemals in reiner Form verwirklicht worden sein oder verwirklicht werden, so dass er sich einer empirischen Überprüfbarkeit weitgehend entzieht. Anders gesagt: viele Inhalte von Religion scheinen nur theoretisch zu gelten, nicht aber praktisch verwirklicht zu werden. Dies gilt insbesondere für jene Inhalte, die einer „geistigen Wirklichkeit" entnommen sind, also jene, die gar nicht in die mit Körpersinnen zu erfassende Wirklichkeit treten. Hier ist die Interpretationsbreite schon innerhalb einer Religion groß, größer als bei festgelegten Ritualen oder Kulthandlungen.

Warum sie glauben, was sie glauben

Die bleibenden Schwierigkeiten bei der Darstellung von Religionen sind leicht einzusehen. Und dennoch begegnet man oft Pauschalurteilen, die alle Angehörigen einer Religion zu aller Zeit kennzeichnen wollen. So ist die Rede „Im Christentum ..." oder „Im Islam ..." geläufig, ohne dass angemerkt wird, wo und zu welcher Zeit die Aussage gelten oder ob es sich tatsächlich um eine allgemeine Aussage ohne Einschränkung auf einen bestimmten Raum oder eine bestimmte Zeit handeln solle. Wenn also der Versuch gemacht wird, allgemein zu bestimmen, „warum sie glauben, was sie glauben", so sind die genannten Probleme berücksichtigt, wenn auch nicht vollkommen gelöst. Es ist aber angestrebt, die Weltreligionen als Denkmöglichkeiten so darzustellen, dass das jeweilige Charakteristikum des Grundgedankens der jeweiligen Religion so erhoben wird, dass die große Zahl ihrer Gläubigen zustimmen könnte.

Religionsgeschichtliche Vorüberlegungen: Religiöse Erfahrung

Die Entwicklungsgeschichte der Menschheit ist auch eine Entwicklungsgeschichte der Religionen der Menschen. Über den Beginn dieser Entwicklungsgeschichten mag sowohl hinsichtlich der Zeitangaben wie auch hinsichtlich der Kriterien, die diesen Beginn jeweils bestimmen sollen, sehr unterschiedlich gedacht werden. Und doch zeigen Entwicklungen menschlicher Sprache auch Entwicklungen menschlichen Denkens an, die sich rekonstruieren lassen. Aber diese Rekonstruktionen bleiben umstrittene Wahrscheinlichkeiten: es könnte so gewesen sein.

Es könnte so gewesen sein, dass die Menschen im Verlaufe ihrer Entwicklungsgeschichte und der Entwicklung ihrer Sprache bestimmten Beobachtungen einen bestimmten sprachlichen Ausdruck verliehen. Diese Beobachtungen beziehen sich auf all das, was Selbstbewegung zu haben scheint oder wobei die Ursache der Bewegung nicht unmittelbar erkennbar ist. Dies wird sprachlich so gekennzeichnet, dass für einen solchen Vorgang Aktivität gesetzt, also die Form des Aktiv verwandt wird: „Der Blitz schlägt ein", „Der Regen fällt", „Der Strom fließt", „Der Tag geht", „Die Nacht kommt". Hierbei werden also sowohl Ortsbewegungen wie Zustandsbewegungen erfasst. Solche Formulierungen unterscheiden sich grammatisch aber nicht von jenen, die für sich selbst bewegende Lebewesen verwendet werden: „Der Mensch geht", „Die Kuh kommt". Ist erstem Anschein nach oder tatsächlich die Ursache der Bewegung im sich Bewegenden selbst, wird dieses als lebendig aufgefasst und folglich als Handlungsträger oder Person. Und es könnte demnach so gewesen sein, dass alles sich dem Anschein nach oder tatsächlich selbst Bewegende als lebendig angesehen wurde.

Es könnte ferner so gewesen sein, dass in der weiteren Entwicklungsgeschichte Unterscheidungen getroffen wurden. Der Mensch lernte durch Beobachtung zu unterscheiden, ob eine Bewegung eine Ursache hat, die als Quelle der Bewegung außerhalb des Bewegten liegt. „Der Stein rollt" – aber es ist erkennbar, dass er dies nicht von selbst kann, sondern dass eine Kraft außerhalb seiner selbst diesen Vorgang hervorbringt, indem sie auf den Stein einwirkt. Und nun ist zu beobachten, dass dem Stein keinerlei Selbstbewegung, keine Eigenveränderung zu eignen scheint, da auch seine Verwitterung sich unmittelbarer Beobachtung entzieht. Rollt also ein Stein, so muss er fremdbewegt worden sein. Ist die Ursache dieser Fremdbewegung ebenfalls zu beobachten, ist das Lebewesen, das den Stein ins Rollen bringt, sichtbar, so ist klar, dass der Stein nicht „rollt", sondern „gerollt wird", auch wenn die Sprache dies nicht mehr neu fasst.

Was aber ist mit jenen Bewegungen, jenen Vorgängen, deren Ursache nicht sichtbar ist? Oder noch nicht von Menschen erkannt wurde und wird? Dies könnte gleichgültig sein, wenn es Vorgänge belangloser Art sind, nicht jedoch, wenn diese Vorgänge machtvoll auf den Menschen einwirken, ja ihn bestimmen. Nun wird der Mensch insbesondere von Vorgängen, von Bewegungen bestimmt, die später als „Naturgewalten" bezeichnet werden, Gewalten, die machtvoll wirken, ohne dass die Ursachen dieser Wirkungen bekannt waren. Die machtvollen Erscheinungen des Wetters, das Beben der Erde, die Gewalt des Meeres, das Stürmen des Windes, die Kraft des Feuers, die Fruchtbarkeit der Erde – all dies und manches andere zeigt machtvolle Wirkung. Weder für die menschenbedrohende noch für die menschenfreundliche Wirkung konnte jedoch eine Erklärung hinsichtlich der Verursachung gefunden werden, war die Ursache doch nicht ersichtlich. Und doch war deutlich, dass diese Ursache hierfür über Menschenmaß hinausgehen müsse, da der Mensch ja diesen Mächten ausgeliefert und nicht Herr über sie ist. Hieraus entstehen religiöse Erfahrungen.

So also wurde in vielen Kulturen und frühen Religionen dieses Wirken als Wirken von Göttern verstanden, Götter, die verfügend in des Menschen Leben eingreifen und dieses bestimmen. In einer Vielzahl von Religionen sind die „alten Götter" divinisierte Naturgewalten, seien es Wettergötter oder Götter der Fruchtbarkeit. Es mag sein, dass die Fruchtbarkeitsgötter mit der kulturgeschichtlichen „Revolution" des beginnenden Ackerbaus[39] besondere Bedeutung gewannen: „Als der Mensch zum *Produzenten* seiner Nahrung wurde, musste er das von seinen Ahnen überkommene Verhalten ändern", und dabei entsteht auch eine „‚religiöse Revolution', die auf den Erfolg des Getreideanbaus folgte".[40] Verdrängt aber wurden die Wettergötter nicht. Zeus sendet Blitz und Donner, Poseidon erschüttert Meer und Erde; im altindischen Bereich trennt Indra Himmel und Erde und erscheint als der Gott des Gewitters, Agni als die Kraft des Feuers; bei den Mayas ist es Chaac, bei den Azteken Tlaloc, die das Wetter bestimmen, vor allem aber den lebenswichtigen Regen spenden und dadurch die Fruchtbarkeit. Die Reihe solcher Götter ließe sich sehr lang fortsetzen – selbst der Gott Israels kann ursprünglich als Wettergott und damit als „Herr der ganzen Erde" verstanden werden[41] –, wobei die Ursache der mächtigen Wirkung stets als mächtige Person, als Gott gedacht wird, die nicht selbst, sondern durch ihre Wirkungen hervortritt: „Was Macht ausübt, gilt als Gott" – dies Wort des griechischen Dichters Menander[42] trifft jene Auffassungen.

Die mächtigen Wirkungen werden für die Menschen zu Erfahrungen. Zunächst aber: was ist „Erfahrung"? „Erfahrung"

---
[39] Vgl. dazu vor allem Mircea Eliade, *Geschichte der religiösen Ideen I. Von der Steinzeit bis zu den Mysterien von Eleusis.* Freiburg u. a. 1978, S. 38 ff. („Die längste Revolution. Die Entdeckung des Ackerbaus – Mesolithikum und Neolithikum").
[40] Eliade a. a. O., S. 45.
[41] Vgl. Reinhard Müller, *Jahwe als Wettergott. Studien zur althebräischen Kultlyrik anhand ausgewählter Psalmen.* Berlin 2008, S. 95 f.
[42] Menander, Fragment 223,2 (Koerte).

ist eine Art von Wissen, das Ergebnis wiederholter Beobachtung ist[43]: es ist zu sehen, dass ein in die Höhe geworfener Stein wieder zu Boden fällt, und bei der Wiederholung des Wurfes wird er wiederum zu Boden fallen. Und es stellt sich die Erfahrung ein, dass dieser Vorgang immer wieder wiederholt werden könne, die Erfahrung, dass ein in die Höhe geworfener Stein immer wieder zu Boden fällt. Aber neben diesen durch die Sinne, insbesondere durch das Sehen vermittelten Erfahrungen gibt es auch die geistigen Erfahrungen – die Erfahrung von Freundlichkeit, die Erfahrung von Liebe, die Erfahrung von Glück und deren Gegenteil. Auch hierbei kann durch Wiederholung von Worten, von Handlungen, von Eindrücken „Erfahrung" entstehen, sei es durch eigene Handlungen, sei es durch erfahrene Handlungen. In jedem Fall entsteht Erfahrung aber erst, wenn diese Wiederholungen als Wiederholungen erkannt und ins Bewusstsein genommen werden. So ist Erfahrung ein Vorgang im Bewusstsein, der wiederholtes Tun oder Erleben vergegenwärtigt.

Die religiöse Erfahrung ist eine Erfahrung besonderer Art.[44] Sie hat den Charakter des Erlebens, ist also etwas, das dem Menschen widerfährt. Und zwar so widerfährt, dass davon der ganze Mensch ergriffen wird, indem sich seine Sicht und Haltung im Ganzen verändern. Eine veränderte Sicht auf die Welt entsteht, ja auch auf das, was über diese Welt hinausreicht. Ursprünglich also ist die religiöse Erfahrung die Erfahrung des Wirkens einer den Menschen beherrschenden Macht, die Erfahrung der Macht von Göttern oder des Gottes. Dabei werden Erfahrungen, die leidbringend sind, zu meiden gesucht, indem die diese Erfahrungen durch ihr mächtiges Wirken herbeiführenden Götter durch Opfer wohlwollend gestimmt werden sollen. So entsteht

---

[43] Vgl. Aristoteles, *Metaphysik* 980 b 28 f.
[44] Vgl. dazu William James, *Die Vielfalt religiöser Erfahrung*. Übersetzt aus dem Englischen von Eilert Herms und Christian Stahlhut. Frankfurt am Main 1997.

eine Verbindung zwischen den Menschen und diesen Göttern, eine Verbindung, deren Gehalt genau beachtet werden muss, um Leid zu vermeiden. Und so entstehen Erzählungen von diesen Zusammenhängen, Erzählungen, die überliefert werden: der Mythos entsteht. Und es entstehen Regeln, welche die Verbindung zwischen Menschen und Göttern aus Kenntnis des Mythos festlegen: der Ritus entsteht. Der Mythos erzählt seine Geschichte, indem er die in ihm enthaltenen Vorgänge vergegenwärtigt und dadurch zeitlos erscheinen lässt; der Ritus bringt als Wiederholungshandlung diese Zeitlosigkeit zum Ausdruck.

Im Verlauf der Entwicklungsgeschichte der Menschheit entsteht aber auch eine Wissenschaftsgeschichte, die nach und nach viele Ursachen mächtiger Wirkungen erkennbar und erklärbar macht und ihnen dadurch ihre göttliche Abgeschiedenheit nimmt. Und damit ihre Göttlichkeit. Als der Mathematiker und Astronom Pierre-Simon Laplace (1749–1827) im Jahre 1799 die gerade erschienenen ersten beiden Bände seines vierbändigen Werkes „Mécanique céleste" („Himmelsmechanik") Napoleon überreichte und dieser ihn fragte, weshalb er Gott darin nicht einmal erwähnt habe, soll Laplace die berühmte Antwort gegeben haben: „Sire, je n'avais pas besoin de cette hypothèse" („Mein Herr, ich hatte keinen Bedarf an dieser Hypothese"). Und doch macht die Unbekanntheit letzter Ursachen noch immer dazu geneigt, diese Ursachen – etwa bei der Entstehung des Kosmos – mit Gott als letzter Ursache der Weltentstehung in Verbindung zu bringen.[45] Gleichwohl ist die fortschreitende „Entmythologisierung" der Welt ein Grund, nicht alle noch unbekannten mächtigen Ursachen „Götter" zu nennen, da ja eingesehen ist, dass in früheren Zeiten solche Ursachen

---

[45] Vgl. z. B. Carl Friedrich von Weizsäcker, *Die Sterne sind glühende Gaskugeln, und Gott ist gegenwärtig. Über Religion und Naturwissenschaft*. Hrsg. und eingeleitet von Thomas Görnitz. Freiburg u. a. 1992, bes. S. 142 ff.

nur deshalb vergöttlicht wurden, weil sie nicht hinreichend bekannt waren.

Und eingesehen ist auch, dass bestimmte Wirkungen bestimmte Ursachen haben können, eingesehen, dass diese Wirkungen als erkennbare Vorgänge mit erkannten oder noch zu erkennenden Ursachen für den natürlichen Verstand des Menschen nicht selbstwidersprüchlich sind.[46] Sofern also bestimmte und bestimmbare Bewegungsabläufe oder Vorgänge als Wirkungen beobachtet werden können, ist ihre Ursache beforschbar. Nun werden innerhalb von vielen Religionen auch Vorgänge erfahren und behauptet, die für den natürlichen Verstand selbstwidersprüchlich sind und daher als „Wunder" bezeichnet werden können. Die Ursache dieser für den Verstand selbstwidersprüchlichen Erscheinungen können mit eben jenem Verstand nicht ausgeforscht werden. Sie sind es, die in einigen Religionen daher als Wirkweise Gottes aufgefasst werden. Dieser Gedanke bestimmt auch die religiöse Erfahrung im Judentum, im Christentum und im Islam.

---

[46] Diese Einschränkung gilt in Anbetracht gewisser Phänomene der Quantenmechanik, die hier nicht Thema sind.

I. JUDENTUM – Der Gedanke der erscheinenden Wirkungen Gottes

1. Gottes Wirken – Menschliche Erfahrungen

Das Judentum entsteht aus mächtigen Erfahrungen. Es sind die Erfahrungen einer höheren, den Menschen verfügenden und bestimmenden Macht, genauer die Erfahrungen und die aus ihnen gewonnenen Einsichten, wie diese Macht wirkt und wie diese Wirkweise beschrieben und überliefert werden kann, damit sie als Geschichte vergegenwärtigt wird. Es sind die Erfahrungen einer Macht, die den Menschen liebend und treu begleitet. Nun haben aber auch andere menschliche Gemeinschaften solche Erfahrungen gemacht. Was ist also das Besondere dieser Erfahrungen? Wie kommt es zu einer eigenständigen Religion, die sich alsbald von anderen Religionen ihrer Umgebung unterscheidet?

Das Judentum hat nun in seiner Entstehungsgeschichte eine eigentümliche Einsicht gewonnen: die Lehrer des Volkes haben zu einem unbekannten Zeitpunkt nicht mehr bei jenen Wirkungen, deren Ursachen unerklärlich schienen, eine Gottheit als Ursache angenommen, wie es zuvor wohl ihre Vorfahren getan hatten.[1] Sie beschränkten diese Vergöttlichung auf nur jene Wirkungen, die dem Verstand selbstwidersprüchlich erschienen, da bei anderen Wirkungen die Ursachen zwar noch unbekannt sein mochten, aber im Zuge weiteren menschlichen Erkennens noch bekannt werden könnten. Wobei sich zeigen könnte, dass keineswegs ein Gott oder eine Gottheit Ursache oder Auslöser dieser Wirkungen sei. Bei selbstwidersprüchlichen Phänomenen jedoch

---

[1] So könnte auch der heilige Gottesname JHWH von der Wurzel hwh („fallen", „wehen") abgeleitet sein, so dass sich Deutungen wie „der Wehende", oder „der Blitzeschleuderer" ergäben.

kann nicht auf eine natürliche Ursache geschlossen oder eine solche entdeckt werden.

Alle Lehrer des Volkes überragt Mose, dessen Lebenszeit in das 13. Jahrhundert v. Chr. datiert wird. In der Lebensbeschreibung des Mose werden die Erfahrungen des Unverfügbaren, das gleichwohl den Menschen bestimmt, als herausragende Ereignisse geschildert. Die wohl entscheidende Erfahrung, die alle Aspekte einer tiefen religiösen Erfahrung vereint, ist festgehalten in der Erzählung einer Geschichte. Dies ist die Geschichte einer Begegnung mit einem Vorgang, der von einem Menschen gesehen wurde mit Staunen, der also zunächst durch menschliche Sinne vermittelt wird, dann aber für den Verstand unerklärlich ist. Unerklärlich, weil selbstwidersprüchlich:

„Mose weidete die Schafe und Ziegen seines Schwiegervaters Jitro, des Priesters von Midian. Eines Tages trieb er das Vieh über die Steppe hinaus und kam zum Gottesberg Horeb. Dort erschien ihm der Engel des Herrn in einer Flamme, die aus einem Dornbusch emporschlug. Er schaute hin: Da brannte der Dornbusch und verbrannte doch nicht. Mose sagte: Ich will dorthin gehen und mir die außergewöhnliche Erscheinung ansehen. Warum verbrennt denn der Dornbusch nicht? Als der Herr sah, daß Mose näher kam, um sich das anzusehen, rief Gott ihm aus dem Dornbusch zu: Mose, Mose! Er antwortete: Hier bin ich. Der Herr sagte: Komm nicht näher heran! ... Und jetzt geh! Ich sende dich zum Pharao. Führe mein Volk, die Israeliten, aus Ägypten heraus ... Da sagte Mose zu Gott: Gut, ich werde also zu den Israeliten kommen und ihnen sagen: Der Gott eurer Väter hat mich zu euch gesandt. Da werden sie mich fragen: Wie heißt er? Was soll ich ihnen darauf sagen? Da antwortete Gott dem Mose: Ich bin der ‚Ich-bin-da'. Und er fuhr fort: So sollst du zu den Israeliten sagen: Der ‚Ich-bin-da' hat mich zu euch gesandt."[2]

Nachdem Mose die Selbstwidersprüchlichkeit – der Dornbusch brennt und verbrennt doch nicht – bemerkt hat, sich nähert, widerfährt ihm ein zweites Außerordentliches: er hört eine Stimme. Und er antwortet. Und da ergeht an ihn ein Befehl „Komm nicht näher heran!", und nochmals ein Befehl „Und jetzt geh!", und abermals ein Befehl „Führe mein Volk, die Israeliten, aus Ägypten heraus". Mose erfährt die Anwesenheit Gottes, der selbst diese Anwesenheit durch seinen Namen „Ich-bin-da" bezeugt, als eine Folge von Befehlen. Von großer Bedeutung ist, dass aus dem selbstwidersprüchlichen Phänomen des brennenden, doch nicht verbrennenden Dornbuschs eine Stimme ertönt, die etwas bewirkt, ohne dass der Sprecher selbst zu sehen ist. Selbstwidersprüchliche Wirkungen mit unsichtbarer, ja unvorstellbarer Ursache sind es, und eben dies verweist auf Übermenschliches, auf göttliche Macht, auf Gott.

Dieser Gott „ist da",[3] er ist gegenwärtig, und er spricht den Menschen an, weshalb ein erfahrenes Wissen aus dieser Ansprache entsteht, ein Wissen, da „Er" da ist, wie es eine schöne Erzählung aus dem Chassidismus vergegenwärtigt: „Der Raw sprach einen Schüler, der eben bei ihm eintrat, so an: ‚Mosche, was ist das, ›Gott‹?' Der Schüler schwieg. Der Raw fragte zum zweiten- und zum drittenmal. ‚Warum schweigst du?' ‚Weil ich es nicht weiß.' ‚Weiß

---

[2] Exodus 3, 1 ff.
[3] Vgl. dazu Martin Buber, *Der brennende Dornbusch*, in: Werke II: *Schriften zur Bibel*. München 1964, S. 62 ff.; vgl. Wolfram von Soden, *Jahwe. „Er ist, Er erweist sich."*, in: Welt des Orients 3, 1966, S. 177 ff.; Bernhard Uhde, *„Er unser Gott, ER Einer". Überlegungen zum Prinzip des Judentums*, in: *Was Juden und Judentum für Christen bedeuten*. Hrsg. von G. Biemer, A. Biesinger, P. Fiedler in Zusammenarbeit mit E.L. Ehrlich, B. Feininger, K.-H. Minz, U. Reck und B. Uhde. Freiburg/Basel/Wien 1984, S. 266 ff.

ich's denn?' sprach der Raw. ‚Aber ich *muß* sagen; denn so ist es, daß ich es sagen muß: Er ist deutlich da, und außer ihm ist nichts deutlich da, und *das* ist er.'"[4] Der Chassid spricht aus, was er nicht wissen kann ohne die Selbstoffenbarung dessen, der da ist und hören lässt von sich. So kann ein Wissen in Sprache geformt werden, das menschliches Begreifen übersteigt, weil ihm keine sinnliche oder intellektuelle Anschauung entspricht, und so bleibt die Ursache dieser Wirkung, Gott, im Verborgenen. Nicht einmal Mose kann den, der da ist, schauen: „Und er sprach: Nicht kannst du schauen mein Antlitz, denn kein Mensch kann mich sehen und leben."[5] Diese erscheinende Selbstwidersprüchlichkeit macht nicht nur die Unbegreiflichkeit dieses Gottes deutlich, der „im tiefen Dunkel wohnt"[6], sondern auch die unbegreifliche wunderbare Einzigkeit seiner Wirkungen, die unvergleichlich anderem Bewirkten sind: „… und nichts gleicht deinen Werken."[7] Und diese Selbstwidersprüchlichkeit ist in Demut hinzunehmen, wie das selbstwidersprüchliche Wirken Gottes an Hiob lehrt: dem Gerechten widerfährt größtes Unrecht, und anstatt dies gerade als Wirken Gottes zu erkennen, klagt Hiob gegen Gott, bis seine Demut erwirkt ist.

Wirkungen in ihrer Selbstwidersprüchlichkeit verweisen auf Gott. Wenn das Volk der Israeliten durch das Rote Meer trockenen Fußes zieht und die „Wasser waren ihnen eine Mauer zur Rechten wie zur Linken"[8], so ist dies das Wirken Gottes. Aber auch die besondere Herrlichkeit von Wirkungen ist Wirken Gottes, die außerordentliche Schön-

---

[4] Martin Buber, Werke III: *Schriften zum Chassidismus*. München 1963, S. 390.
[5] Exodus 33, 20; vgl. Johannes 1, 18: „Niemand hat Gott je gesehen."
[6] Vgl. 1. Buch der Könige 8, 12; Psalm 18, 11: „Finsternis macht er zu seinem Bergungsort, zu seinem Zelte rings um sich her, Finsternis der Wasser, dichtes Gewölk" u. a.
[7] Vgl. Psalm 86, 8 u. a
[8] Vgl. Exodus 14, 22.

heit, die „Welt in ihrer Vollkommenheit"⁹. All dasjenige gelegt in menschliche Erfahrung, die menschliches Wirken weit übersteigt, das Menschen Unverfügbare ist Gottes Wirken, geprägt in menschliche Erfahrung.

Und so verweisen diese Wirkungen auf Gott. Nochmals eine Erzählung aus dem Chassidismus:

> „Zur ersten Frage des Rätselspiels, das am Schluß der Pessach-Haggada gesungen wird – ‚Eins, wer weiß es? Eins, ich weiß es' – sprach Rabbi Mosche von Kobryn: ‚Eins, wer weiß es? Wer kann den einzig Einen erkennen?' Fragen doch die Serafim selber: ‚Wo ist der Ort seiner Herrlichkeit?' [Aus dem im sabbathlichen Gottesdienst vorgetragenen Wechselgesang]! Eins, ich weiß es dennoch! Denn wie der Weise sagt: ‚Wo finde ich dich? Und wo finde ich dich nicht? [Aus einer Hymne des Jehuda Halevi]. Und auch die Serafim antworten: ‚Voll ist die ganze Erde seiner Herrlichkeit.' [Aus Js 6, 3 aufgenommen]. Ich kann den einzig Einen erkennen darin, was er an mir wirkt."[10]

Dies aber ist das Entscheidende: der Mensch erfährt Wirkungen. Diese Wirkungen kann er zwar nicht begreifen, jedoch wirken diese Wirkungen durch die Vergegenwärtigung abermals. Das Lesen oder Hören der Erzählungen von den Wirkungen vermittelt abermals den Eindruck der geschilderten Erfahrung, und dieser Eindruck ergreift den Lesenden wie den Hörenden über alle Zeiten hinweg in je neuer religiöser Erfahrung. Die Erzählungen aber sind gesammelt in der Schrift, die dieses Wirken Gottes überliefert und die Möglichkeit gibt, es zu vergegenwärtigen. Diese Schrift ist selbst dem Wirken Gottes zu verdanken. Sie ist das Doku-

---

[9] Vgl. Weisheit 13, 1 ff.
[10] Martin Buber, Werke III: *Schriften zum Chassidismus* (Anm. 4), S. 559.

ment der Geschichte der Erfahrung der Ansprache Gottes an die Menschen, zumal an das Volk Israel. Diese Ansprache wird erfahren als verpflichtende „Weisung", und daher ist ihr Name „Weisung", „Tora".

2. Die Tora – Gegenwärtige Erfahrung

Lesen oder Hören der „Weisung", der „Tora", soll den Lesenden oder Hörenden ergreifen. Wie das? Zunächst handelt es sich auch bei der Tora um einen Text, um Worte, im engeren Sinne um die Fünf Bücher Mose. Beim Lesen oder Hören der Texte dieser Bücher stellen sich Bilder ein, der Lesende macht sich eine Vorstellung vom Inhalt der Worte, ein Bild. Dieses Bild aber ist ihm gegenwärtig, es ist unmittelbar da, und es wirkt unmittelbar, und es kann sogar Selbstwidersprüchliches zeigen: ein brennender Dornbusch, der nicht verbrennt, ist als Vorstellungsbild sehr wohl darstellbar, ebenso können Wände von Wasser vorgestellt werden, wie sie ja auch in der Kunst der Malerei dargestellt werden. Nun sind solche Vorgänge beim Lesen oder Hören eines Textes nicht auf „Tora" beschränkt, sie können auch bei anderen Texten verwirklicht werden. Die Tora aber ist Weisung Gottes, also Gottes Ansprache an den Menschen, und sie will und soll den lesenden oder hörenden Menschen ergreifen, und die Erfahrung dieser Ergriffenheit soll weitergegeben und fortwährend vergegenwärtigt werden:

> „Diese Worte, auf die ich dich heute verpflichte, sollen auf deinem Herzen geschrieben stehen. Du sollst sie deinen Söhnen wiederholen. Du sollst von ihnen reden, wenn du zu Hause sitzt und wenn du auf der Straße gehst, wenn du dich schlafen legst und wenn du aufstehst. Du sollst sie als Zeichen um das Handgelenk binden. Sie sollen zum Schmuck auf deiner Stirn werden. Du sollst sie auf die Türpfosten deines Hauses und in deine Stadttore schreiben."[1]

---

[1] Deuteronomium 6, 6 f. Zu Vers 7: beim Morgen- und beim Abendgebet. Zu Vers 8: Daher sind Schriftstellen eingebunden in die beiden Kap-

So sind es nicht „alte Geschichten" aus der Vergangenheit, die in der Tora erzählt werden, sondern stets neu ergreifende Erzählungen, deren Wirkungen nicht schwächer werden. Denn die Erzählung bewirkt dasselbe wie die vorgestellte oder historische Wirklichkeit, wie im Chassidismus gelehrt wird; die großen chassidischen Rabbinen können durch Vergegenwärtigung gar Wirkungen hervorbringen, die sich dem menschlichen natürlichen Verstand entziehen:

> „Wenn der Baal-schem[2] etwas Schwieriges zu erledigen hatte, irgendein geheimes Werk zum Nutzen der Geschöpfe, so ging er an eine bestimmte Stelle im Walde, zündete ein Feuer an und sprach, in mystische Meditationen versunken, Gebete – und alles geschah, wie er es sich vorgenommen hatte. Wenn eine Generation später der Maggid von Meseritz dasselbe zu tun hatte, ging er an jene Stelle im Walde und sagte: ‚Das Feuer können wir nicht mehr machen, aber die Gebete können wir sprechen' – und alles ging nach seinem Willen. Wieder eine Generation später sollte Rabbi Mosche Leib aus Sassow jene Tat vollbringen. Auch er ging in den Wald und sagte: ‚Wir können kein Feuer mehr anzünden, und wir kennen auch die geheimen Meditationen nicht mehr, die das Gebet beleben; aber wir kennen den Ort im Walde, wo all das hingehört, und es muß genügen.' – Und es genügte. Als aber wieder eine Generation später Rabbi Israel von Rischin jene Tat zu vollbringen hatte, da setzte er sich in seinem Schloß auf seinen goldenen Stuhl und sagte: ‚Wir können kein Feuer machen, wir können keine Gebete sprechen, wir kennen auch den Ort nicht mehr, aber wir können die Geschichte davon erzählen.' Und

---

seln der Gebetsriemen („Tefillin"). Zu Vers 9: daher die an Türpfosten befestigten Kapseln mit Schriftworten als Inhalt („Mesusa").
[2] Israel Baal Schemtow, der „Stifter des Chassidismus" (1700–1760).

seine Erzählung allein hatte dieselbe Wirkung wie die Taten der drei anderen."[3]

Und wieder hebt die Vergegenwärtigung die Zeit auf: dem natürlichen Verstand Vergangenes wird Gegenwart.

Vergegenwärtigen heißt also, etwas so ins Bewusstsein nehmen, dass es von der sogenannten „objektiv gegenwärtigen Realität" nicht zu unterscheiden ist, ja, dass es deren Wahrheit zeigt, nicht die bereits vergangene Wirklichkeit. Denn jede Wirklichkeit ist im Augenblick der Bewusstseinswahrnehmung schon vergangen. Dieser Akt der Vergegenwärtigung geschieht im Menschen als Bewusstseinsakt und für Israel als Auftrag. Er ist nicht nur die Vergegenwärtigung der Geschichte der Wirkweisen Gottes, die durch diese Vergegenwärtigung Gegenwart ist, sondern auch der Gegenwart und der Zukunft, die damit Gegenwart wird. Es ist ein verpflichtender Akt: „Zachor!"[4], „Gedenke!".

Ja, das Volk ist verpflichtet auf die Tora, die „Weisung" ist verpflichtend. Wie ein König herrscht Gott über Israel, ein „König für immer und ewig."[5] Und daher heißt es: „‚Ich bin der Herr, euer Gott'. [Levitikus 18, 1; vgl. 18, 6]. Wißt ihr, wer euch die Anordnung gibt?"[6] In einem Kommentar wird dies ganz deutlich. In der Kommentierung der Schriftstelle wird Bezug genommen auf jene Erzählung, in der der Prophet Ezechiel (Hesekiel) im babylonischen Exil befragt wird:[7]

---

[3] Gershom Scholem, *Die jüdische Mystik in ihren Hauptströmungen.* Frankfurt 1957, S. 384.
[4] Vgl. Yosef Hayim Yerushalmi, *Zachor: Erinnere Dich! Jüdische Geschichte und jüdisches Gedächtnis.* Aus dem Amerikanischen von Wolfgang Heuss. Berlin 1997.
[5] Vgl. Psalm 10, 16 u. v. a.
[6] Vgl. Sifre Levitikus 18, 6 (ed. Weiss).
[7] Vgl. Ezechiel 20, 1 ff.

„‚Ich bin der Herr, euer Gott' (Numeri 15, 41).
Warum ist dies nochmals gesagt? Es wurde doch bereits
gesagt: ‚Ich bin der Herr, euer Gott, der euch aus dem
Lande Ägypten geführt hat' (ebd.) ... [Das ist gesagt,],
damit die Israeliten nicht sprechen sollen: ‚Warum hat
uns Gott Gebote gegeben? Doch deswegen, daß wir sie
erfüllen und dafür Lohn empfangen!' So sprachen die
Israeliten auch zu Hesekiel, denn es heißt (Ez 20, 1):
‚... kamen zu mir Männer von den Ältesten Israels ...
und ließen sich vor mir nieder.' Sie sprachen: ‚Hesekiel!
Ein Sklave, den sein Herr verkauft hat, ist der nicht seiner Gewalt entzogen?' Er antwortete ihnen: ‚Ja.' Da sagten sie zu ihm: ‚Da Gott uns an die Völker der Welt verkauft hat, sind wir [also auch] seiner Gewalt entzogen!'
Er antwortete ihnen: ‚Sehet, ein Sklave, den sein Herr
unter der Bedingung verkauft, daß er [später wieder an
ihn] zurückfällt, ist der etwa seiner Gewalt entzogen?'
(Ez 20, 32–33): ‚Das, was ihr im Sinn habt, darf keinesfalls geschehen, insofern ihr sagt: Wir wollen den Völkern gleichen, die rings um uns wohnen, und den Geschlechtern der Erde, indem wir Holz und Stein dienen.
So wahr ich lebe, Spruch des Herrn, fürwahr mit starker
Hand und ausgestrecktem Arme und mit geschüttetem
Grimm werde ich über euch König sein!'"[8]

Die Schriftstelle Numeri 15, 41 lautet: „Ich bin der Herr,
euer Gott, der euch aus Ägypten herausgeführt hat, um für
euch Gott zu sein, ich, der Herr, euer Gott." So steht Gott
der Herr am Anfang und am Ende, und er ist es, der das
Volk aus der Unfreiheit Ägyptens in die Freiheit des Landbesitzes von Kanaan geführt hat, wo er wieder als König

---

[8] Sifre Bamidbar Shelach § 115 (ed. Horovitz S. 128, Zeile 3 ff.); Übersetzung nach Kurt Hruby, *Gesetz und Gnade in der rabbinischen Überlieferung*, in: Judaica 25, 1969, S. 45 f.

herrscht, „für immer und ewig".[9] So ist die Verpflichtung Israels auf die Tora nicht kündbar; Israel kann sie nicht kündigen, Gott als der Gott der Treue kündigt sie niemals.[10] Daher sind die „Weisungen" Gottes auch „Piqqud", „Befehle": „Du hast deine Befehle gegeben, damit man sie genau beachtet."[11]

So sind auch die „Bundesschlüsse", die Gott mit Israel eingeht und die in der Tora überliefert werden, königliche Erklärungen Gottes. Sie folgen dem Schema „erst Verpflichtung, dann Verheißung", und haben eine Ähnlichkeit mit Herrschaftsdiktaten.[12] So die Verpflichtung beim „Bundesschluss" mit Noach: „Seid fruchtbar, vermehrt euch, und bevölkert die Erde!"[13] Sodann die Verheißung: „Nie wieder sollen alle Wesen aus Fleisch vom Wasser der Flut ausgerottet werden; nie wieder soll eine Flut kommen und die Erde verderben."[14] Und beim „Bundesschluss" mit Abraham die Verpflichtung: „Geh deinen Weg vor mir, und sei rechtschaffen!"[15] Die Verheißung: „Du wirst Stammvater einer Menge von Völkern."[16] Und beim „Bundesschluss" mit Mose ist es der Dekalog, die Zehn Gebote, die verpflichtend sind[17], und die Verheißung „Ihr sollt nur auf dem Weg gehen, den der Herr, euer Gott, euch vorgeschrieben hat, damit ihr Leben habt und es euch gut geht und ihr lange lebt in dem Land,

---

[9] Vgl. Genesis 15, 18 u. ö.
[10] Vgl. Psalm 36, 6 u. v. a.
[11] Psalm 119, 4; vgl. Deuteronomium 7, 11; 24, 32; 1 Könige 8, 58 u. a.
[12] Vgl. dazu die Kontroversen um die Thesen von E. Kutsch, der „b^erith" mit „Verpflichtung" anstelle des überkommenen „Bund" übersetzen will (z. B. *Neues Testament – Neuer Bund? Eine Fehlübersetzung wird korrigiert.* Neunkirchen-Vluyn 1978); dazu auch Eckart Otto, *Gottes Recht als Menschenrecht. Rechts- und literarhistorische Studien zu Deuteronomium.* Wiesbaden 2002, S. 153 ff.
[13] Genesis 9, 1.
[14] Genesis 9, 11.
[15] Genesis 17, 1.
[16] Genesis 17, 4.
[17] Vgl. Deuteronomium 5, 1 ff.

das ihr in Besitz nehmt."[18] Deutlich aber auch die Strafandrohungen für den Fall, dass Israel den Bund bricht: „Wenn du aber den Herrn, deinen Gott, vergißt und anderen Göttern nachfolgst, ihnen dienst und dich vor ihnen niederwirfst – heute rufe ich Zeugen gegen euch an: dann werdet ihr völlig ausgetilgt werden. Wie die Völker, die der Herr bei eurem Angriff austilgt, so werdet auch ihr dafür ausgetilgt werden, dass ihr nicht auf die Stimme des Herrn, eures Gottes, gehört habt."[19]

Wie aber kann die Zustimmung zu den von Gott angebotenen Bundesschlüssen frei sein, wenn für den Fall der Zurückweisung oder des Bundesbruchs katastrophale Strafen angedroht werden? Wie kann Israel frei wählen unter solcher Drohung, selbst wenn es dankbar der Heilstaten Gottes gedenkt?[20] Wie kann dann eine freie Entscheidung seitens des Volkes getroffen werden, die Herrschaft Gottes anzunehmen, die Tora anzunehmen? Und wie wäre, wenn keine freie Entscheidung vorläge, religiöses Verdienst überhaupt denkbar?

Die Voraussetzung für die Lösung dieser Fragen ist, dass Israel die Tora und damit die Königsherrschaft Gottes freiwillig angenommen hat, während andere Völker diese Tora nicht annehmen wollten, wie ein verbindlicher Kommentar, eine „Sifre" zu der Schriftstelle Deuteronomium 33, 2, ausführt:

„,Der Herr kam hervor aus dem Sinai, Er leuchtete vor ihnen auf aus Seïr, Er strahlte aus dem Gebirge Paran, Er trat heraus aus Tausenden von Heiligen. Ihm zur Rechten flammte vor ihnen das Feuer des Gesetzes.'

Als Er, der überall ist, sich offenbarte, um die Tora Israel zu übergeben, offenbarte Er sich nicht allein Israel, son-

---
[18] Deuteronomium 5, 33.
[19] Deuteronomium 8, 19–20.
[20] Vgl. Josua 21, 1–28.

dern genauso allen anderen Völkern. Zunächst ging Gott zu den Kindern des Esau. Er fragte sie: Wollt ihr die Tora annehmen? Sie sagten geradeheraus in sein Antlitz: Was ist geschrieben in ihr? Er sagte: ‚Du sollst nicht morden.' Sie antworteten: Herr des Universums, dies geht gegen unsere Gewohnheit. Unser Vater, dessen ‚Hände die Hände Esaus sind' [Genesis 27,22], trug uns auf, sich nur auf das Schwert zu verlassen, denn sein Vater sagte zu ihm: ‚Durch dein Schwert wirst du leben' [Genesis 27, 40]. Wir können die Tora nicht annehmen.

Dann ging Er zu den Kindern von Ammon und Moab und fragte sie: Wollt ihr die Tora annehmen? Sie sagten geradeheraus in sein Antlitz: Was ist geschrieben in ihr? Er sagte: ‚Du sollst nicht Ehebruch begehen.' Sie antworteten: Herr des Universums, unser Herkunft liegt ja im Ehebruch, denn die Schrift sagt ‚Beide Töchter des Lot wurden von ihrem Vater schwanger' [Genesis 19, 36]. Wir können die Tora nicht annehmen.

Dann ging er zu den Kindern des Ismael. Er fragte sie: Wollt ihr die Tora annehmen? Sie sagten geradeheraus in sein Antlitz: Was ist geschrieben in ihr? Er sagte: ‚Du sollst nicht stehlen.' Sie antworteten: Herr des Universums, es ist ja unsere Natur, nur von dem zu leben, was gestohlen ist und was erworben ist durch Überfall. Über unseren Vorfahren Ismael steht geschrieben: ‚Und er wird ein Mensch sein wie ein Wildesel: seine Hand wird gegen jedermann sein, und jedermanns Hand gegen ihn.' [Genesis 16, 12]. Wir können die Tora nicht annehmen.

Da war nicht ein einziges Volk unter den Völkern, zu dem Gott nicht ging, sprach, und, wie es war, anklopfte und fragte, ob es willens wäre, die Tora anzunehmen.

Ganz zuletzt kam Er zu Israel. Sie sagten ‚Wir wollen tun und gehorchen.' [Exodus 24, 7]. Über Gottes fortfolgende Versuche, die Tora zu übergeben, steht geschrieben:

‚Der Herr kam hervor aus dem Sinai, Er leuchtete vor ihnen auf aus Seïr, Er strahlte aus dem Gebirge Paran, Er trat heraus aus Tausenden von Heiligen. Ihm zur Rechten flammte vor ihnen das Feuer des Gesetzes.'"[21]

Insofern also erwirbt Israel Verdienst, weil es als einziges Volk diese Tora angenommen hat, und verdienstvoll ist die Vergegenwärtigung der Tora. Eben diese Vergegenwärtigung entspricht als Verdienst dem „Verdienst der Väter"[22], deren Verdienste Gott niemals vergessen wird, indem er sie selbst vergegenwärtigt.[23] Verdienstvoll ist aber auch das Studium der Tora, verdienstvoll, sie zu beachten. Und sie zu beachten heißt, nach ihr zu leben.

---

[21] Sifre Deuteronomium § 343, Pesikta Rabbati 21.
[22] Vgl. dazu Solomon Schechter, *The Zachuth of the Fathers*, in: Solomon Schechter, *Aspects of Rabbinic Theology*. New York 1961, S. 170 ff.
[23] Vgl. Deuteronomium 4, 31.

3. Die Geschichte – Wahre Gegenwart

Wenn ein Mensch an etwas denkt, so ist in diesem Augenblick das Gedachte für ihn gegenwärtig, ist Gegenwart. Denkt er intensiv an etwas sehr Trauriges, das ihm widerfahren ist, so wird er abermals traurig werden. Der Verlust eines geliebten Menschen, sei es an den Tod, sei es an einen anderen Menschen, ruft Trauer, ruft Liebeskummer hervor. Diese Reaktion wiederholt sich bei jedem Denken an diesen geliebten Menschen; erst mit nachlassender Intensität des An-Denkens wird auch die Reaktion nachlassen. Ebenso bei der intensiven Erinnerung an Freudiges, das beim Erinnern Freude auslöst. Und nicht zuletzt bei jenem psychosomatischen Effekt, bei dem die reine erinnernde Vorstellung bereits körperliche Effekte auslöst,[1] ist die Macht der erinnernden Vorstellung deutlich.

So also gibt es die Möglichkeit, sich etwas so als Vorstellung zu vergegenwärtigen, als sei es wirkliche Gegenwart, nicht aber bereits Vergangenes. Die dem Volk Israel, dem Judentum geschenkte Tora lehrt die Geschichte des Hervortretens der Wirkungen Gottes, beginnend mit der Schöpfung. Die Tora ist Israel geschenkt zum Studium in der Weise, dass ihr Inhalt in Festen, Kulten und Gebeten immer wieder vergegenwärtigt wird. Daher ist Judentum die „Religion der geglaubten Geschichte"[2], einer unterscheidenden und zu vergegenwärtigenden Geschichte. Diese Vergegenwärtigung vollzieht sich als ein Akt neuerlicher Verwirklichung des geschichtlichen Geschehens: sie wird so vor-

---

[1] Der sogenannte „Pawlow-Effekt". Ebenso bei sogenannten „Placebo"-Medikamenten.
[2] Vgl. Johann Maier, *Judentum*. Göttingen 2007, S. 21 ff. („Die geglaubte Geschichte in der jüdischen Religion").

genommen, dass sich der durch das Studium der Tora vergegenwärtigte Inhalt als wahre Gegenwart und damit als zeitlos zeigt.

Wozu aber dieses? Die Tora ist lehrend, und gelernt werden soll, die Handlungsweisen Gottes durch Einsicht in die Unbegreiflichkeit seiner für den Verstand selbstwidersprüchlichen Wirkungen erkennen zu können, aber auch durch Erkenntnis der in den Erzählungen der Tora handelnden Menschen sich selbst als Menschen zu verstehen: sich zu identifizieren mit Adam und Eva, Kain und Abel und all den Anderen, unabhängig von deren und vom eigenen Geschlecht.

Pessach ist – neben dem Sabbath – das Fest, dessen Feier wohl am deutlichsten zeigt, wie Geschichte wahre Gegenwart wird. Das Fest gedenkt des Auszugs aus Ägypten, doch so, dass dieser Vorgang nicht in die Vergangenheit gelegt und an ihn gedacht wird, sondern so, dass er durch Nachspiel lebendige Gegenwart ist. Sodann aber ist auch der Inhalt des zu Gedenkenden zeitlos, weil er im Wiederholungsspiel vergegenwärtigt wird. Man sitzt an den Festtagen zu Tische und speist und trinkt, wie die Väter und Mütter es seinerzeit taten, und in dieser Wiederholungshandlung wird die zeitlose Handlungsweise Gottes selbst Gegenwart: „In jedem Geschlechte und Zeitalter ist jeder verpflichtet, sich vorzustellen, als ob er gleichsam selbst aus Ägypten gegangen wäre, denn so sagt die Schrift: ‚Du sollst deinem Sohne an jenem Tage erzählen und sagen: Um dessentwillen, was der Ewige mir getan, als ich aus Ägypten ging.' Nicht unsere Väter nur hat der Heilige – gelobt sei er – erlöst, sondern auch uns mit ihnen; denn so sagt die Schrift: ‚Und uns hat er von da weggeführt, um uns hierher zu bringen und uns das Land zu geben, das er unseren Eltern zugeschworen hat.'"[3]

Der Ritus, dessen Ablauf eine feste Form hat, entspricht einer Wiederholungshandlung, in der die Geschichte Gegen-

---

[3] Dr. M. Lehmann, *Hagadah schel Peßach*. Basel 1962, S. 124 f.

wart wird, weil sie Gegenwart ist. Eben diese Art der Vergegenwärtigung, zumal die Vergegenwärtigung der nur Israel verliehenen und nur von Israel angenommenen Tora, unterscheidet Israel von den Völkern. Auch in der Gegenwart kann der Gedanke an Ägypten sich mit dem Gedanken an Zwangsherrschaft und Unfreiheit, Knechtschaft, Sklaverei verbinden. Der Weg von Ägypten nach Kanaan ist der Weg von Unfreiheit zu Freiheit. Wie eine Metapher, wie eine Allegorie auch, wird hier die Sprache verwendet. Und genau dieses ist der Gegenstand jüdischer vergegenwärtigender Spiritualität: durch die Sprache hindurch Wahrheit aufscheinen zu lassen – den Weg von Unfreiheit zur Freiheit, der immer wieder zu gehen ist. So ist die Erzählung vom „Auszug aus Ägypten" nicht als historische Information zu nehmen, also ist nicht zu fragen, ob das „in Wirklichkeit" so war. Sondern es soll beim Lesen oder Hören dieser Erzählung der zeitlosen und daher gegenwärtigen Wirkweisen Gottes gedacht werden, um zu lernen.

Aus der Bedeutung des Pessach-Festes ergibt sich die Bedeutung des verheißenen Landes. Die Landverheißung ist die Verheißung eines Lebens in Freiheit, geborgen unter den Flügeln der Tora. Und so ist die Geschichte des Volkes auch eine Geschichte des Landbesitzes, des Wohnens im Lande. Im Lande wohnen zu dürfen bedeutet Hinwendung Gottes zu Israel und Hinwendung Israels zu Gott. Und es bedeutet, das Heiligtum, den „Tempel" zu Jerusalem in lebendigem Kult halten zu können, also alle gottesdienstlichen Handlungen im Sinne der Tora-Gebote zu erfüllen. Nicht möglich erscheint dies aber, wenn das Volk im „Exil" leben muss, vom Land vertrieben ist. So ist der Landbesitz gleichbedeutend mit dem Vollzug des Kultes im Heiligtum.[4]

---

[4] Dies hat sich nach der Zerstörung des Heiligtums für große Gruppen des Judentums geändert, indem an Stelle des Kults im Heiligtum der Kult in den Synagogen vollzogen wurde und wird.

Im Heiligtum hat sich die „Wirkkraft Gottes" niedergelassen; als die „Einwohnung", „Schechina", ist sie die Gegenwart Gottes im Volke. Landbesitz und Exil zeigen jeweils die Beziehung Gottes zum Volk und des Volkes zu Gott an: der Landbesitz erscheint als verheißene Belohnung für Treue zur Tora, das Exil als Folge des Bundesbruchs seitens des Volkes. In neuerer Zeit freilich können Landbesitz und Exil auch gedeutet werden als Bezeichnungen, die nicht der „Wirklichkeit" entsprechen müssen, sondern im übertragenen Sinne Ausdruck von Hinwendung zu Gott oder Abkehr von Gott meinen. Das Streben des Gläubigen wird aber stets auf Hinwendung zu Gott durch Vergegenwärtigung der Tora zielen.

Genau dieses Streben findet im Ritus des Festes mit dem bekannten Namen „Jom Kippur", „Tag der Umkehr", der in hebräischer Sprache aber „Jom ha-kippurim", „Tag der Umkehrungen" heißt, feierlichen Ausdruck. „Umkehrungen" sind es, denn es ist der Tag, an dem sich der einzelne Israelit zu Gott, Gott aber zu ihm „umkehrt", nachdem sie sich voneinander abgewandt hatten. In diesem Zusammenhang werden abermals die Wirkweisen Gottes erkennbar; das Wesentliche aber an diesen Wirkweisen ist, dass sie seine Gerechtigkeit, seine Barmherzigkeit und seine Treue, also seine Liebe zu dem Volk zeigen. Alle diese Aspekte vergegenwärtigt man insbesondere an den Festtagen „Rosch-ha-schana" = „Neujahr" und, zehn Tage später, „Jom Kippur" = „Tag der Umkehr". Während an Neujahr Gott das Urteil über die Menschen gemäß der Gerechtigkeit fällt – „Würdest du, Herr, unsere Sünden beachten, Herr, wer könnte bestehen?"[5] – so kehrt er dieses Urteil am Tag der Umkehr in Barmherzigkeit um, wie ja auch der Mensch in den zehn Tagen „Teschuwa" = „Umkehr" vollziehen soll, um der Barmherzigkeit Gottes zuteil zu werden.

---
[5] Psalm 130, 3.

Gottes Gerechtigkeit ist das erste herausragende Wirken Gottes, aber sie ist nicht allein zu denken, sondern stets zusammen mit seiner Barmherzigkeit, wie ein Gleichnis lehrt:

> „‚Gott der Herr machte Erde und Himmel' [Genesis 2, 4]. Ein Gleichnis von einem König, der zwei Kelche aus feinem Glas hatte. Der König sagte: Wenn ich heißes Wasser in sie gieße, werden sie (sich ausdehnen und) bersten; wenn kaltes Wasser, werden sie sich zusammenziehen (und brechen). Was tat er? Er mischte heißes und kaltes Wasser und goss es in sie, und so blieben sie unzerbrochen. In ähnlicher Weise sagte der Heilige: Wenn ich die Welt schüfe mit der Eigenschaft der Barmherzigkeit allein, wären ihre Sünden zu viele; wenn mit Gerechtigkeit allein, wie wäre zu erwarten, dass sie Bestand hat? So werde ich sie mit beiden schaffen, Gerechtigkeit und Barmherzigkeit, und sie mag Bestand haben!"[6]

Auch der Ausgleich des Rechts, die Durchsetzung aller Gerechtigkeit auf Erden, wird nicht ohne Barmherzigkeit sein. Weil Geschichte Gegenwart ist im Vergegenwärtigen, ist nicht nur Vergangenes zu vergegenwärtigen, sondern auch Zukünftiges. Daher kann am Ende der Pessach-Feier ausgerufen werden „Nächstes Jahr in Jerusalem", daher kann der Messias erwartet werden. Gehen auch die Vorstellungen des Künftigen in sehr unterschiedliche Richtungen, so begründen sie doch die Hoffnung auf Gottes Barmherzigkeit bei der Umwandlung der Welt in eine künftige, in ein Gottesreich. Auch bei diesen Vorstellungen aber werden nicht Gott der Eine selbst, sondern seine Wirkweisen vergegenwärtigt, die zu lernen und nachzuahmen sind.

Das Lernen richtet sich auch auf die Vergegenwärtigung der selbstwidersprüchlich erscheinenden Wirkweise Gottes. Das selbstwidersprüchlich Bewirkte verweist auf Gottes ge-

---

[6] Genesis Rabba 12, 15.

genwärtiges Wirken. Dies soll eingedenk sein in den Geboten des Nicht-Mischens von Fleisch und Milch[7], von Wolle und Leinen[8]: Widersprüchliches soll sich nicht vereinigen, und daher vor allem nicht der Glaube an den Gott Israels mit dem Glauben der Völker. Und eben dies lehrt die Tora, eben dies ist zu vergegenwärtigen durch Israel.

---

[7] Vgl. Deuteronomium 14, 21.
[8] Vgl. Deuteronomium 22, 11.

4. Das Menschenleben – Nachahmung Gottes

Das Leben des gläubigen Israeliten, des Juden, ist durchzogen vom Gedanken der Gottesliebe. Dies in zweifacher Hinsicht: vom Gedanken der Liebe Gottes zu den Menschen und der Liebe der Menschen, insbesondere seines Volkes Israel, zu Gott. Gott liebt alle Menschen[1], denn er erschuf den Menschen „nach seinem Bilde"[2] – und es heißt nicht „er schuf den Israeliten nach seinem Bilde". Und er schuf „den Menschen", einen allein, damit niemand sage, er habe einen besseren Vorfahren als ein anderer.[3]

Daher sind das Gebot der Gottesliebe[4] und das Gebot der Menschenliebe[5] zu beachten als reine Gegenwart. Diese Gebote vereinigen sich, wenn die Tora als Weisung des Verhaltens den Menschen und Gott gegenüber verstanden wird: denn wer auch nur einen Menschen verachtet, „der wisse, wen du verachtest: ‚nach dem Bilde Gottes schuf er ihn'."[6] Untrennbar sind Gottesliebe und Menschenliebe[7]; die Menschenliebe bezieht sich auf den „Nächsten", wie geschrieben steht, aber darüber hinaus auf jeden Menschen, sind doch alle Menschen Nachkommen Adams: „‚Du sollst den Nächsten lieben wie dich selbst' [Levitikus 19, 18]. Rabbi Aqiba sagte: Das ist ein großer allgemeiner Grundsatz in der Tora. Ben Azzai sagte: Dies ist das Buch der Familien-

---

[1] Hier ist kein Unterschied zum Christentum und Islam!
[2] Vgl. Genesis 1, 26 f.
[3] Vgl. Babylonischer Talmud, Traktat Sanhedrin 38a.
[4] Vgl. Deuteronomium 6, 4 f. u. a.
[5] Levitikus 19, 18.
[6] So Rabbi Tanchuma in Bereschit Rabba 24 § 7.
[7] Dazu Andreas Nissen, *Gott und der Nächste im antiken Judentum. Untersuchungen zum Doppelgebot der Liebe*. Tübingen 1974, S. 230 ff.

geschichte Adams[8]. Das ist ein größerer allgemeiner Grundsatz als jener."[9]

So öffnet sich das Judentum zu allen Menschen hin, auch wenn es selbst das „Nicht-Mischen" genau beachtet. Wie die dem Menschen nächsten Dinge nicht gemischt werden sollen: bei den Speisen Fleisch und Milch,[10] bei der Kleidung Wolle und Leinen.[11] Nicht einmal Ochs und Esel sollen ein Gespann bilden.[12] Dieses „Nicht-Mischen" bringt nahe, die prinzipielle Unterscheidung des Volkes von den Völkern genau zu wahren. Gleichwohl ist die Liebe Gottes aber allen Menschen zugewandt, wie das Gebot der Nächstenliebe ein Gebot der Menschenliebe, der Liebe zu allen Menschen ist:

> „‚Den Fremdling sollst du nicht bedrücken und sollst ihn nicht bedrängen; denn ihr seid Fremdlinge im Lande Ägypten gewesen.' [Exodus 22, 20].
>
> ‚Du sollst ihn nicht bedrücken', nämlich mit Worten, ‚und sollst ihn nicht bedrängen', nämlich in Geldangelegenheiten. Du sollst nicht etwa zu ihm sagen: Gestern warst du ein Götzendiener, und siehe, Schweinefleisch ist zwischen deinen Zähnen, und du willst Worte gegen mich richten? Woher, wenn du ihn bedrückst, daß er dich bedrücken kann? Die Schrift sagt lehrend: ‚Denn ihr seid Fremdlinge gewesen!' Von hier aus hat Rabbi Nathan gesagt: Einen Fehler, der dir anhaftet, sage nicht von einem anderen aus ... [Die Schrift sagt lehrend:] ‚Du sollst den Fremdling nicht bedrücken' [Exodus 22, 20]; ‚Ihr sollt den Fremdling lieben' [Deuteronomium 10,

---

[8] Vgl. Genesis 5, 1: „Dies ist das Buch der Nachkommen Adams. Am Tage, da Gott Adam schuf, machte er ihn Gott ähnlich ..."
[9] Siphra Kedoshim perek 4, 12 (ed. Weiss 89b).
[10] Vgl. Exodus 23, 19; vgl. Deuteronomium 14, 21.
[11] Deuteronomium 22, 11.
[12] Deuteronomium 22, 10.

19]; ‚Ihr kennt die Empfindungen des Fremdlings' [Exodus 23, 9] ..."[13]

Und durch diese Öffnung kann ein Universalanspruch[14] begründet werden, der andere Völker und Religionen umgreift;[15] daher ist auch der Heilsanspruch Israels nicht auf Ausschließlichkeit gerichtet, sondern das Heil kann auch außerhalb Israels erlangt werden:[16]

„Rabbi Eliezer sagte: Alle Heiden haben keinen Anteil für die künftige Welt, wie es heißt: ‚Die Gottlosen müssen umkehren in die Unterwelt, all die gottvergessenen Heiden' [Psalm 9, 18]. ‚Die Gottlosen müssen umkehren in die Unterwelt', dies sind die Frevler aus Israel. Es sprach zu ihm Rabbi Jehoshua: Hätte die Schrift gesagt: ‚Die Gottlosen müssen umkehren in die Unterwelt, alle Heiden' und dann geschwiegen, hätte auch ich mich nach deinen Worten gerichtet. Nun aber sagt die Schrift: ‚die gottvergessenen'! Folglich gibt es Gerechte unter den Völkern, die einen Anteil für die kommende Welt haben."[17]

So also wird die Vergegenwärtigung der Liebe Gottes zu allen Menschen eine Liebe Israels zu allen Menschen, zu einer Imitatio Dei, einer „Nachahmung Gottes"[18]: „Und nun,

---

[13] Mechilta mishpatim parasha 18 (ed. Horovitz/Rabin, 311).
[14] Vgl. Nissen a. a. O. (Anm. 90), S. 69 ff.
[15] Vgl. dazu Bernhard Uhde, *Judentum: Eine „ethnozentrische" Religion? Eine religionsgeschichtliche Überlegung*, in: *Freiburger Leitlinien zum Lernprozess Christen Juden*. Hrsg. Von G. Biemer unter Mitarbeit von A. Biesinger, P. Fiedler, K.-H. Minz, U. Reck. Düsseldorf 1981, S. 192 ff.
[16] Diese Haltung bezeichnet die „Theologie der Religionen" als „Inklusivismus" (Gegensatz: „Exklusivismus").
[17] Jerusalemer Talmud, Traktat Sanhedrin XIII, 2 (ed. Zuckermandel, 434).
[18] Dazu Bernhard Uhde, *Religionen als Denkmöglichkeiten. Skizzen zur Logik der Weltreligionen,* in: ZDPE (= Zeitschrift für Didaktik der Philosophie und Ethik) 1 / 2009. Hannover 2009, S. 9.

wenn ihr fleißig meine Stimme hören und meinen Bund halten werdet, so sollt ihr mein Eigentum sein aus allen Völkern; denn die ganze Erde ist mein; und ihr sollt mir ein Königreich von Priestern und eine heilige Nation sein."[19] Ja, ein „heiliges Volk"[20] soll es sein, denn Gott spricht: „Seid heilig, denn ich bin heilig."[21] Diese Imitatio Dei führt in ihrer Vollendung zum Königreich Gottes, dessen Verwirklichung das Antlitz der Erde auf ewig verwandelt. Der Weg dorthin führt über Verheißenes Land und Exile zu jenem auf ewig verheißenen Land, das aus der Vergegenwärtigung dieses Zieles reine Gegenwart werden lässt. Das handelnde Subjekt in dieser Geschichte ist Gott selbst, der Auftrag zur Vergegenwärtigung ergeht an das Volk.

Judentum ist die Möglichkeit zu denken, dass das Undenkbare und doch Begegnende eine undenkbare Ursache habe, von der der Mensch nicht wissen könnte, wäre sie nicht hervorgetreten in einer Weisung, die eben diesen Vorgang selbst lehrt und damit die gesamte Schöpfung erklärt. Und diese lehrt, dass die Einsicht in diesen Vorgang nur durch Vergegenwärtigung möglich ist, und erklärt, wer der Mensch ist. Diese Art der Vergegenwärtigung ist der Vorgang der Reflexion: wie Gott selbst sich in der Tora als seiner eigenen Weisung reflektiert, so der Mensch in „Imitatio Dei", „Nachahmung Gottes". Denn auch Gott vergegenwärtigt seine eigene Weisung: „Rab Jehuda hat gesagt, Rab habe gesagt: ‚Zwölf Stunden hat der Tag; die ersten drei sitzt Gott und beschäftigt sich mit der Tora …'"[22], so also auch der Mensch in Nachahmung Gottes.

---

[19] Exodus 19, 5.
[20] Vgl. Deuteronomium 7, 6 u. a.
[21] Levitikus 11, 44.
[22] Vgl. ʿAboda Zara 3b.

5. Warum sie glauben, was sie glauben

1. Glauben aus Erfahrung

Es ist ein Wagnis, eine Begründung eines Glaubens darstellen zu wollen. Dies Wagnis grenzt an Anmaßung. Und doch kann auch für Andersgläubige und Nachdenkende gezeigt werden, welche Gründe Herz und Hirn des Menschen bewegen können, einen bestimmten Glauben zu leben.

Judentum ist die Religion, die zur Vergegenwärtigung verpflichtet – zur Vergegenwärtigung der erfahrenen Geschichte jener personalen Macht, die Gott genannt wird, mit den Menschen, insbesondere mit dem Volk Israel. Die Vergegenwärtigung verpflichtet ihrerseits zu einer Lebensführung, die dem Inhalt des Vergegenwärtigten entspricht. Weshalb also nehmen Menschen dies freudig auf sich?

Zunächst ist es wohl eine Erfahrung und der Nachvollzug einer Erfahrung: Menschen verfügen nicht in jeder Hinsicht über sich und ihr Lebensgeschick. Jude ist nach der Lehre des Judentums, wer von einer jüdischen Mutter geboren wurde. Schon über diesen Umstand verfügt der Geborene nicht, wie ja auch sonst kein Lebewesen seine Eltern selbst aussuchen kann. Dies hat Geltung unter der Annahme der Einmaligkeit menschlichen Lebens und mag im Bereich der Annahme von Wiedereinkleidung, Wiedergeburt[1] anders gedeutet werden, wenn die Qualität dieser Wiedereinkleidung als Folge eigener Taten verstanden werden kann, so dass der Handelnde selbst diese Qualität durch sein Handeln bestimmt und damit die Wahl seiner künftigen Eltern

---

[1] S. unten S. 184 f.

mitbestimmt. Innerhalb monotheistischer Religionen ist diese Möglichkeit nicht gegeben.

Es ist die Erfahrung, die eine Einsicht hervorbringt: die Einsicht in die unverfügbare Abhängigkeit des menschlichen Lebens. Abhängig aber wovon? Und nochmals ist es eine Erfahrung: die Erfahrung, von einer personalen Macht angesprochen zu werden, jene Erfahrung, die Mose am brennenden Dornbusch machte – doch erst, als er selbst näher herantrat. Im Sich-Einlassen auf das Hören finden die Fragen nach jener Abhängigkeit, ja nach dem Sinn der Schöpfung, der Geschichte und des eigenen Lebens Antworten, überzeugende Antworten, aus denen sich überzeugende Folgerungen ziehen lassen. All dies beruht nicht auf einer zwingenden Logik, sondern auf bezwingender Erfahrung und deren Nachvollzug im Vergegenwärtigen. Und nun das Besondere: im Hören von diesen Erfahrungen, im Lesen dieser Erfahrungen stellen sie sich abermals ein über alle Zeiten hinweg bis in die Gegenwart. Und dabei entsteht aus diesen Erfahrungen ein Denken, das den Inhalt der Erfahrungen bestätigt.

Nun könnte eingewandt werden, dass dies ja auch bei großer Kunst so ist, dass auch Theater über die Zeiten hinweg berührend wirkt. Der „Don Carlos" von Schiller hat nur noch wenig mit der historischen Person jenes Infanten zu tun, der „Don Carlo" von Verdi entfernt sich von seinem historischen Vorbild noch weiter. Und doch zeigen Schiller und Verdi, wie etwas Zeitloses vergegenwärtigt werden kann: die Einsamkeit des Königs, die Dramatik der Beziehungen des Infanten zu den Damen Elisabeth von Valois und Eboli, die Tragödie der Freundschaft zu Posa, der Freiheitskampf in den Niederlanden – all das lehrt über das konkrete Geschehen hinaus etwas Allgemeines, indem etwas vergegenwärtigt wird, das in dieser Weise niemals historisch stattgefunden hat. Ins Allgemeine gehoben wird aber etwas vom zeitlosen Inhalt des menschlichen Drama und der menschlichen Tragödie der sinnlichen Wahrnehmung gegenwärtig.[2]

Der entscheidende Unterschied des Textes, den die Tora lehrt, zu Theater oder großer anderer Kunst, ist die direkte Ansprache von einer Macht her, die nicht als weltlich, irdisch erfahren wird, sondern als transzendent, als Gott. Mag dazu auch bemerkt werden, dass eben diese Ansprache menschliche Poesie sei, so bleibt doch, dass diese Poesie eine Erfahrung und dann einen Grundgedanken vermittelt, der selbst als Gedanke von großer Wirkkraft ist: der Gedanke an die Existenz und Zuwendung eines liebenden, barmherzigen und treuen Gottes. Und im Vergegenwärtigen dieses Gedankens geschieht diese Zuwendung.

2. Glauben trotz Leiden?

Was aber ist mit all dem Leid, das dem Volk doch auch widerfahren ist? Wie verträgt sich dies mit der liebenden Barmherzigkeit Gottes? Weshalb solche „Prüfungen"?[3] Hier ist die Auffassung von der Geschichte des Volkes zu beachten: diese Geschichte geschieht im Wechsel von „Landbesitz und Kult im Heiligtum" und Exil.[4] Das Land und das Heiligtum gehen verloren durch die Untreue des Volkes gegenüber Gott;[5] das Land und das Heiligtum werden wiedererlangt durch die Umkehr. Für den Einzelnen sind Leiden

---

[2] Vgl. dazu Bernhard Uhde, *Theatralität des Rituals – Ritual des Theaters. Weltreligionen als Inszenierungen*, in: Theater im Marienbad (Hrsg.): *Ekstase und Trost. Glaube und Ritual im zeitgenössischen Theater*. Freiburg 2009, S. 30 ff.

[3] Vgl. dazu Dieter Vetter, *Warum leiden? Antworten aus dem Judentum*, in: Adel Th. Khoury und Peter Hünermann (Hrsg.): *Warum leiden? Die Antwort der Weltreligionen*. Freiburg 1991, S. 74 ff.

[4] Vier Exilsituationen: ägyptisches, babylonisches, seleukidisches und römisches Exil.

[5] Vgl. z. B. Jeremia 2, 1, ff.

das, was das Exil für das Volk ist. Leiden ist die Erfahrung des Abstandes von Gott. So sind sie zur Belehrung: „Wenn der Mensch sieht, dass Leiden über ihn kommen, so soll er seine Werke prüfend untersuchen, wie es heißt: Lasst uns unsere Wege erforschen und zum Herrn uns bekehren.[6] Hat er sie untersucht und nichts [Sündliches] gefunden, so suche er den Grund seines Leidens in Vernachlässigung des Torastudiums, wie es heißt: Wohl dem Mann, den du züchtigst und aus deiner Tora belehrst[7]…"[8] Daher heißt es: „Beliebt sind die Leiden [Züchtigungen[9]]; denn drei Gaben hat Gott den Israeliten gegeben, nach denen die Völker der Welt Verlangen tragen, und sie wurden den Israeliten nur auf Grund der Leiden gegeben: die Tora, das Land Israel und die zukünftige Welt …"[10]

Das Problem der Theodizee ist damit keineswegs gelöst, indem dem Leiden zwar ein Sinn gegeben, nicht aber dessen Notwendigkeit begründet wird, zumal im Blick auf das Leiden von Unschuldigen oder von Kindern, insbesondere hinsichtlich der unübertreffbar grauenvollen Ereignisse, die sich mit dem Begriff „Holocaust" verbinden. Wenn nun aber Israel die Tora gegeben ist als göttliche Offenbarung und als Lehrerin, die in allem und für alles Belehrung ist, muss sich in dieser Tora auch ein Hinweis zur weiteren Begründung des Leidens finden, der das drängende Problem der Theodizee zu klären hilft. Alles Gegebene ist ja von Gott gleich jener belehrenden „Erziehung", mit der Gott wie ein Vater seinen Sohn erzieht,[11] wie Gott Israel aus Ägypten geführt und dadurch erzogen hat.[12] Also auch das

---

[6] Midrasch zu den Klageliedern 3, 40.
[7] Psalm 94, 12.
[8] Babylonischer Talmud, Traktat Berachoth 5a.
[9] Hebräisch „yisurim", was sowohl „Leiden" wie „Züchtigungen" heißen kann.
[10] Sifre zu Deuteronomium 6, 5 § 32 (73 b).
[11] Deuteronomium 8, 5.
[12] Vgl. Deuteronomium 11, 2/7 ff.

von Menschen verursachte Leid als Folge des Bösen von Gott gegeben, das von Gott nicht verhindert wird. Wie das? In der Schrift heißt es: „Ich bin der Herr, und sonst keiner: der Licht bildet und Dunkelheit schafft, der Frieden tut und Böses schafft: ich bin der Herr, der dies alles tut."[13] Eine Erklärung dieser Stelle, zugleich ein Hinweis auf die Aufhebung des Theodizee-Problems, findet sich in einem Lehrstück[14] des berühmten Rabban Gamliel (um 90 n. Chr.). Der Lehrer bringt das in der Stelle genannte „Böse" in Zusammenhang mit dem „Tohuwabohu", das zu Beginn der Schrift von der Erde ausgesagt wird[15], indem er die Schriftstellen aufeinander bezieht. Das Böse ist demnach wie das „Leere", ungeordnet und nichts an sich selber, ohne bleibende Substanz, nichtig, indem es zum Guten geordnet, gewandelt werden wird:

> „Ein Schüler fragte den Lubliner [Rabbi Jaakob Jizchak]: ‚Der Satz: Der Mensch soll Gott für das Übel lobpreisend danken, wird ergänzt: mit Freude und heiterem Herzen. Wie kann das geschehen?' Der Rabbi hörte, dass die Frage aus einem leidvollen Herzen kam. ‚Du', antwortete er, ‚verstehst die Ergänzung nicht, und ich verstehe den Satz selber nicht. Gibt es denn in Wahrheit ein Übel in der Welt?'"[16]

Hier zeigt sich nicht nur das Vertrauen zu Gott, es zeigt sich auch die Treue zu Gott. Israels Treue – trotz vieler Brüche – ist bleibende Antwort auf Gottes Treue zu Israel:

> „Für immer, o Herr, steht Dein Wort fest im Himmel.
> Deine Treue gilt allen Generationen;

---

[13] Jesaia 45, 6–7.
[14] Vgl. Bereschit Rabba I, 9.
[15] Genesis 1, 2.
[16] Nach Martin Buber, *Die Erzählungen der Chassidim*. In: Werke Bd. III, München 1963, S. 439.

Du hast die Erde gegründet, und sie steht.
Bis zu diesem Tag besteht sie nach Deinen Befehlen;
Denn alle Dinge dienen Dir."[17]

---

[17] Psalm 119, 89–91; Übersetzung Abraham Joshua Heschel, *Gott sucht den Menschen. Eine Philosophie des Judentums.* Neukirchen-Vluyn 1980, S. 72.

Erster Exkurs:
Die Treue Israels als Herausforderung des Christentums

Gott ist Treue, und Israel ist treu – denn treu sind die Bundespartner Gottes, die für das Volk stehen: Noah, Abraham, Mose. Die „Verdienste der Väter"[1] und diejenigen anderer Gerechter wiegen die Untreue anderer Menschen gleichsam auf.[2] Niemals wird daher dies gegenseitige Treueverhältnis, das einem Ehebund[3] gleicht, untergehen. Gottes Heilszusage an Israel bleibt ewig, wie es auch die Apostel und Jünger Jesu Christi wissen.[4] Wozu aber dann eine „Neue Botschaft"? Deutlicher: ist das Christentum damit nicht einfach überflüssig, wie es ja auch offensichtlich vor seinem Eintreten in die Geschichte für das Heil der Menschen nicht notwendig gewesen war? Notwendig war Israel für den Erhalt der Welt, für das Bestehen der heilswirksamen Bundesschlüsse Gottes mit den Menschen. Israel aber bleibt bestehen, so lange die Welt besteht, denn Gott ist treu – wozu also eine „Neue Botschaft"? Denn alle Menschen können des Heils teilhaftig werden, indem sie Frömmigkeit üben, wie es bei dem großen Lehrer Maimonides heißt:

> „Mose unser Lehrer übergab die Tora und die Gebote nur an Israel, wie es heißt: ‚ein Erbteil der Gemeinde Jakobs' (Deuteronomium 33, 4). [Er übergab sie] auch an jeden, der aus den übrigen Völkern sich zum Judentum bekehrt ... Ebenso wurde unserem Lehrer Mose aus dem Munde des Allmächtigen befohlen, alle Menschen zu zwingen, diejenigen Gebote auf sich zu nehmen, die

---
[1] S. oben S. 61.
[2] Vgl. Genesis 18, 26 ff. u. a.
[3] Vgl. Hosea 2, 21 ff. u. a.
[4] Vgl. Paulus, *Brief an die Römer* 11, 25 ff.

den Söhnen Noachs aufgetragen sind ... Jeder, der die sieben noachidischen Gebote auf sich nimmt und sie sorgsam beachtet, gehört zu den Frommen der Völker der Welt, und er hat Anteil für die künftige Welt ..."[5]

So also benötigt Israel auch keine Öffnung in die Völker, da es diese sehr wohl hat; daher braucht Gott doch keinen weiteren Bund mit den Völkern, da diese in den Bund mit Noah eingeschlossen sind, wie ja auch das Bundeszeichen dieses Bundes, der Regenbogen, von Gott und allen Menschen gesehen werden kann: „Steht der Bogen in den Wolken, so werde ich auf ihn sehen und des ewigen Bundes gedenken zwischen Gott und allen lebenden Wesen, allen Wesen aus Fleisch und Blut auf der Erde. Und Gott sprach zu Noach: Das ist das Zeichen des Bundes, den ich zwischen mir und allen Wesen aus Fleisch auf der Erde geschlossen habe."[6]

Ein ewiger Bund mit allen Wesen aus Fleisch auf der Erde! Also mit allen Menschen. So lange Israel treu bleibt, bleiben Menschheit und Welt bestehen. Und sie bestehen in Gottes Liebe und Fürsorge. Israels Treue und Gottesliebe ist eine Herausforderung für alle anderen Religionen, vor allem aber für das Christentum. Dies nicht, weil sich das Christentum seinerseits nicht selten gegen das Judentum gewandt und die vom Christentum geprägte Kultur dazu beigetragen hat, die gemeinsame Geschichte durch entsetzliche Verfolgungen jüdischer Mitbürger zu entstellen – dies Verschulden des Christentums ist eine bleibende Belastung für das Christentum. Die Herausforderung ist eine Herausforderung der christlichen Religion: sie scheint erklären zu müssen, wie sie ihre Existenz in Anbetracht des ungekündigten und ewigen Bundes Gottes mit allen Menschen rechtfertigt, was sie über das Judentum hinaus denn vermittle. Kurzum: weshalb das

---

[5] Maimonides (1135–1204), *Mischneh Tora, Hilchot melachim* 8, 10 f.
[6] Genesis 9, 16–17 (Einheitsübersetzung).

Christentum nicht überflüssig ist, weil es nicht gebraucht wird.

Erste einsehbare Versuche, eine rechtfertigende Zuordnung des Christentums zum Judentum zu finden, ohne von christlicher Seite aus das Judentum für falsch zu erklären – was im Blick auf die Rede vom „ungekündigten Bund"[7] auch unmöglich wäre –, finden sich in den Gedanken des Klemens von Alexandrien.[8] Klemens betrachtet sowohl Judentum wie auch griechische Philosophie als „Vorbereitung des Evangeliums", so dass das Christentum vollende, was dort angelegt sei.[9] Mit dieser Zuordnung entsteht ein Schema von „Vorbereitung – Vollendung".[10] Wenn aber das Christentum die „Vollendung" ist, worin besteht diese Vollendung bei bestehender Treue Gottes zu Israel? Und der Antwort Israels: „Der Herr ist mein Hirte, es mangelt mir an nichts."?[11]

---

[7] Vgl. Paulus, *Brief an die Römer* 11, 1 ff.
[8] Klemens von Alexandrien (ca. 150–ca. 215 n. Chr.).
[9] Vgl. Klemens von Alexandrien, *Stromateis* VI, 42, 1–44,5.
[10] Vgl. Klemens von Alexandrien, *Stromateis* VI, 91, 1 ff.; vgl. 94, 1 ff.
[11] Psalm 23, 1.

II. CHRISTENTUM – Der Gedanke der erscheinenden Einheit Gottes

1. Gottes Wirken – Göttliche Erfahrungen

„Er [Mose] schaute hin: Da brannte der Dornbusch und verbrannte doch nicht. Mose sagte: Ich will dorthin gehen und mir die außergewöhnliche Erscheinung ansehen. Warum verbrennt denn dieser Dornbusch nicht?"[1] – „Als sie [Maria] dies gesagt hatte, wandte sie sich zurück und sieht Jesus dastehen; und sie wusste nicht, dass es Jesus war. Jesus spricht zu ihr: Frau, was weinst du? Wen suchst du? Sie, in der Meinung, es sei der Gärtner, spricht zu ihm: Herr, wenn du ihn weggetragen, so sage mir, wo du ihn hingelegt hast! Und ich werde ihn wegholen. Jesus spricht zu ihr: Maria! Sie wendet sich um und spricht zu ihm auf Hebräisch: Rabbuni! – das heißt Lehrer."[2]

Das Christentum entsteht aus dem Judentum in einer dramatischen Wende. Für das Judentum ist die Geschichte des Mose vor dem brennenden Dornbusch[3] bezeichnend: er, Mose, geht zum Dornbusch, er geht, um sich zu vergegenwärtigen, was da geschieht. Für das Christentum aber ist die Bewegung der Vergegenwärtigung nicht zunächst im Menschen, sondern in Christi Selbstvergegenwärtigung entscheidend: er, Christus, vergegenwärtigt sich selbst und spricht Maria an. So ist Christentum die Erfahrung der Selbstvergegenwärtigung des Einen Gottes in Jesus Christus. Eine dramatische Wende. Es ist die Erfahrung von Gottes Wirken als göttliche Erfahrung.

Jesus aber begreift in bester Tradition Gott als das handelnde Subjekt in Schöpfung und Geschichte, dessen gerech-

---

[1] Exodus 3, 2 f.
[2] Johannes 20, 14 f.
[3] Exodus 3, 1, ff.; vgl. oben S. 23 f.

ter Heilsplan sich in nächster Zukunft verwirklicht zur Wiederherstellung der Gerechtigkeit. Wenn Jesus sich als Endzeitprophet, ja als Messias verstanden haben sollte, so mag er sich auch als vollkommen Gerechter, der im Namen Gottes predigt und handelt, verstanden haben. Denn die Gerechtigkeit Gottes[4] ist auf Erden zu verwirklichen, und sei es durch Eingreifen Gottes selbst. Bei diesem Eingreifen ist Gott der Handelnde, dessen Handeln nicht menschlichem Verstand und Urteil unterliegt, der sich nicht zu seinem Handeln drängen lässt, ist er doch der König Israels:

„Meine Gedanken sind nicht eure Gedanken,
und eure Wege sind nicht meine Wege –
Spruch des Herrn.
So hoch der Himmel über der Erde ist,
so hoch erhaben sind meine Wege über eure Wege,
und meine Gedanken über eure Gedanken."[5]

Diese freie Erhabenheit Gottes – „Wo warst du, als ich die Erde gegründet", so spricht Gott zu Hiob[6] – ist unantastbar wie Gott selbst. Jesu Handeln wird dieser erhabenen Unantastbarkeit gleich geschildert. Nicht nur das „Nicht halte mich", üblicherweise mit „Berühre mich nicht" übersetzt[7] zeigt dies, insbesondere schildert dies auch die Erzählung von der Krankheit des Lazarus.[8] Obwohl Jesus gerufen wird, um zu heilen, kommt er nicht sogleich, und Lazarus stirbt. Nach menschlichem Verstande zu Recht sagt daher Marta zu Jesus: „Herr, wärst du hier gewesen, dann wäre mein Bruder nicht gestorben."[9] Aber Jesus tritt gottbestimmt auf. Er kann und will sich nicht verfügen lassen.

---

[4] Vgl. oben S. 31 f.
[5] Jesaia 55, 8 f.
[6] Hiob 38, 4.
[7] Johannes 20, 17 (‚μή μου ἅπτου').
[8] Vgl. Johannes 11, 1 ff.
[9] Johannes 11, 21.

So wirkt er geradezu schroff, denn als Repräsentant Gottes ist sein Handeln nicht menschlicher Nähe verpflichtet, sofern diese nicht von ihm gegeben, sondern gefordert wird. Daher tritt er selbst seiner Mutter gegenüber nicht „reagierend" auf, sondern gottesbestimmt[10] und vermittelt göttliche Erfahrungen, Erfahrungen nicht nur der Wirkweise Gottes, sondern Gottes selbst: „Wer mich gesehen hat, hat den Vater gesehen."[11] Hatte es bei Mose noch geheißen: „Nicht kannst du schauen mein Antlitz, denn kein Mensch kann mich sehen und leben"[12], so ist jetzt das Antlitz des Ewigen offenbar, und dies zu schauen bedeutet leben. Diese Haltung vermittelt göttliche Erfahrung, und gleich der Wirkweise Gottes selbst spricht Jesus in imperialer Weise, nach Art von Befehlen: „Kommt her, folgt mir nach!"[13]

Jesus spricht Menschen an, die diese Ansprache nicht erwarteten und nicht erwarten konnten. Er ist es, der sich ihnen vergegenwärtigt, sowohl vor seinem Tode wie auch nach der „Auferstehung". Der Tod, den Jesus Christus „besiegt" hat, erscheint dem Menschen als die unbezwingbare höchste Macht, wie es in der altgriechischen Dichtung, jedem seinerzeit Gebildeten wohlbekannt, heißt: „Will ein Gott, dann errettet er auch leicht den Mann in der Ferne ... Aber den Tod, dem alle verfallen, können die Götter auch dem [ihnen] liebsten Manne nicht nehmen, wenn ihn ergreift die vernichtende Moira des nichtschonenden Todes."[14] Und berühmt und viel zitiert die Verse in Sophokles' „Antigone", hier in der ebenso berühmten Übersetzung von Friedrich Hölderlin:

„Allbewandert,
Unbewandert. Zu nichts kommt er.

---

[10] Dazu Johannes 2, 4 u. a.
[11] Johannes 14, 9.
[12] Exodus 33, 20; vgl. Johannes 1, 18: „Niemand hat Gott je gesehen."
[13] Matthäus 4, 19.
[14] Homer, *Ilias* III, 231 f.

Der Toten künftigen Ort nur
Zu fliehen weiß er nicht ..."[15]

Jesus aber hat diesen Tod besiegt: „Durch seinen Tod hat er den Tod besiegt, den Toten das Leben gegeben."[16], und so sagt auch Paulus: „Tod, wo ist dein Sieg? Tod, wo ist dein Stachel?"[17] Also ist er, der sich nach seinem Tode wieder vergegenwärtigt und damit mächtiger als die höchste Macht des Todes erscheint, selbst die höhere und damit die höchste Macht: er ist Gott.[18] Und wieder vermittelt er göttliche Erfahrung, die dem Menschen in seiner Person vergegenwärtigt wird. Und so vergegenwärtigt er sich nicht nur denen, die dies nicht erwarten konnten, sondern auch jenen, die dies nicht erwarten wollten, die diese göttliche Erfahrung nicht machen wollten:

„Saulus wütete immer noch mit Drohung und Mord gegen die Jünger des Herrn. Er ging zum Hohenpriester und erbat sich von ihm Briefe an die Synagogen in Damaskus, um die Anhänger des (neuen) Weges, Männer und Frauen, die er dort finde, zu fesseln und nach Jerusalem zu bringen. Unterwegs aber, als er sich bereits Damaskus näherte, geschah es, dass ihn plötzlich ein Licht vom Himmel umstrahlte. Er stürzte zu Boden und hörte, wie eine Stimme zu ihm sagte: Saul, Saul, warum verfolgst du mich? Er antwortete: Wer bist du, Herr? Dieser sagte: Ich bin Jesus, den du verfolgst. Steh auf und geh in die Stadt, dort wird dir gesagt werden, was du tun sollst ..."[19]

---

[15] Sophokles, *Antigone* 360–363 (Übersetzung Friedrich Hölderlin, 1804).
[16] Byzantinische Liturgie, *Troparion von Ostern;* vgl. Paulus, *1. Brief an die Korinther* 15, 1 ff.
[17] Paulus, *1. Brief an die Korinther* 15, 55; vgl. Hosea 13, 14.
[18] Vgl. Paulus, *Brief an die Philipper* 2, 6 f.
[19] Apostelgeschichte 9, 1 f.

Jesus vergegenwärtigt sich durch eine tiefgreifende, mächtige Erfahrung verbunden mit einer imperialen Ansprache, die den ganzen Menschen erfasst: „Saulus erhob sich vom Boden. Als er aber die Augen öffnete, sah er nichts ... und er war drei Tage blind und er aß und trank nicht."[20] Diese Weise der Selbstvergegenwärtigung verdankt ihre historische Entstehung der Predigt Jesu Christi. Dessen Predigt war geprägt von der Naherwartung des Königreichs Gottes und, damit verbunden, von der unermüdlichen Aufforderung zu rascher Umkehr im Sinne von Gerechtigkeit: „Kehrt um! Denn das Himmelreich ist nahe."[21] Die Predigt Jesu ist nur in den Evangelien erhalten und damit so weitergegeben, dass der Hörer oder Leser, dem deren Inhalt entgegentritt, eine wahre Vorstellung erhält. Dazu werden nicht selten keine historisch gehörten Worte und Taten Jesu geschildert, sondern jene Sprachbilder benutzt, die die wahre Vorstellung zur Vergegenwärtigung bringen.[22] Damit aber werden die Inhalte dieser Predigt Jesu nicht verfälscht, sondern auf ihre zeitlose Wahrheit hin deutlich.

Es bleibt zunächst unklar, weshalb Jesus die „Naherwartung" vom Himmelreich hatte. Die Zeugnisse geben hier keine klare Auskunft, und der Hinweis, dass zur Zeit Jesu auch andere Prediger diese „Naherwartung" teilten, erklärt weder das Motiv Jesu noch das der anderen Lehrer. Es mögen – dies aber muss Vermutung bleiben – verschiedene Gründe sein, weshalb das alle Geschichte endende Eingreifen Gottes erwartet werden konnte. Äußerlich gesehen, und dies als schwächster Grund, fällt auf, dass Israel in einer niemals zuvor in dieser Deutlichkeit gegebenen Weise politisch der Fremdherrschaft ausgesetzt war: die römische Besatzungsmacht seit der Eroberung des Landes durch Pompeius 63 v. Chr. und die Herrschaft der herodianischen

---

[20] A. a. O. 9, 8 f.
[21] Matthäus 4, 17 und zahlreiche Parallelen.
[22] Vgl. oben S. 14 f.

Dynastie aus Idumäa, nicht aber aus dem Hause Davids, woher der rechtmäßige König kommen müsse.[23] Wohl kannte Israel Fremdherrschaft, wohl kannte Israel fremde Herrschaft im Lande, doch nicht ein Zusammentreffen beider. Sodann dringt in der Zeit Jesu der Hellenismus immer stärker in das Volk ein, eine aus religiöser Sicht unerhörte Vermischung der jüdischen Religion mit Bräuchen der Völker. Hatte es doch schon zur Zeit des babylonischen Exils, als eine solche Vermischung drohte, geheißen: „Das, was ihr im Sinn habt, darf keinesfalls geschehen, insofern ihr sagt: Wir wollen den Völkern gleichen, die rings um uns wohnen, und den Geschlechtern der Erde ..."[24] Und schließlich gab es eine Geisteshaltung in der jüdischen Gelehrsamkeit, die aus der „Bundestheologie" auf ein Vertragsverhältnis mit Gott schloss, das auch Belohnungen einfordern und Bestrafungen hervorrufen könne, was zur Folge hätte, dass Gott nicht mehr agierend, sondern reagierend – belohnend oder bestrafend – aufgefasst würde. All dies mag dazu beigetragen haben, eine Erwartung zu entwickeln, der Ewige werde diesen Abfall des Volkes nicht länger hinnehmen und alsbald selbst sein Königreich errichten. Und wie Gott am Neujahrstag das Urteil der Gerechtigkeit über das Volk und alle Menschen spricht – „Wenn du, Herr, merkst auf die Ungerechtigkeiten, Herr, wer wird bestehen"[25] – und dann zehn Tage der Umkehr bleiben, um am „Jom Kippur", dem „Tag der Umkehr" dieses Urteil in Barmherzigkeit zu wenden, so ist nun die endzeitliche Frist angebrochen. Nun wird Gott also selbst eingreifen, um sein Königreich als König in Besitz zu nehmen.

---

[23] Vgl. Deuteronomium 17, 14 f.
[24] Ezechiel 20, 32 f.
[25] Psalm 131, 3.

2. Das Evangelium – Selbstvergegenwärtigung Gottes

Die „Umkehr" – „Teschuwa"[1] ist jedes Jahr in den zehn Tagen zwischen „Rosch-ha-schana", Neujahr, und „Jom Kippur", dem „Tag der Umkehr" zu vollziehen, damit das Urteil der Gerechtigkeit in Barmherzigkeit gewandelt werde und Weiterleben möglich wird. Gott begegnet also zunächst als der Gerechte, sodann als der Barmherzige. Die Umkehr besteht in „tätiger Reue", im Ausgleich all dessen, was verfehlt wurde gegenüber Gott und den Menschen. In der endzeitlichen Frist, die einmal noch diese Umkehr erlaubt, ist es nun von größter Bedeutung, keine Verfehlung zu übersehen, da diese ja am Tag des Gerichts unausgeglichen bliebe. So predigt Jesus eine gleichsam überbordende Ethik der Umkehr: es muss mehr getan werden als nur der genaue Ausgleich der Schuld – nicht nur, damit das Maß der Schuld durch den größeren Ausgleich sicher erreicht und überboten wird, sondern auch, weil mit einer solchen über das Schuldmaß hinausreichenden Umkehr Barmherzigkeit verbunden ist. So predigt Jesus eine Ethik, die der „Gebotserschwerung" gleicht, der Übererfüllung eines Gebotes, die dazu dient, das Gebot jedenfalls ganz zu erfüllen.[2]

Deutlich wird diese Haltung Jesu in der Predigt, die unter dem Namen „Bergpredigt"[3] – „Als Jesus die vielen Menschen sah, stieg er auf einen Berg"[4] als Zentrum der Predigten Jesu angesehen werden kann. Zu beachten ist, daß Jesus

---

[1] Vgl. oben S. 31.
[2] Dazu Felix Böhl, *Gebotserschwerung und Rechtsverzicht als ethisch-religiöse Norm in der rabbinischen Literatur* (Frankfurter Judaistische Studien Bd. 1). Freiburg 1971.
[3] Matthäus 5 ff.
[4] Matthäus 5, 1.

nicht Neues über die Tora verkündet: „Denkt nicht, ich sei gekommen, um das Gesetz und die Propheten aufzuheben. Ich bin nicht gekommen, um aufzuheben, sondern um zu erfüllen. Amen, das sage ich euch: Bis Himmel und Erde vergehen, wird auch nicht der kleinste Buchstabe des Gesetzes vergehen, bevor nicht alles geschehen ist. Wer auch nur eines von den kleinsten Geboten aufhebt und die Menschen entsprechend lehrt, der wird im Himmelreich der Kleinste sein. Wer sie aber hält und halten lehrt, der wird groß sein im Himmelreich."[5] Also geht aus der Lehre selbst hervor, was in Jesu „Bergpredigt" dann folgt: die Übererfüllung der Gebote bis hin zur Feindesliebe im Sinne einer Umkehr.

Und doch verkündet die Botschaft Jesu eine bedeutende Wende in der genannten Abfolge von Gerechtigkeit zu Barmherzigkeit: hierzu die Erzählung von „Jesus und der Sünderin"[6]:

„Am frühen Morgen begab er [Jesus] sich wieder in den Tempel. Alles Volk kam zu ihm. Er setzte sich und lehrte es. Da brachten die Schriftgelehrten und die Pharisäer eine Frau, die beim Ehebruch ertappt worden war. Sie stellten sie in die Mitte und sagten zu ihm: Meister, diese Frau wurde beim Ehebruch auf frischer Tat ertappt. Mose hat uns im Gesetz vorgeschrieben, solche Frauen zu steinigen. Nun, was sagst du? Mit dieser Frage wollten sie ihn auf die Probe stellen, um einen Grund zu haben, ihn zu verklagen. Jesus aber bückte sich und schrieb mit dem Finger auf die Erde. Als sie hartnäckig weiterfragten, richtete er sich auf und sagte zu ihnen: Wer von euch ohne Sünde ist, werfe als erster einen Stein auf sie. Und er bückte sich wieder und schrieb auf die Erde. Als

---

[5] Matthäus 5, 17 f.
[6] Es ist fraglich, ob die Erzählung, die nur das späte Johannes-Evangelium überliefert (Johannes 8, 1–11), Jesus zugeschrieben werden kann. Und doch lehrt diese Erzählung zu begreifen, was Jesu Botschaft aussagt.

sie seine Antwort gehört hatten, ging einer nach dem anderen fort, zuerst die Ältesten. Jesus blieb allein zurück mit der Frau, die noch in der Mitte stand. Er richtete sich auf und sagte zu ihr: Frau, wo sind sie geblieben? Hat dich keiner verurteilt? Sie antwortete: Keiner, Herr. Da sagte Jesus zu ihr: Auch ich verurteile dich nicht. Geh und sündige von jetzt an nicht mehr!"[7]

Die geschilderte Szene lässt erkennen, worauf die Predigt Jesu zielt. Schriftgelehrte und Pharisäer bringen eine Frau vor Jesus und stellen sie „in die Mitte", umgeben sie also. Die Frau muss wissen, was sie erwarten kann, und so wird sie zitternd und verzweifelt in dieser Mitte stehen. Und es ist nicht unmöglich, dass die Schriftgelehrten und Pharisäer bei ihrem Anblick von Mitleid ergriffen sind und einen Weg suchen, das Gesetz nicht zu vollziehen. Aber wie? Die Aufhebung, das „Umkehren" des Urteils der Gerechtigkeit in ein Urteil der Barmherzigkeit, ist Gott vorbehalten, wie es der „Jom Kippur" lehrt. Daher scheint der irdische Gegensatz „Gerechtigkeit-Barmherzigkeit" unauflösbar für Menschen: entweder wird Gerechtigkeit geübt, dann mangelt Barmherzigkeit, oder es wird Barmherzigkeit geübt, dann fehlt Gerechtigkeit. Würde also Jesus die vorgeschriebene Gerechtigkeit aus Mitleid in Barmherzigkeit wenden, würde er sich göttliche Vollmacht anmaßen und zu Recht verklagt.

Jesus aber schreibt „mit dem Finger auf die Erde". Beim Propheten Jeremia heißt es:

„Du Hoffnung Israels, Herr!
Alle, die dich verlassen, werden zuschanden,
die sich von dir abwenden,
werden in den Staub geschrieben;

---

[7] Johannes 8, 2–11.

denn sie haben den Herrn verlassen,
den Quell lebendigen Wassers."[8]

Und so schreibt Jesus „in den Staub", denn die Schriftgelehrten und Pharisäer sind auf dem Wege, den Herrn, die Hoffnung Israels, zu verlassen, indem sie selbst Gerechtigkeit einfordern, die sie selbst nicht haben, indem sie sich gleichsam an die Stelle Gottes setzen und genau dies tun, was sie Jesus unterstellen wollen. Dies aber hatte Jesus verurteilt: „Richtet nicht, damit ihr nicht gerichtet werdet! Denn wie ihr richtet, so werdet ihr gerichtet werden, und nach dem Maß, mit dem ihr meßt und zuteilt, wird euch zugeteilt werden."[9] Und so gehen sie einzeln fort, denn jeder Einzelne muss sich prüfen, und die Ältesten zuerst, kennen sie doch die Schrift und sich am längsten. Dies Weggehen ist ein Akt der Einsicht.

Jesus aber spricht die Frau, die noch immer da steht, nun an, und dies mit zwei Sätzen.[10] Und der entscheidende zweite Satz lautet: „Auch ich verurteile dich nicht. Geh und sündige von jetzt an nicht mehr!" So wendet Jesus die Folge „Gerechtigkeit – Barmherzigkeit", die Gott allein vorbehalten ist, in „Barmherzigkeit – Gerechtigkeit". Die Barmherzigkeit erscheint zuerst im „Auch ich verurteile dich nicht", ihr folgt der Vorhalt der Gerechtigkeit im „Geh und sündige von jetzt nicht mehr", indem die Tat als Sünde gekennzeichnet und vor weiterer Sünde gewarnt wird. „Du Hoffnung Israels, Herr!" hieß es bei Jeremia. Nun wird Jesus selbst zur Hoffnung. Und so kann Jesus sagen: „Wer mich gesehen hat, hat den Vater gesehen ...."[11] Wieder also verkündet das Evangelium Jesus als Selbstvergegenwärtigung Gottes, menschlicher Erfahrung zugewandt.

---
[8] Jeremia 17, 13.
[9] Matthäus 7, 1 f.
[10] S. dazu unten S. 94 f.
[11] Johannes 14, 9.

Weltlich gesprochen ist diese Predigt Jesu zunächst vollkommen gescheitert, weil ihm, dem vollkommen Gerechten, äußerste Ungerechtigkeit widerfährt. Dies ist auch die Meinung und Stimmung der Jünger, die nach Emmaus ziehen.[12] Wohl ist das Handeln Gottes auch für diese Jünger Jesu, mithin für die Evangelien, ein selbstwidersprüchlich erscheinendes Geschehen, woraus auf ein Handeln Gottes selbst geschlossen werden kann.[13] Maria wird schwanger, ohne einen Mann sich nahen zu lassen[14], bei der Speisung der Fünftausend bleiben mehr Reste als zunächst Speise vorhanden war[15], Lazarus ist doch schon vier Tage im Grabe tot und wird erweckt zum Leben[16]. Jener Widerspruch aber, der Jesus zum Tode führt, ist für die Zeugen unerklärlich, kann doch das Heilshandeln Gottes nicht die Ungerechtigkeit siegen lassen – denn dem Toten kann keine irdische Gerechtigkeit mehr zukommen –, da die Heiligkeit Gottes ja mit Gerechtigkeit verbunden ist.[17]

Dies wird vollkommen und endgültig deutlich im Gedanken der Auferweckung Jesu, die als Auferstehung interpretiert werden kann. Hier erscheinen dem natürlichen Verstand Selbstwidersprüche, die nicht mehr als die einzigartige Wirkweise Gottes ausgelegt werden können, wie dies bei anderen „Wundern", wie sie in den Evangelien geschildert werden, vergegenwärtigt werden kann: denn sowohl der „Verkündigung" an Maria[18] wie anderer solcher Vorgänge – die Verwandlung von Wasser in Wein zu Kanaa[19],

---

[12] Vgl. Lukas 24, 13 ff.
[13] Vgl. oben S. 23.
[14] Vgl. Lukas 1, 26 ff.
[15] Vgl. Matthäus 14, 15 f.
[16] Vgl. Johannes 11.
[17] Vgl. Jesaia 5, 16 („und Gott, der Heilige, wird sich heilig erweisen in Gerechtigkeit").
[18] Vgl. Lukas 1, 26 ff.
[19] Vgl. Johannes 2, 1 ff.

die Speisung der Fünftausend[20] wie bei den drei „Totenerweckungen" des Jünglings von Nain[21], der Tochter des Jairus[22] und des Lazarus[23] – ist eigen, dass ein erscheinendes Subjekt, sei es der Erzengel, sei es Jesus selbst, den Vorgang bewirkt; und selbst wenn der Vorgang der „Auferweckung Jesu" als Wirkweise des Ewigen selbst verstanden werden kann wie jene Wirkweisen, die auch die Tora kennt[24], so doch nicht seine Erscheinungen. Diese Erscheinungen zeigen, dass Jesus der Christus an sich selbst handelt, und zwar so, wie es nur Gott zugeschrieben werden konnte: Subjekt und Objekt der Handlung fallen zusammen, Er handelt an sich selbst, so wie Er „sich selbst betrübt" („καὶ ἐτάραξεν ἑαυτόν")[25], „denn wer könnte ihn betrüben, außer er sich selbst?"[26] Aber eben dieser Zusammenfall ist dem natürlichen Verstand unverständlich, unverständlich daher – wie es scheint – auch, dass sich Christus dadurch als Gott und Mensch zugleich vergegenwärtigt. Wie können beide Prädikate auf den einen Erscheinenden bezogen werden?

Durch den unvergleichlichen Vorgang der Auferweckung Jesu wird jedoch deutlich erfahren, dass das Heilshandeln Gottes über den Tod des Menschen hinausreicht. Wieder ist es ein selbstwidersprüchlich erscheinendes Geschehen: der Tote lebt. Nun aber tritt die alles entscheidende Wende ein: er, Jesus der Christus, vergegenwärtigt sich – nicht Maria am Grabe, nicht die Jünger vergegenwärtigen ihn, sondern er sich.[27] Denn so heißt es in der Schilderung der Erstbegegnung des Auferweckten mit Maria: „Maria aber stand drau-

---

[20] Vgl. Matthäus 14, 5 f.
[21] Lukas 7, 11 f.
[22] Lukas 8, 40 ff.
[23] Johannes 11, 32 ff.
[24] Dankenswerterweise hat darauf beim Vortrag dieser Gedanken der Rektor des Seminars zu Gyulafehérvár, Dr. Zoltán Oláh, hingewiesen.
[25] Johannes 11, 33.
[26] Augustinus, *In Ioannis Euangelium* IL, 18.
[27] Z. B. Johannes 20, 19 f. u. a.

ßen bei der Gruft und weinte ...Als sie [Maria] dies gesagt hatte, wandte sie sich zurück und sieht Jesus dastehen; und sie wusste nicht, dass es Jesus war. Jesus spricht zu ihr: Frau, was weinst du? Wen suchst du? Sie, in der Meinung, es sei der Gärtner, spricht zu ihm: Herr, wenn du ihn weggetragen, so sage mir, wo du ihn hingelegt hast! Und ich werde ihn wegholen. Jesus spricht zu ihr: Maria! Sie wendet sich um und spricht zu ihm auf Hebräisch: Rabbuni! – das heißt Lehrer."[28]

Er vergegenwärtigt sich: für Maria ist es unvorstellbar, unmöglich zu vergegenwärtigen, dass ihr Lehrer und Herr lebt. So vergegenwärtigt Er sich ihr in zweifacher Ansprache, wie er auch vor den Schriftgelehrten und Pharisäern zweimal auf den Boden schreibt. Weshalb dieses Zweifache?

Dem Menschen ist es nicht gegeben, eine absolute Einheit erkennen zu können.[29] Wenn Gott sich nun als der Eine – „ER unser Gott, ER Einer"[30] – vorstellt, so kann er nicht menschlichem Denken oder Schauen zugänglich sein: „So hoch der Himmel über der Erde ist, so hoch erhaben sind meine Wege über eure Wege"[31], und „Nicht kannst du schauen mein Antlitz, denn kein Mensch kann mich sehen und leben".[32] Wenn also Jesus Christus göttliche Erfahrung durch Ansprache oder Handeln schenkt, so ist diese nicht in einem einzigen Ausdruck gehalten verständlich, weil sie so Einheit zu vermitteln suchte. Die Ansprache der göttlichen Macht könnte als einheitliche nicht begriffen werden.[33] Der Mensch hingegen erkennt jeweils nur Vielheit, zumindest eine Zweiheit, weshalb diese göttliche Ansprache zumindest in zweifacher Folge geschehen muss.[34] So träumte bereits

---

[28] Johannes 20, 11 ff.
[29] Vgl. unten S. 109 f.
[30] Deuteronomium 6, 4 (Übersetzung Buber).
[31] Jesaia 55, 9.
[32] Exodus 33, 20.
[33] Vgl. die Ansprache des Engels bei der „Verkündigung" Lukas 1, 26 ff.
[34] Dies auch eine Begründung von „Wiederholungen" in der Schrift!

der Pharao denselben Traum zweimal, und dies „bedeutet: Die Sache steht bei Gott fest und Gott wird sie bald ausführen."[35] Und so wird die Sprache Gottes auch verständlich, denn so entspricht sie der Struktur des menschlichen Verstandes, ist dieser Verstand doch mit seiner Zweiteilung von „Denken – Gedachtem" selbst keine absolute Einheit.[36]

Dem Judentum, gleich dem Islam, ist der Gedanke einer Anwesenheit beim Ersten und damit beim Prinzip befremdlich.[37] Auch erscheint dieses Erste nicht außer in selbstwidersprüchlicher Wirkweise und damit un-vorstellbar. Und es erscheint schon gar nicht in menschlicher Person. Genau dies aber ist Prinzip des Christentums:

Hatte Jesus in seiner theozentrischen Predigt alle bislang aus der „Bundestheologie" abgeleiteten Vorstellungen einer Korrelation zwischen Gott und Israel[38] durch die Predigt von der Naherwartung des kommenden Gottesreiches gebrochen, so folgt aus dieser unmittelbaren Naherwartung die eilige Notwendigkeit der Umkehr. Mit dem Tod Jesu aber schienen alle Hoffnungen auf dieses Gottesreich zerschlagen. Indem nun die „Auferstehung" selbst als selbstwidersprüchlich erscheinendes Geschehen geschaut wurde[39], und indem die Erfahrung der Selbstvergegenwärtigung Jesu Christi daher als Handeln Gottes in Christus selbst begriffen werden musste, erlaubt dieser Christus nach wiederholten Erschei-

---

[35] Genesis 41, 32.
[36] Vgl. Aristoteles, *Metaphysik* 1072 b 13 ff.
[37] Dies erklärt, weshalb Mystik – insbesondere die theopathische Mystik – der Orthodoxie von Judentum und Islam bedenklich erscheinen muss.
[38] Die „Bundestheologie" legt nahe, das Handeln Gottes – Belohnung oder Bestrafung des Volkes und des Einzelnen – als Reaktion auf das Verhalten der Menschen anzusehen. Von dieser Betrachtung entfernt sich die Predigt Jesu mit dem Gedanken, dass allein Gott das in der Geschichte handelnde Subjekt in der Beziehung zwischen Gott und den Menschen ist.
[39] Die Geschichte der Maria am Grabe (Johannes 20, 11 ff.) zeigt, dass sich Maria wohl vorstellen konnte, dass der Leichnam Jesu entfernt worden sei, nicht aber, dass er sich selbst vergegenwärtigt: ein Toter handelt nicht mehr.

nen – er kommt durch die verschlossenen Türen[40] – Anwesenheit sogar derart, dass er Thomas auffordert, die Hand in die Seitenwunde zu legen.[41]

Diese Christologie verwahrt den Gedanken einer geschenkten, gegebenen Möglichkeit der Anwesenheit beim Ersten Prinzip.[42] Damit ist dieser Gedanke nicht dem Gedanken der Erfahrung der Anwesenheit Gottes im brennenden Dornbusch gleich: die Selbstvergegenwärtigung in der Inkarnation zeigt ihr Antlitz unverhüllt, nicht in einem dieses Antlitz bedeckendem Erscheinendem, sei es selbstwidersprüchlich wie der brennende und nicht verbrennende Dornbusch. Gott zeigt sein Antlitz, damit die Menschen leben können und zum Heil finden. Und genau damit erweist sich Christus als das handelnde Subjekt, was bislang nur Gott selbst zugesprochen werden konnte, was aber Jesus stets gepredigt hatte, und so kann und muss er mit Gott selbst identifiziert werden. Freilich setzt dies den Auferweckungs- oder Auferstehungsvorgang voraus, der als Bewusstseinseindruck Wirklichkeit und Wahrheit vereint und daher zwar als Denkmöglichkeit beschrieben, nicht aber einer Denknotwendigkeit nach gedacht werden kann.

Paulus, dem sich Christus ja auch mit Macht selbstvergegenwärtigt hatte,[43] hatte begriffen, dass diese Selbstvergegenwärtigung Gottes in Christus als vergegenwärtigende Gedächtnishandlung – durchaus jüdischem Gedanken entsprechend – bewahrt werden muss: „Sooft ihr dieses Brot esst und den Becher trinkt, verkündet ihr den Tod des Herrn, bis er kommt".[44] Und so ist jene Art der Vergegenwärtigung der Selbstvergegenwärtigung Christi nicht nur

---

[40] Johannes 20, 19; vgl. Johannes 20, 26.
[41] Johannes 20, 27.
[42] Diese Möglichkeit bleibt zeitlos in der Realvergegenwärtigung Christi im Altarsakrament.
[43] Apostelgeschichte 9 f.
[44] Paulus, *1. Brief an die Korinther* 11, 26.

Erinnerung an Vergangenes, sondern lebendige Gegenwart.[45]

Und dieses „Gedenken", dem jüdischen Gedanken verwandt – Pessach zu feiern ist Tätigkeit! –, ist ein „Tun": „Der ganze Jesus soll gegenwärtig sein, nicht nur ein bestimmter, noch so herausragender Moment seines Lebens, sondern er selbst will vergegenwärtigt werden: so, wie er sich in den Gaben und Worten geoffenbart hat – als derjenige, der ‚für die Vielen' und ‚für euch' sein Leben hingibt. Der, zu dessen Gedächtnis das Herrenmahl gefeiert wird, ist Jesus als der Irdische, Gekreuzigte, Auferweckte und Erhöhte in Identität, als der Gekommene, Gegenwärtige und Kommende. Weil das eucharistische Gedächtnis das Gedächtnis *Jesu* ist, geht es nicht um die Verlebendigung einer fernen Vergangenheit, sondern um die Wahrnehmung der eschatologischen Heilsgegenwart jenes geschichtlichen Heilsereignisses als Grund aller Hoffnung. Deshalb ist das Gedächtnis, wie Paulus klarstellt, immer zugleich Verkündigung – und zwar in Wort und Tat, nämlich des Evangeliums, dessen Summe gerade das Mahl Jesu Christi ist."[46]

Der Gedanke der Selbstvergegenwärtigung wird nicht nur im Sakrament als zeitloses Geschenk erhalten. Er entspricht auch der Erfahrung jener, denen diese Selbstvergegenwärtigung ins Bewusstsein gebrannt wurde. Und doch ist der Gedanke, das Gedenken, die Vergegenwärtigung dieser Selbstvergegenwärtigung des Ewigen selbst unvorstellbar. „Mysterium Fidei"? Nur dann, wenn diese Selbstvergegenwärtigung des Einen nicht von diesem Einen selbst geschenkt wird, und eben dies ist der Vorgang der

---

[45] Vgl. dazu Thomas Söding, *„Tut dies zu meinem Gedächtnis …!" Das Abendmahl Jesu und die Eucharistie der Kirche nach dem Neuen Testament*, in: Stephan Loos / Holger Zaborowski (Hrsg.), *„Essen und Trinken ist des Menschen Leben." Zugänge zu einem Grundphänomen.* Freiburg 2007, S. 57 ff.
[46] Söding a. a. O. S. 79.

Auferstehung Christi selbst. In anderer Sprache gesagt: das Erste Prinzip von Allem schenkt seine Anwesenheit den Menschen durch Selbstvergegenwärtigung. Das Unvorstellbare erniedrigt sich zur Denkmöglichkeit, und dies ist die wahre „passio Dei", indem Er, der Eine, sich in die Reflexionsverhältnisse menschlichen Denkens zerschlagen lässt und damit dem Denken zugänglich macht – einem Denken, das der Selbstvergegenwärtigung Gottes selbst gedenkt und diese so vergegenwärtigt. Eben dies ist das Wunderbare, aber auch das „Skandalon" des Christentums. Aber in jener Vergegenwärtigung besteht die Nachahmung Christi.

3. Die Trinität – Wahre Einheit

Die Geschichte der Verkündigung der Botschaft Jesu Christi, der Botschaft von der Selbstvergegenwärtigung Gottes, ist lange Zeit gekennzeichnet durch eine Folge von Problemen[1] für den menschlichen Verstand. Konnten die Apostel zunächst einfach die Botschaft von Jesus und über Jesus Christus in der Weise verkünden, dass sie die Worte Jesu bewahrten, wiederholten, weitergaben und seine Auferstehung bezeugten, so konnten sie dies auf Grund der „Naherwartung", die sich auf die Wiederkunft Jesu richtete. Diese „sehnsüchtig"[2] erwartete Wiederkunft und damit der Anbruch des Königreichs Gottes wurde im Anhalt an das Wort Jesu alsbald erhofft: „Wahrhaftig, das sage ich euch: Von denen, die hier stehen, werden einige den Tod nicht erleiden, bis sie das Reich Gottes gesehen haben."[3]

Diese „Naherwartung", die Jesus selbst gepredigt hatte, ließ theoretische Fragestellungen der Art, wie der Eine Gott in einem Menschen erscheinen könne, wie eigentlich die Menschen, die vor dem Erscheinen Jesu Christi oder außerhalb seiner irdischen Verkündigung lebten vom Heil erfasst werden könnten, als unwichtig erscheinen gegenüber der Notwendigkeit zu rascher Umkehr. Alle solche Fragestellungen würden mit der Wiederkehr des Herrn überflüssig werden. Diese Wiederkehr aber blieb in der erwarteten Form

---

[1] Es können in Folge vier große Problemstellungen gekennzeichnet werden, deren Lösungen als Phasen der frühen christlichen Theologie begriffen werden können.
[2] Vgl. Paulus, *Brief an die Römer* 8, 19.
[3] Lukas 9, 27; vgl. Markus 9, 1. Dazu Lorenz Oberlinner, *Die Stellung der „Terminworte" in der eschatologischen Verkündigung des Neuen Testaments*, in: Peter Fiedler (Hrsg.), *Gegenwart und kommendes Reich: Schülergabe Anton Vögtle zum 65. Geburtstag.* Stuttgart 1975, S. 51 ff.

aus. Und so entstand das erste Problem für eine verständliche Verkündigung der Botschaft: weshalb die Notwendigkeit der „Umkehr", wenn der Herr nicht wiederkommt? Hatte Jesu Wort nicht geheißen: „Die Zeit ist erfüllt, das Reich Gottes ist nahe. Kehrt um, und glaubt an das Evangelium!"?[4] Aber das Reich schien auszubleiben – weshalb also „Umkehr"?

Paulus begreift: die Wiederkehr Jesu Christi bedeutet seine Anwesenheit als Richter bei den Menschen. Diese Anwesenheit wird aber durch den Tod des Menschen ebenfalls erreicht, indem der Verstorbene zu Christus kommt.[5] Daher ist es ohne Belang, ob Christus zum Menschen durch Wiederkunft kommt, oder ob der Mensch durch Tod zu Christus: in beiden Fällen ist die Anwesenheit erreicht. Und wie trotz erwarteter Nähe der Zeitpunkt der Wiederkunft Christi ungewiss ist,[6] so ungewiss ist für den Menschen ja auch der Zeitpunkt des eigenen Todes[7], gewiss aber der Tod. Folglich bleibt die Notwendigkeit zu rascher Umkehr, um eben diesen Zeitpunkt nicht unvorbereitet zu erleben wie „törichte Jungfrauen".[8] Mit diesem Gedanken bekommt die Frage nach der Anwesenheit beim Herrn eine neue Wendung. Der Tod des Menschen hat für den Menschen die gleiche Bedeutung wie die Wiederkunft des Herrn: Anwesenheit beim Herrn nach vollzogener Umkehr. Und damit ist auch die Frage beantwortet, was mit den Menschen sei, die in der „Wartezeit" verstorben sind. Auch sie finden diese Anwesenheit.[9] Daher verliert die Frage nach der kosmischen Wiederkehr des Herrn an Bedeutung.

Aus dieser Problematik und deren Lösung geht aber eine andere Fragestellung hervor, gleichsam eine Erweiterung der

---

[4] Markus 1, 15.
[5] Vgl. Paulus, *1. Brief an die Korinther* 15, 20 ff.
[6] Vgl. Matthäus 13, 32 u. a.
[7] Vgl. Hiob 34, 20: „Sie sterben plötzlich, mitten in der Nacht".
[8] Vgl. Matthäus 25, 1 ff.
[9] Vgl. Paulus, *1. Brief an die Korinther* 15, 22.

Frage in temporaler und lokaler Hinsicht. Diese Fragestellung verdichtet sich in der Mitte des 2. Jahrhunderts n. Chr., vor allem in der Begegnung mit der griechischen Philosophie. Was ist mit dem Heil jener Menschen, die vor der Verkündigung des Evangeliums lebten, was mit dem Heil derer, die außerhalb der Hörweite dieser Verkündigung leben? Wie kann Christus sie erreichen, wenn er doch temporal und lokal begrenzt auf Erden weilte? Und wenn er sie erreichen kann, ohne dass sie konkrete Kenntnis von ihm haben, wozu musste er dann überhaupt erscheinen? Die Herausforderung bei dieser Fragestellung besteht im allem Denken vorausgesetzten Prinzip, das unbezwungen herrschte: es ist der von Aristoteles formulierte „Satz vom zu vermeidenden Widerspruch".[10] Es erscheint gemäß des „Widerspruchsprinzips" unmöglich, dass Gegensätzliches gleichzeitig und in gleicher Hinsicht zutreffe. Wie kann also ein temporal und lokal begrenztes Geschehen zeitlose und unbegrenzte Bedeutung haben? Und wie kann Selbstwidersprüchliches verstanden, wie kann es geglaubt werden? Ist es dann nicht einfach unsinnig, Torheit?[11]

Diese Fragestellungen und die damit verbundenen Probleme werden von den beiden großen Theologen aus Alexandria, Justinus (ca. 100–165 n. Chr.) und Klemens (ca. 150–ca. 215 n. Chr.) aufgenommen.

Zunächst Justinus: Justinus begreift Christus, wie im Prolog zum Johannes-Evangelium verkündet, als „Logos", der „Fleisch geworden ist". Dieser „Logos", dieser Vernunftgrund von Allem, wird von Justin gleichsam als höchste Idee betrachtet, an welcher die Menschen Anteil haben können.[12] Denn die Menschen sind dadurch ausgezeichnet, dass sie den „Logos" haben, ein „Logos-habendes Lebewe-

---

[10] S. oben S. 20 f.
[11] Vgl. Paulus, *1. Brief an die Korinther* 2, 14.
[12] Hier wirkt Platons Lehre von der „Teilhabe" („μέθεξις") an den Ideen nach; vgl. die diesbezügliche Diskussion im Dialog *„Parmenides"*.

sen"[13] sind und somit einen urteilenden Verstand haben – dies war die Überlegung des Aristoteles, die zum festen Bestandteil der Tradition wurde. Wenn nun der Mensch im Besitz eines „logos" ist, so hat er teil an dem einen großen Logos, der ganz und einheitlich und daher unbegrenzt ist. Da der erscheinende ganze und einheitliche Logos Christus ist[14] und da das Leben mit diesem Logos die so Lebenden als Christen ausweist, sind alle diejenigen Menschen Christen, die jene allen Menschen angelegte anteilige Beziehung beachten. Da diese Beziehung auf ein Prinzip gerichtet ist, das über Raum und Zeit erhaben ist, ist diese Beziehung zu jeder Zeit und Überall möglich:

> „Dass Christus der Erstgeborene Gottes ist, haben wir gelernt, und wir haben bereits nahegelegt, dass er der Logos ist, an dem das ganze Geschlecht der Menschen Anteil hat; und die mit Logos Lebenden sind Christen, auch wenn sie für gottlos gehalten wurden: wie bei den Griechen Sokrates und Heraklit, und diesen ähnliche ... So dass auch die Frühergeborenen, die ohne Logos lebten, schlecht und Feinde Christi waren, und Mörder derer, die mit Logos lebten, die aber mit Logos lebten und leben sind Christen ..."[15]

Damit hat Justinus gesehen, wie alle Menschen vom Heil umfasst werden, und er hat den zunächst erscheinenden Widerspruch zwischen lokaler und temporaler Beschränktheit des Erscheinens Jesu Christi und dessen universaler und absoluter Botschaft aufgehoben. Das Widerspruchsprinzip greift hier nun nicht mehr, und es kann dem menschlichen Verstand gerade mit Hilfe überkommener Philosophie erklärt werden, wie die Botschaft Jesu Christi universal ist.

---

[13] Vgl. Aristoteles, *Politik* 1253 a 7 f.
[14] Vgl. Justinus, *II. Apologie* 5.
[15] Justinus, *I. Apologie* 46.

Sodann Klemens[16]: auch Klemens sieht die Herausforderung durch das alles Verstandeswissen begründende „Widerspruchsprinzip". Klemens sieht, dass mit den Überlegungen des Justin ein neuer Widerspruch gegen die Theorie des jungen Christentums vorgetragen werden kann: ist allen Menschen ohnehin schon ein heilbringender Anteil an Christus gegeben, da alle Menschen zu allen Zeiten und Orten über einen „Logos" verfügen, wozu ist Christus überhaupt erschienen? Ist sein Erscheinen dann nicht überflüssig?

Daher ist es erforderlich, eine für den Verstand nachvollziehbare Begründung zu finden, weshalb das Erscheinen Christi notwendig war. Klemens findet diese Begründung in dem Gedanken, dass durch das Erscheinen Christi eine Vollkommenheit erschienen ist, die in der Welt von Zeit und Raum einer Vorbereitung bedarf, um überhaupt als Vollkommenheit erkannt werden zu können. Wenn Justinus allen Menschen einen „Logos" zuspricht, einen urteilenden Verstand, so sieht Klemens in allen Menschen auch einen „Samen der Wahrheit"[17], der von Gott geschenkt ist und die Menschen befähigt, eine Beziehung zur vollkommenen Wahrheit einzugehen. Diese vollkommene Wahrheit, Gott, ist als Person des Vaters dem menschlichen Verstand verhüllt: sie ist in seiner Erhabenheit nicht einmal als „Einer", „Guter", „Vernunft", „Sein selbst", „Vater", „Gott", „Demiurg" oder „Herr" zu nennen.[18] So ist diese Wahrheit in ihrer Vollkommenheit unzugänglich, gleichwohl aber das Ziel menschlicher Suche nach der Wahrheit, um die sich die Philosophie bemüht. Diese Ahnung der vollkommenen Wahrheit ist eine dem Menschen von Gott gegebene Kennt-

---

[16] Zu Klemens siehe auch Salvatore R. C. Lilla, *Clement of Alexandria. A Study in Christian Platonism und Gnosticism*. Oxford 1971.
[17] Vgl. Klemens, *Stromateis* VI, 59, 2.
[18] Vgl. Klemens, *Stromateis* V, 78, 1 f.; vgl. auch Justinus, *II. Apologie* VI, 1–5.

nis, die nur durch das Erscheinen Jesu Christi möglich ist, der selbst vollkommene Wahrheit ist.

Der jedem Menschen gegebene „Samen der Wahrheit" soll wachsen: die göttliche Gnade strömt auf Gerechte und Ungerechte,[19] und so werden die von Gott ausgestreuten Samen von ihm bewässert, damit sie wachsen.[20] Dieses Wachstum ist auf einen Zuwachs an Wahrheit gerichtet, der sich durch Belehrung und Erziehung einstellt.[21] Dies ist die Vorbereitung der Einsicht in die ganze Wahrheit, wie sie vom Evangelium verkündet wird.[22] Diese Wahrheit hat einen wahren Lehrer, Christus, dessen Erscheinen und Lehre durch verschiedene Weisen der Erziehung vorbereitet wurden: bei den Juden durch das Gesetz, bei den Griechen durch die Philosophie.[23] Diese zwei „Erziehungen" sind beide Vorbereitung für und Erziehung zu Christus:[24]

> „Einer freilich nun ist der Weg der Wahrheit, aber in ihn münden wie in einen unversiegenden Strom alle Gewässer von allen Seiten."[25]

So gleichen diese „Samen" in den Menschen im Verhältnis zur vollkommenen Wahrheit dem Verhältnis von „Anteilen" zur „Ganzheit". Wie Justinus es mit dem Gedanken des „Logos" im Anhalt an die Lehre vom „Anteil" bei Platon begriff, dass jener Anteil des Einzelnen auch Anteil am ganzen, wahren Logos haben müsse, so begreift Klemens

---

[19] Matthäus 5, 45; Klemens, *Stromateis* V, 18, 5.
[20] Klemens, *Stromateis* I, 37, 1 f.
[21] Klemens, *Stromateis* I, 38, 4 f.
[22] Vgl. Klemens, *Stromateis* VI, 42, 1–44, 5.
[23] Klemens, *Stromateis* VI, 159, 9.
[24] Klemens, *Stromateis* II, 90, 1 f. Bemerkenswert dazu die große Außenwandmalerei des Moldauklosters Sucevița im Distrikt Suceava (Rumänien). Sie zeigt an der Basis des „Stammbaums Jesu" die von einer Seite heranziehenden Propheten Israels, während von der anderen Seite die griechischen Philosophen heranziehen.
[25] Klemens, *Stromateis* I, 29, 1; vgl. VI, 64, 4.

diesen „Samen" als den Teil, der als Nachahmung des Ganzen jene Kenntnis gibt, die der Einsicht des Ganzen vorausgeht. Alle menschliche wahrheitsfähige Einsicht also ist „Vorbereitung des Evangeliums", das die vollendete und vollkommene Wahrheit ist. Mit diesem Begreifen wird klar: erst das Erscheinen Jesu Christi kann verständlich machen, was vor und außerhalb der unmittelbaren Wirkweise der Predigt Jesu in Wahrheit zu erkennen war und ist – die Vorbereitung des Evangeliums. Daher ist dieses Erscheinen Christi keineswegs überflüssig, sondern notwendig, um eben diese Kenntnis zu vermitteln. Damit ist der Einwand, es sei hier ein Widerspruch, entkräftet.

Nach der Lösung dieses Problems entsteht eine weitere durch das Widerspruchsprinzip begründete Herausforderung, die das Zentrum der jungen christlichen Lehre zu treffen sucht. Und auf diese Herausforderung werden einige Auffassungen zu antworten suchen, die jede auf ihre Weise der Forderung des Widerspruchsprinzips entsprechen. Die Herausforderung richtet sich auf die Person Jesu Christi selbst, nicht auf dessen Predigt und Lehre, nicht auf die Problematiken seiner möglichen Wiederkunft oder seiner temporal und lokal beschränkten, gleichwohl absoluten und universalen Wirkweise. Die Person Jesu Christi wird innerhalb der jungen christlichen Lehre bereits als „göttlich" und als „menschlich" geglaubt, es werden also Christus widersprechende Prädikate zugeordnet, Unendlichkeit Gottes und Endlichkeit des Menschen. Dies scheint flagrant gegen den von Aristoteles formulierten „Satz vom zu vermeidenden Widerspruch" zu verstoßen. Freilich ist Gott nicht diesem Prinzip menschlichen Verstehens unterworfen: „Meine Gedanken sind nicht eure Gedanken, und eure Wege sind nicht meine Wege – Spruch des Herrn."[26] Aber die Selbstoffenbarung Gottes muss für Menschen ja verständlich sein, wenn sie denn barm-

---

[26] Jesaia 55, 8.

herzig ist, und daher muss die christliche Theologie eine Antwort auf diese Herausforderung finden.[27]

Wenn die Prädikate „göttlich" und „menschlich", die Christus gegeben werden, als Widerspruch erscheinen, so ist die erste und nächste Antwort, eines der beiden Prädikate zu streichen: entweder ist Christus nur Mensch oder er ist nur Gott. Und genau so entwickelt sich die Geschichte der Antworten auf die Herausforderung, bis geklärt werden kann, wie beide Prädikate doch auf Christus bezogen werden können.[28]

Zunächst lag es nahe, der Person Christi die Göttlichkeit zu nehmen, ist Christus doch als Mensch erschienen und hat als Mensch unter Menschen gelebt. Diese Haltung vertraten die „Ebioniten"[29]. Über sie ist berichtet, dass sie jüdischen Traditionen folgten,[30] und so hielten sie es für unmöglich, den Menschen Christus für Gott zu halten, sondern sie hielten ihn für einen Propheten, der wie alle Menschen in einer menschlichen Verbindung gezeugt wurde. Damit entfällt das Prädikat „Gott" für Christus. Gleichsam eine Gegenposition findet sich bei den von der Philosophie und der Gnosis getragenen Auffassungen und Argumenten, wie sie auch Markion (ca. 85–160 n. Chr.) vorgetragen hat. Demnach ist Christus ein rein göttliches Wesen, das in einem Scheinleib sich zeigte, einem Scheinleib, der weder leiden noch sterben konnte, weil er reiner Schein war. So ist das Prädikat „Mensch" für Christus Schein und entbehrt der

---

[27] Dies schon in Anbetracht der Einwände der islamischen Theologie gegen die Christologie, Einwände, die sich vor allem auf das „Widerspruchsprinzip" berufen. Siehe unten S. 144 f.
[28] Der folgende Text beansprucht nicht, einen vollständigen Überblick über die Entstehung der Christologie zu geben, und er beansprucht auch nicht vollkommene Detailgenauigkeit – die ohnehin unmöglich ist –, sondern er soll exemplarisch die logische Struktur dieser Entwicklung im Sinne einer Skizze nachzeichnen.
[29] Vom Hebräischen „ebionim" („die Armen").
[30] Vgl. Irenäus von Lyon, *Adversus Haereses* I, 26, 2.

Wirklichkeit.[31] Auch mit dieser Auffassung ist der Widerspruch zwischen den auf die Person Christi bezogenen Prädikaten „Gott" und „Mensch" gelöst, indem das Prädikat „Mensch" entfällt.

Nachdem nun jeweils ein auf Christus bezogenes Prädikat weggedacht wird, bleiben noch zwei weitere Möglichkeiten, wenn nicht behauptet wird, Christus habe gar nicht gelebt und sei daher auch nicht für menschliche Kenntnis erschienen[32]: entweder sind die Prädikate trotz ihres Selbstwiderspruchs auf Christus zu beziehen, oder beide Prädikate widersprechen sich nicht.

Die auf Christus bezogenen selbstwidersprüchlichen Prädikate „göttlich" und „menschlich" als Selbstwiderspruch, als Paradoxie nebeneinander stehen zu lassen, Christus also als erscheinende Paradoxie zu nehmen und damit als erhaben über menschlichen Verstand, ist einerseits Grundlage späterer Überlegungen, andererseits aber ein erscheinender Selbstwiderspruch, wie er aus dem Judentum als besondere Wirkweise Gottes bekannt ist. Wenn dabei noch die Identität von Vater und Sohn als Gott gelehrt wird, so kann gedacht werden, dass auch der Vater die Passion und den Kreuzestod auf sich genommen hat, was die Schrift nicht lehrt. Und doch sind solche Auffassungen von Noet von Smyrna (gegen 200 n. Chr.) bekannt. Bekannt ist aber auch, dass er damit scheiterte: sowohl an seiner griechisch den-

---

[31] Daher wird diese Lehre „Doketismus" (aus dem Griechischen von „δοκεῖν" = „scheinen") genannt. Zum Einfluss der griechischen Philosophie auf diese Geisteshaltung vgl. Thomas Böhm, *Glaube und Inkulturation. Gab es einen „Zwang" zur Heterodoxie in der Spätantike?*, in: ders. (Hrsg.), *Glaube und Kultur. Begegnung zweier Welten?* Freiburg u. a. 2009.
[32] Vgl. Justinus, *Dialog mit dem Juden Tryphon* 8, 4. Tryphon lacht und sagt: „Vorausgesetzt daß Christus irgendwo geboren ist und irgendwo lebt, so ist er doch so lange nicht erkennbar, erkennt auch sich selbst so lange nicht und hat so lange keine Macht, bis Elias erscheint, ihn salbt und aller Welt kundmacht. Ihr habt eine törichte Lehre angenommen, macht euch selbst einen Christus und geht darum jetzt in eurem Leichtsinn zugrunde."

kenden Umwelt, die ein solches Paradox nicht glauben wollte, wie an der Theologie der Kirche, die eine Identität dieser Art zwischen Vater und Sohn nicht glauben konnte.

Und so bleibt nur die Möglichkeit, die beiden Prädikate „göttlich" und „menschlich" doch Christus zuzuordnen. Aber wie? Mit großer Macht für alles Denken steht einer solchen Möglichkeit das Prinzip des „Satzes vom zu vermeidenden Widerspruch" entgegen. Daher muss die Macht dieses Prinzips gebrochen werden, um eine Lösung des Problems zu erzielen. Dies wird durch die Philosophie des Plotin erreicht.[33] Plotin, selbst kein Christ, hatte das formale Prinzip des „Satzes vom zu vermeidenden Widerspruch" und das inhaltliche Prinzip der „Reflexion des Denkens" der Antike, wie sie von Aristoteles überliefert waren, als Prinzipien kritisiert. Diese Prinzipien seien nicht voraussetzungslos, mithin nicht „Erstes" allen Denkens, setzten sie doch jeweils den Begriff einer „Einheit" notwendig voraus. Auch das inhaltliche Prinzip der Reflexion des Denkens[34] unterliegt dieser Einsicht. Plotin sieht: wenn Denken als reine Tätigkeit Gedachtes denkt, dies Gedachte aber wiederum reines Denken ist, welches sich auf das Denken wiederum als Gedachtes „zurückbiegt", „reflektiert", so dass beide, Denken und Gedachtes, eins werden, so setzt dies doch zunächst eine Doppelung voraus, die wiederum Einheit als Voraussetzung hat.[35]

Nun aber ist Gott eine absolute Einheit.[36] Als solche ist er Prinzip aller Vielheit und deren Voraussetzung. Wenn Gott nun in Christus gegenwärtig ist, ist auch Christus eine absolute Einheit – er ist vollkommen einheitlich gerecht, in keiner Weise ungerecht, er ist vollkommen einheitlich barmherzig, in keiner Weise unbarmherzig. Kurz: er ist vollkommen, weil er Einheit ist, und er ist Einheit, weil er vollkommen ist.

---

[33] Vgl. oben S. 22 f.
[34] Vgl. Aristoteles, *Metaphysik* 1072 b 13 f.
[35] Vgl. Plotin, *Enneade* III, 8, 9, 1–26.
[36] Vgl. Deuteronomium 6, 4 u. a.

Insofern können die Prädikate „göttlich" und „menschlich" dann auf ihn widerspruchsfrei bezogen werden, wenn sie jeweils einheitliche Vollkommenheit anzeigen. Dies ist bei dem Prädikat „göttlich" deutlich. Wenn Christus nun auch als Mensch einheitliche Vollkommenheit verkörpert, so sind die beiden Prädikate deshalb widerspruchslos, weil sie beide eine einheitliche gegeneinander unbegrenzte Vollkommenheit anzeigen.[37] Dies wird Nikolaus Cusanus formulieren: „Christi humanitas in illam maximitatem elevata, ut divinae naturae unitur, est omnium hominum verissima atque perfectissima humanitas ..."[38] – „Christi Menschlichkeit in solche höchste Höhe gehoben, dass sie sich mit der göttlichen Natur vereinte, ist aller Menschen wahrste und vollkommenste Menschlichkeit."

Plotin hatte erkannt: aller erscheinenden Vielheit muss der Begriff von Einheit vorausgehen, ein Begriff, der nicht an sich selbst, sondern nur in der Notwendigkeit seiner Voraussetzung erkannt werden kann.[39] Als Voraussetzung des Widerspruchsprinzips ist es diesem enthoben, weil der Begriff der Einheit nur unendliche, nicht aber selbstwidersprechende Prädikate zulässt. So entspricht der Begriff der Einheit dem Begriff der Unendlichkeit selbst – und diese hat kein Gegenteil. Wenn also Christus als absolute Einheit, als absolut einheitlich Handelnder begriffen werden kann, so ist die Anstößigkeit des Selbstwiderspruchs in der Christologie als unzutreffend erwiesen: Christus kann als Mensch und Gott gedacht werden.

Gleichwohl: wenn Gott absolute Einheit ist und in der Welt der erscheinenden Vielheit selbst erschiene, wie erkennen ihn dann Menschen in Anbetracht des Umstandes, dass Menschen nur erkennen können, was auch Unterscheidung

---

[37] Dagegen argumentiert Apolinarius von Laodicea (4. Jh. n. Chr.).
[38] Nilokaus Cusanus, *Sermo* XXII, 38, 4 f.
[39] Plotin, *Enneade* VI, 8, 9, 37 ff.

zulässt? Und so also muss eine zweite Einheit in dieser Welt der erscheinenden Vielheit erscheinen, die einen Unterschied ohne Gegensatz setzt, was wiederum nur Gott möglich ist. Daher ist Christus als Mensch und Gott nur durch die Sendung des Geistes erkennbar, christlich ausgedrückt: durch Pfingsten wird Ostern, durch den Geist der Sohn und dadurch die Wirkweise des Vaters erkannt. Wenn Gott der Eine selbst erscheint, dann ist er nur trinitarisch zu denken.

So müssen auch die Verhältnisse in der Trinität selbst zu bestimmen sein als unterschieden und identisch – Gott ist Einer. Hier hat Origenes (182–254 n. Chr.) versucht, diese identische Unterscheidung nach Art des von Aristoteles bekannten Reflexionsprinzips zu denken: wie Denken und Gedachtes in der Reflexion sowohl unterschieden wie eines sind, so auch die göttlichen Personen, die auseinandertretend doch Einheit sind.[40] Diese Gedankenführung wird nach einigen weiteren Überlegungen[41] dem Konzil von Nicäa (325) Grundlage zu der Aussage sein, die beiden Personen „Vater" und „Sohn" seien „gleichen Wesens" („ὁμοούσιος") und als solche präexistent. So bilden sie eine Einheit und sind doch zwei Personen. Das Konzil von Chalcedon wird diesen Gedanken aufnehmen und die Person des Heiligen Geistes als Person der göttlichen Trinität begreifen, jenes Geistes, den Christus verheißen hatte,[42] und zwar als anwesend in der Zeit, nach der Christus verherrlicht wurde.[43] Und wieder ist damit die Einheit Gottes gewahrt in der Trinität.

---

[40] Dazu Thomas Böhm, *Unbegreiflichkeit Gottes bei Origenes und Unsagbarkeit des Einen bei Plotin – Ein Strukturvergleich*, in: Lorenzo Perrone (Hrsg.), *Origiana Octavia*, Vol. II. Leuven 2003, S. 451 ff.

[41] Vgl. vor allem Thomas Böhm, *Die Christologie des Arius. Dogmengeschichtliche Überlegungen unter besonderer Berücksichtigung der Hellenisierungsfrage*. St. Ottilien 1991. Ders., *Basilius von Cäsarea: Adversus Eunomium I–III. Einleitung, Edition, Übersetzung*. München 2003.

[42] Vgl. Johannes 14, 16 ff.

[43] Vgl. Johannes 16, 4 b ff.

4. Das Menschenleben – Nachahmung Christi

Das Leben des gläubigen Christen ist geprägt von der Liebe zu Christus und zu den Menschen. So sind Gottesliebe und Menschenliebe ein Gebot, die Liebe Christi, in der sich die Liebe Gottes zu den Menschen zeigt, nachzuahmendes Vorbild: „Ein neues Gebot gebe ich euch: Liebt einander! Wie ich euch geliebt habe, so sollt auch ihr einander lieben. Daran werden alle erkennen, dass ihr meine Jünger seid: wenn ihr einander liebt."[1] Und: „Wer euch aufnimmt, der nimmt mich auf, und wer mich aufnimmt, nimmt den auf, der mich gesandt hat."[2] So ist die Liebe Christi Vorbild, und die Nachahmung dieser Liebe setzt die Liebe zu den Menschen mit der Liebe zu Christus und diese Liebe mit der Liebe zum Vater gleich. Entscheidend aber ist, dass diese Liebe eine nachgehende Liebe ist. Wie der Vater den Menschen durch den Sohn nachgeht, so soll der Mensch dem Menschen nachgehen in Liebe: „Da erzählte er [Jesus] ihnen ein Gleichnis und sagte: Wenn einer von euch hundert Schafe hat und eins davon verliert, lässt er dann nicht die neunundneunzig in der Steppe zurück und geht dem verlorenen nach, bis er es findet? Und wenn er es gefunden hat, nimmt er es voll Freude auf die Schultern, und wenn er nach Hause kommt, ruft er seine Freunde und Nachbarn zusammen und sagt zu ihnen: Freut euch mit mir, ich habe mein Schaf wiedergefunden, das verloren war. Ich sage euch: Ebenso wird auch im Himmel mehr Freude herrschen über einen einzigen Sün-

---
[1] Johannes 13, 34 f.
[2] Matthäus 10, 40.

der, der umkehrt, als über neunundneunzig Gerechte, die es nicht nötig haben umzukehren."[3]

Wie kann das sein? Weshalb sind die neunundneunzig Gerechten weniger Grund zur Freude als ein Einzelner? Oder weshalb werden Arbeiter mit geringerer Arbeitsleistung genauso bezahlt wie jene, die weit mehr tätig waren, wie jene Parabel von den Arbeitern im Weinberg erzählt:

„Denn mit dem Himmelreich ist es wie mit einem Gutsbesitzer, der früh am Morgen sein Haus verließ, um Arbeiter für seinen Weinberg anzuwerben. Er einigte sich mit den Arbeitern auf einen Denar für den Tag und schickte sie in seinen Weinberg. Um die dritte Stunde ging er wieder auf den Markt und sah andere dastehen, die keine Arbeit hatten. Er sagte zu ihnen: Geht auch ihr in meinen Weinberg! Ich werde euch geben, was recht ist. Und sie gingen. Um die sechste und um die neunte Stunde ging der Gutsherr wieder auf den Markt und machte es ebenso. Als er um die elfte Stunde noch einmal hinging, traf er wieder einige, die dort herumstanden. Er sagte zu ihnen: Was steht ihr hier den ganzen Tag untätig herum? Sie antworteten: Niemand hat uns angeworben. Da sagte er zu ihnen: Geht auch ihr in meinen Weinberg! Als es nun Abend geworden war, sagte der Besitzer des Weinbergs zu seinem Verwalter: Ruf die Arbeiter, und zahl ihnen den Lohn aus, angefangen bei den letzten, bis hin zu den ersten. Da kamen die Männer, die er um die elfte Stunde angeworben hatte, und jeder erhielt einen Denar. Als dann die ersten an der Reihe waren, glaubten sie, mehr zu bekommen. Aber auch sie erhielten nur einen Denar. Da begannen sie, über den Gutsherren zu murren, und sagten: Diese letzten haben nur eine Stunde gearbeitet, und du hast sie uns gleichgestellt; wir

---

[3] Lukas 15, 3 ff.

aber haben den ganzen Tag über die Last der Arbeit und der Hitze ertragen. Da erwiderte er einem von ihnen: Mein Freund, dir geschieht kein Unrecht. Hast du nicht einen Denar mit mir vereinbart? Nimm dein Geld und geh! Ich will dem letzten ebenso viel geben wie dir. Darf ich mit dem, was mir gehört, nicht tun, was ich will? Oder bist du neidisch, weil ich (zu anderen) gütig bin? So werden die Letzten die Ersten sein und die Ersten die Letzten."[4]

Eine Fülle von Deutungen lässt diese Parabel mit ihrem reichen Inhalt zu. Entscheidend aber ist, dass hier eine „soziale Ungerechtigkeit" vorzuliegen scheint, wie es denn auch ungerecht zu sein scheint, sich über einen einzelnen „umkehrenden Sünder" mehr zu freuen denn über viele Gerechte. Wie also kann das sein?

Die Erklärung findet sich in dem „Gleichnis vom verlorenen Sohn". Auch hier scheint Ungerechtigkeit zu herrschen: der jüngere Sohn verschleudert das ihm zustehende Vermögen und kehrt reumütig zum Vater zurück, während der ältere Sohn beim Vater bleibt und für ihn arbeitet. Bei der Rückkehr des Jüngeren lässt der Vater ein Fest feiern, was den Älteren erbost. „Der Vater antwortete ihm: Mein Kind, du bist immer bei mir, und alles, was mein ist, ist auch dein."[5] Genau hier ist die Begründung gegeben für das, was zunächst wie Ungerechtigkeit erscheint: bei der Einforderung von höherem Lohn oder besserer Behandlung bleibt unberücksichtigt, dass die Anwesenheit und die Tätigkeit beim Herrn, beim Vater selbst bereits größter Lohn sind. Diese Anwesenheit ist kein „Müssen", sondern ein „Dürfen", diese Tätigkeit hat ihren Lohn in sich selbst und ist daher nicht nochmals oder gar höher zu entlohnen. Die-

---
[4] Matthäus 20, 1–16.
[5] Lukas 15, 31.

ser Grundzug christlicher Ethik, im Handeln selbst das ethische Ziel der Handlung zu setzen und daher auch deren Lohn, unterscheidet diese Ethik von anderen Entwürfen prinzipiell.

So ist es das Nachgehende und das Selbstgenügsame des ethischen Handelns, das seinen Lohn in der „Imitatio Christi", der „Nachahmung Christi", hat und keines weiteren Lohnes bedarf. Eben deshalb heißt es: „Wenn du Almosen gibst, lass es also nicht vor dir herposaunen, wie es die Heuchler in den Synagogen und auf den Gassen tun, um von den Leuten gelobt zu werden. Amen, das sage ich euch: Sie haben ihren Lohn bereits erhalten. Wenn du Almosen gibst, soll deine linke Hand nicht wissen, was deine rechte tut ..."[6] Und dieses nachgehende und selbstgenügsame Tun verbindet Gottesliebe und Menschenliebe, ist doch Christus als Gott Mensch geworden und hat diese Verbindung gestiftet. Daher ist es die hilfreiche Tat, die Ausdruck dieser Gottes- und Menschenliebe ist; wer Gott liebt, liebt Christus, wer Christus liebt, liebt die Menschen und ist nachgehend, selbstgenügsam und hilfreich, wie es das Gleichnis vom „barmherzigen Samariter" lehrt.[7]

Eben dies lehrt auch jene Rede vom Weltgericht, in welcher der König des Gerichts die Taten der Barmherzigkeit an Mitmenschen belohnt: „Was ihr für einen meiner geringsten Brüder getan habt, das habt ihr mir getan."[8] Im hilfsbedürftigen Antlitz des Nächsten zeigt sich das Antlitz Christi selbst, die Gottesliebe verwirklicht in der Menschenliebe die Imitatio Christi.

---

[6] Matthäus 6, 2 f.
[7] Lukas 10, 25 f.
[8] Matthäus 25, 40.

5. Warum sie glauben, was sie glauben

1. Glauben aus Erfahrung

Das Christentum hat in seiner Geschichte unterschiedliche Entwicklungen genommen, unterschiedliche Konfessionen haben sich gebildet. Und dennoch ist der Kern der Botschaft allen diesen Konfessionen geblieben. Es ist die Überzeugung, dass Christus dem Menschen entgegentritt, dass er ihm nachgeht, dass er helfend, barmherzig und liebend begegnet. Und zugleich bestimmend, fordernd, herrscherlich: „Folge mir nach!", nicht etwa „Möchtest du mir nachfolgen?" Daher ist die Zustimmung zur Nachfolge und Imitatio Christi eine geforderte, denn Gott zeigt sein Antlitz, das im Verborgenen war – „Nicht kannst du schauen mein Antlitz, denn kein Mensch kann mich sehen und leben"[1] – in Christus, der Gott gesehen hat.[2]

Warum also dies glauben? Hier sind zwei Gedanken von Bedeutung. Zunächst ist zu bemerken, dass der christliche Glaube gleichsam eine Antwort auf eine Ansprache Christi ist: Christus tritt dem Menschen entgegen, nachgehend, helfend, barmherzig, liebend. Sodann ist von größter Bedeutung, dass und wie sich Christus in Gestalt des nachgehenden, helfenden, barmherzigen, liebenden Mitmenschen zeigt und ebenso in der Gestalt des hilfsbedürftigen Mitmenschen. Alle diese Begegnungen sollen durch die Kirchen vermittelt werden.

Christus tritt entgegen. Diese Begegnung hat ihren Grund in einem erfahrenen Erlebnis, das aus einer Vorstellung einen

---
[1] Exodus 33, 20.
[2] Vgl. Johannes 6, 46.

Gedanken gewinnt. In der Tätigkeit dieses „Vorstellens" wird derjenige vergegenwärtigt, der sich selbst vergegenwärtigt. Es ist dies eine geschenkte Vergegenwärtigung des sich vergegenwärtigenden Christus, ein Gnadenakt Gottes. Die damit verbundene Wirklichkeit ereignet sich im Gedanken, der Wahrheit und Wirklichkeit vereint. Die Wahrheit erweist sich durch die wirkliche Wirkung, die aus dieser Vergegenwärtigung der Selbstvergegenwärtigung folgt, indem der Vergegenwärtigende sich mit allen Gedanken und Sinnen in eine Anwesenheit zu Christus bringt. Die berühmten „Ejercicios espirituales" – „Geistlichen Übungen"[3] des Ignatius von Loyola sind wohl die wirkungsgeschichtlich bedeutendsten Anleitungen zu solcher Vergegenwärtigung. Dort heißt es im ersten „Vor-gang" („preámbulo") zur ersten Übung in der ersten der vier Wochen:

> „El primer preámbulo es composición viendo el lugar. Aquí es de notar que en la contemplación o meditación visible, así como contemplar a Christo nuestro Señor, el qual es visible, la composición sera ver con la vista de la imaginación el lugar corpóreo donde se halla la cosa que quiero contemplar. Digo el lugar corpóreo, así como un temple o monte, donde se halla Jesu Christo o Nuestra Señora, según lo que quiero contemplar."[4] – „Der erste Vorgang ist die Zusammenstellung des Schau-platzes. Hier ist zu bemerken, dass bei der Vergegenwärtigung (Kontemplation) oder Meditation[5] von Sichtbarem, so wie beim Vergegenwärtigen Christi unseres Herrn, welcher sichtbar

---

[3] Der Grundtext lag 1534 in spanischer Sprache vor und geht auf Überlegungen zurück, die aus der Zeit von August 1522 bis Anfang 1523 stammen.
[4] San Ignacio de Loyola, *Obras Completas* (Biblioteca de Autores Cristianos). Madrid 1963, S. 209 (pag. 47).
[5] S. zu „Kontemplation" und „Meditation" Bernhard Uhde, *West-östliche Spiritualität. Die inneren Wege der Weltreligionen. Eine Orientierung in 24 Grundbegriffen.* Freiburg 2011, S. 36–48 und S. 49–56.

ist, die Zusammenstellung [so] ist: mit dem Blick der Vorstellung den körperlichen Platz zu sehen, wo sich die Sache befindet, die ich vergegenwärtigen will. Ich nenne einen körperlichen Platz [etwas] wie einen Tempel oder Berg, wo sich Jesus Christus oder Unsere Herrin befinden, gemäß dem, was ich vergegenwärtigen will."

Alle Sinne sollen sich darauf richten, diese Vorstellung nahe zu bringen,[6] „poner enfrente de mí la contemplación que tengo de hacer"[7] – „mir gegenüber zu stellen die Vergegenwärtigung, die ich zu halten habe".

In der Vergegenwärtigung begegnet Christus. Diese Begegnungen gewinnen an Bedeutung bei der Vergegenwärtigung des sich nach der Auferstehung vergegenwärtigenden Christus. In den „Geistlichen Übungen" des Ignatius wird diese Art von „Erscheinung" („aparición") Christi einzeln in der Folge der Erscheinungen vergegenwärtigt.[8] Stets aber ist Christus der Entgegentretende, Erscheinende, der in die Vorstellungskraft eintritt, auch wenn diese ihrerseits keine entsprechende Disposition hat. Wie aber begegnet Christus? Freilich im Sakrament der Liturgie, die unmittelbare Erfahrung schenkt, auch in der geschenkten Vorstellung. Aber auch, nochmals, in der unerwarteten, unverhofften Zuwendung durch den nachgehenden, hilfsbereiten, barmherzigen, liebenden Mitmenschen, in der Fügung von Zuwendung und der Erfahrung dieser Zuwendung als einer Zuwendung, die Christus selbst vermittelt und die durch die Tätigkeit des Heiligen Geistes erkannt werden kann. So entsteht ein wechselseitiges Bedingungsgefüge, eine Reflexion von Liebe in Zuwendung und Empfang dieser Zuwendung, und eben in diesem Gefüge ist Christus gegenwärtig. Indem Christus

---

[6] Vgl. San Ignacio de Loyola, a. a. O., S. 223 f. (pag. 122 f.)
[7] Ders., a. a. O., S. 224 (pag. 130).
[8] Ders., a. a. O., S. 259 ff. (pag. 299 ff.).

seine Menschen unerkennbare Einheit in eine Menschen erkennbare Zweiheit oder Vielheit gibt, sich gleichsam zerschlagen lässt wie in Passion und Kreuzestod, tritt er unter die Menschen: „Wo zwei oder drei in meinem Namen versammelt sind, da bin ich mitten unter ihnen."[9]

Nun mag dieser Glaube auch für Projektion gehalten werden, die dem neuzeitlichen Menschen nicht mehr zuzumuten sei, wie Nietzsche dem Christentum vorhält: „Die Welt scheiden in eine ‚wahre' und eine ‚scheinbare', sei es in der Art des Christenthums, sei es in der Art Kant's (eines **hinterlistigen** Christen zu guterletzt) ist nur eine Suggestion der décadence, – ein Symptom **niedergehenden** Lebens ..."[10]. Dem aber stehen Erfahrungen entgegen und die neuzeitliche Denkmöglichkeit der „logica christiana".[11]

Aber nicht alle unverhofften Begegnungen sind leidfrei, nicht alle unerwarteten Ereignisse angenehm. Woher also Leid und Leiden, wenn Gott durch Christus seine übergroße Barmherzigkeit gezeigt habe? Hatte das Judentum Leid, Passion als Belehrung oder gar als nichtig zu verstehen gesucht, so ist dem Christentum ein solches Verständnis bereits bei der Betrachtung der Passion Christi unmöglich – wie sollte Christus, der Vollkommene, belehrt werden, wie sollte diese Passion als nichtig erscheinen können? Wie kann also trotz Leiden in der Welt an die Barmherzigkeit Christi geglaubt werden?

---

[9] Matthäus 18, 20.
[10] Friedrich Nietzsche, *Götzen-Dämmerung,* in: Nietzsche Werke, Kritische Gesamtausgabe 6. Abt. 3. Bd. Berlin 1969, S. 73.
[11] Vgl. dazu Bernhard Uhde, *Christentum – Ein Anachronismus? oder: Zur Freiheit der Theologie,* in: Studia Universitatis Babeş-Bolyai, Theologia Catholica Latina LV, 2/2010. Cluj-Napoca (Klausenburg/Rumänien) 2011, S. 25 ff.

2. Glauben trotz Leiden?

Das Problem des Leidens in der Welt bei gleichzeitiger Annahme eines barmherzigen, gütigen und allmächtigen Gottes ist das „Theodizee-Problem". Wie die beiden verwandten Religionen Judentum und Islam wird auch das Christentum von diesem Problem herausgefordert, zumal durch die entsprechende Kritik in der Neuzeit. Diese vor allem in der Literatur vorgetragene Kritik verschärft die Fragestellung, indem sie das Leiden der Kinder in den Blick nimmt, ein Leiden, das weder zur Belehrung sein kann, wenn die Kinder sterben, noch eine Strafe, weil diese Kinder ja nicht gesündigt haben können. Hier tritt eine existenzielle Problematik auf, die unabhängig von einer möglichen logischen Problemlösung Bestand zu haben scheint. Denn selbst bei Annahme einer logischen Lösung bleiben Leid und Tränen, zumal auch der unschuldigen Kinder.

Die Tradition der christlichen Theologie hatte eine Antwort auf die Frage nach dem Leid und dem Bösen. Diese Antwort hat einige wenige Voraussetzungen, und diese Antwort schien überzeugend, weil sie logisch schien, denn die Logik war gerade die Grundlage der Annahme, dass das Schlechte in der Welt gegen die Existenz eines unendlich guten und allmächtigen Gottes spreche. Diese „Obiectio", dieser „Vorwurf", diese Gegenrede nimmt Thomas von Aquin als erste Herausforderung gegen die Existenz Gottes auf: „Es scheint, dass Gott nicht existiert. Denn: wenn unter Gegensätzen die eine Seite unbegrenzt wäre, würde die andere Seite vollkommen zerstört. Aber dies versteht man unter dem Begriff ‚Gott': nämlich das, was ein gewisses unbegrenztes Gutes sei. Wenn daher Gott existierte, dürfte nichts Schlechtes aufgefunden werden. Man findet aber Schlechtes in der Welt. Also existiert Gott nicht."[12]

---

[12] Thomas von Aquin, *Summa Theologiae* I, 2, 3.

Thomas lässt in dieser Gegenrede das formale Prinzip der alten Epoche des abendländischen Denkens, den „Satz vom zu vermeidenden Widerspruch", zur Anwendung kommen. Unendlich Gutes kann nicht Schlechtes zulassen, sonst wäre dieses unendlich Gute ja doch gegen das Schlechte begrenzt – ist es aber begrenzt, ist es nicht unendlich gut, mithin nicht Gott. Genau in dieser prinzipiellen Bindung erweist sich die Stärke dieser Gegenrede bis in die Neuzeit: „Warum leide ich? Das ist der Fels des Atheismus."[13]

Thomas nimmt diese Herausforderung gleichsam mit einer müde anmutenden, weil altbekannten Antwort auf:

> „Ad primum ergo dicendum quod, sicut dicit Augustinus in Enchiridio, Deus, cum sit summe bonus, nullo modo sineret aliquid mali esse in operibus suis, nisi esset adeo omnipotens et bonus, ut bene faceret etiam de malo. Hoc ergo ad infinitam Dei bonitatem pertinet, ut esse permittat mala, et ex eis eliciat bona."[14] – „Zur ersten [Herausforderung] nämlich ist zu sagen, was Augustinus sagt in [seinem Werk] Enchiridion:[15] Gott, da er zuhöchst gut ist, ließe in keiner Weise irgendetwas Schlechtes zu in seinen Werken, wenn er nicht derart allmächtig und gut wäre, dass er Gutes machte auch aus Schlechtem. Dies gehört daher zur unbegrenzten Güte Gottes, dass er dem Schlechten zu sein gestattet, und daraus das Gute hervorbringt."

Dieser Gedanke hat sein logisches Fundament im Argument des Anselm von Canterbury, das im „Proslogion" vorgetragen wird.[16] Dort wird Gott bestimmt als derjenige, „quo nihil maius cogitari possit"[17] – „über den hinaus nichts größeres gedacht werden kann." Das bedeutet, dass Gott

---

[13] Georg Büchner, *Dantons Tod*. 3. Akt, 1. Szene.
[14] Thomas von Aquin, *Summa Theologiae* I, 2, 3.
[15] Vgl. Augustinus, *Enchiridion ad Laurentium de fide, spe et caritate*, C. II.
[16] Vgl. Anselm von Canterbury, *Proslogion* 2.
[17] A. a. O.

unübertrefflich in seinen Möglichkeiten zum Guten sein muss. Nun ist es aber eine Möglichkeit mehr, Schlechtes zum Guten zu machen, als Gutes Gutes sein zu lassen. Wenn also Gott unübertrefflich in seinen Möglichkeiten ist, muss er auch Schlechtes zum Guten machen können. Insofern hat Augustinus bereits treffend gesehen, dass das Schlechte, zu dem das unschuldige Leiden zählt, nicht Bestand haben kann, weil es an sich selbst ohne bleibende Substanz ist: es ist ein vollkommener Mangel an Gutem, nichts substanzhaftes aber an sich selbst.[18] Insofern gleicht die Schaffung des Guten aus dem Bösen der Schöpfung aus dem Nichts, wie sie als Anfang der Welt gedacht ist.

Eine logische Lösung! Gott macht aus allem Schlechten, aus allem Leiden Gutes, „Gott, der Herr, wischt die Tränen ab von jedem Gesicht."[19] Aber wozu dieser Umweg? Warum überhaupt Tränen? Heißt es nicht bei Dostojewski: „Darum danke ich im voraus für jede höhere Harmonie. Ist sie doch nicht einmal ein einziges Tränlein jenes gequälten Kindchens wert, das sich mit dem Fäustchen an die kleine Brust schlug ...Und wenn die Leiden der Kinder zu jener Summe von Leid, die zum Kauf der Wahrheit erforderlich ist, unbedingt hinzukommen müssen, so behaupte ich im voraus, daß die Wahrheit diesen Preis nicht wert ist ..."[20]

Wozu dieser Umweg? Das Problem der Theodizee kann nicht letztlich gelöst werden,[21] zumal nicht „existenziell". Aber es lässt einen Hinweis zu: wäre auch existenziell alles Leiden, selbst das der unschuldigen Kinder, erklärbar – etwa durch den Gedanken der Wiedereinkleidung, Wiedergeburt

---

[18] Zu dieser Problematik vgl. die bei Carl Andresen, *Bibliographia Augustiana*. Darmstadt 1973, S. 116 genannten Werke.
[19] Jesaia 25, 8; vgl. Offenbarung 21, 4.
[20] F. M. Dostojewski, *Die Brüder Karamasoff*. Übertragen von E. K. Rahsin, Fünftes Buch, IV: „Empörung". München [8]1977, S. 386.
[21] So schon gezeigt in der Schrift von Immanuel Kant, *„Über das Mißlingen aller philosophischen Versuche in der Theodizee"* aus dem Jahr 1791.

und der Vergeltung von Verfehlungen in früheren Leben –, wären alle Aufrufe zur zwischenmenschlichen Hilfeleistung, zur Solidarität, überflüssig, ja einem Schuldabtrag vielleicht sogar hinderlich. Nur die existenzielle Unmöglichkeit, die Frage nach dem Schlechten, dem Leiden zu beantworten, begründet den Aufruf zur Zuwendung, wie sie im Christentum gefordert ist und der dem christlichen Glauben Grund gibt. Selbst alle nur gedachten Antworten, die auf menschliche Selbstverschuldung zielen, auf Missbrauch von menschlicher Freiheit, auf ganz unverständliche göttliche Fügung – alle diese Antwortversuche haben einen Inhalt, der zwischenmenschliche Zuwendung unbegründbar macht. So merkwürdig es zunächst scheinen mag: gerade die existenzielle Unbegründbarkeit des Leidens erfordert jene Nächstenliebe, in der sich die Liebe Gottes zu den Menschen durch Menschen zeigt. Daher ist der „Umweg" jener Weg, auf dem „ein Mann von Jerusalem nach Jericho hinab zog" und den ein Mann aus Samaria ging.[22] Der Mann aus Samaria fragt nicht nach einer Logik und einer Theorie, die den Überfall erklären könnte, er hilft. Und dies ist daher die Lehre Christi an jeden Christen: „Dann geh und handle genauso!"[23]

---

[22] Vgl. Lukas 10, 30 f.
[23] Lukas 10, 37.

Zweiter Exkurs:
Die Selbstvergegenwärtigung Gottes als Herausforderung der Religionen

Gott vergegenwärtigt sich selbst in Jesus Christus. Absolut und universal tritt Christus als Mensch den Menschen entgegen, als Heil für alle Menschen, als Vorbild für alle Menschen. Das höchste Prinzip nimmt nicht nur menschliche Gestalt an, um alle Menschen zum Heil zu führen, es bleibt dabei es selbst und ist zugleich ganzer und wahrer Mensch und als solcher lebend, tot und wieder lebend – eine für den Glauben zunächst unglaubliche Erfahrung, ein für den Verstand zunächst undenkbarer Gedanke. Und eine Herausforderung der nichtchristlichen Religionen, indem der christliche Glaube und das christliche Denken den Anspruch der Vollendung aller anderen Religionen erheben.

Dieser Anspruch der Vollendung findet sich nicht allein gegenüber dem Judentum, sondern auch gegenüber Islam, Hinduismus und Buddhismus. Ein deutliches Zeugnis für diese Auffassung gibt – für die Katholische Kirche, doch exemplarisch für das christliche Verständnis – die „Erklärung der Kirche über das Verhältnis zu den nichtchristlichen Religionen" des II. Vatikanischen Konzils, die am 28. Oktober 1965 promulgiert wurde.[1] Diese Erklärung nennt nach einleitenden Worten die Religionen Hinduismus, Buddhismus, Islam und Judentum, indem sie diese auf das zuletzt genannte Christentum hin ordnet. Diese Reihenfolge bestimmt sich aus dem Grad der jeweilig als übereinstimmend betrachteten Anteile dieser Religionen an den Inhalten des

---

[1] Zur Vor- und Textgeschichte der „Erklärung" vgl. Johannes M. Oesterreicher, *Kommentierende Einleitung zur Erklärung über das Verhältnis der Kirche zu den nichtchristlichen Religionen*, in: Das Zweite Vatikanische Konzil. Konstitutionen, Dekrete und Erklärungen. Lateinisch und Deutsch. Teil II (Nachtrag zum LThK). Freiburg/Basel/Wien 1967, S. 406 ff.

Christentums, zuletzt also des Judentums, wobei die (katholische) „Kirche Christi anerkennt, dass die Anfänge ihres Glaubens und ihrer Erwählung sich schon bei den Patriarchen, bei Moses und den Propheten finden, gemäß des Heilsgeheimnisses Gottes."[2] Diese Anfänge bereiten vor, was sich durch Christus vollendet und was demgemäß Auftrag der Kirche ist: „So ist es die Aufgabe der Predigt der Kirche, das Kreuz Christi als Zeichen der universalen Liebe Gottes und als Quelle aller Gnaden zu verkünden."[3]

Aber kann das Christentum wirklich als Vollendung von Hinduismus, Buddhismus, Islam und Judentum angesehen werden? Kann dies immerhin für möglich, wenn auch keineswegs für notwendig oder sicher gehalten werden? Und wenn, wie?

Kerngedanke indischer Religiosität, Kerngedanke des Hinduismus ist die Einsicht in die überall waltende Macht der Kausalität, die unbedingte Folge von Ursachen und Wirkungen. Alle Gedanken und alle Taten aller Lebewesen, mithin auch der Menschen, haben entsprechende Wirkungen, die nicht aufgehoben werden können – aufzuheben sind nur die Ursachen, damit keine kausalen Wirkungen mehr entstehen.[4] Eben diese Wirkungen, sofern sie leidbringend sind, können aber durch die übergroße barmherzige Zuwendung Christi abgewendet werden, wie die Erzählung von der „Frau, die beim Ehebruch ertappt worden war", lehrt.[5] Diese Zuwendung geschieht durch eine die Kausalität brechende Gnade, die einen Neubeginn ermöglicht und das Schlechte zum Guten wendet.[6] Genau in diesem Gedanken versteht sich das Christentum als Herausforderung, weil als Vollendung des Hinduismus.

Kerngedanke des Buddhismus ist die Erkenntnis der

---

[2] Nostra Aetate, 4.
[3] Nostra Aetate, 4 (Schluss).
[4] S. unten S. 181 f.
[5] Johannes 8, 2–11; siehe oben S. 89 f.
[6] Vgl. oben S. 120 f.

Konditionalität von Allem. Alles ist in wechselseitiger Bedingtheit aufeinander bezogen, keine unabhängige Substanz ist erkennbar. Wird eine der Bedingungen aufgehoben, sind auch die anderen Bedingungen, weil wechselseitig voneinander abhängig, aufgehoben. Ist also etwa der Rezipient von Leid aufgehoben – also das „Ich" des Menschen als substanzlos erkannt und damit aufgehoben –, so ist auch das Leid aufgehoben.[7] Diese Aufhebung des „Ich" hebt aber alle Beziehungen auf, also auch die in dieser Welt Freude bereitenden Bedingungsverhältnisse, etwa die freudige Beziehung zu einem anderen Menschen, weshalb der Buddha seinen Weg zunächst nur für Mönche gangbar hielt. Eben diese Freude, sofern sie dem freudigen Gebrauch der Welt dient, kündet die „Frohe Botschaft", das „Evangelium", und diese Freude besteht vor allem in der liebenden Zuwendung zum Mitmenschen, der als eigenständige unbedingte Person und nicht als bedingtes Gefüge betrachtet wird. Und diese Zuwendung, welche durch die Selbstvergegenwärtigung der Person Christi im Mitmenschen geschieht, hebt alles Leid auf. Genau in diesem Gedanken versteht sich das Christentum als Herausforderung, weil als Vollendung des Buddhismus.

Kerngedanke des Islam ist die liebende Hingabe an Gott als Antwort auf die Liebe Gottes zu den Menschen sowie auch die Liebe zu allen Menschen. Die Liebe Gottes zu den Menschen findet in der Herabsendung des Koran höchsten und schönsten Ausdruck, die Liebe zu allen Menschen ist am Beispiel der und des Propheten – Muhammad – zu erkennen. Die Botschaft des Islam besteht in der Verkündigung der Barmherzigkeit Gottes, und diese Barmherzigkeit zeigt sich nicht zuletzt in der dem menschlichen Verstand entsprechenden Offenbarung, die für diesen Verstand widerspruchsfrei erscheint.[8] Eben diese für

---

[7] Siehe unten S. 225.
[8] Siehe unten S. 130 ff.

die göttliche Offenbarung gewünschte Widerspruchsfreiheit lässt sich aber auch für die vom Islam kritisierte Christologie zeigen, ja mehr noch, diese Widerspruchsfreiheit legt nahe, das Handeln und die Offenbarung Gottes, der unübertrefflich ist, als unübertrefflich anzunehmen. Der Gedanke der Selbstvergegenwärtigung Gottes im Menschen Jesus Christus erscheint als unübertreffliche Selbstoffenbarung Gottes und als dessen Anwesenheit im Mitmenschen: das Absolute tritt in Erscheinung. Genau in diesem Gedanken versteht sich das Christentum als Herausforderung, weil als Vollendung des Islam.

Kerngedanke des Judentums ist die Vergegenwärtigung der Liebe Gottes zu Israel sowie auch die Liebe zu allen Menschen. In der Vergegenwärtigung der Liebe Gottes zu Israel wird das Vorbild der Liebe zu den Mitmenschen erkennbar. Wie sich Gott selbst in Liebe und Treue Israel zugewandt hat und zuwendet auf ewig, so soll Israel Liebe untereinander wie zu allen Menschen schenken. Und doch unterscheidet sich das Volk von den Völkern, es soll nicht sein oder werden wie die Völker.[9] Eben diesen Unterschied tilgt die Person und die Botschaft Jesu Christi durch die liebende universal wirkende Selbstvergegenwärtigung Gottes in einem Menschen unter den Menschen. Das Christentum verkündet die an Israel ergangene Botschaft allen Völkern, denn die Selbstvergegenwärtigung des Universalen und Absoluten ist absolut und universal. Genau in diesem Gedanken versteht sich das Christentum als Herausforderung, weil als Vollendung des Judentums.

Nochmals aber: diese Betrachtung der anderen Religionen erscheint als möglich, nicht aber als zwingend. Sie ist eine Betrachtung aus Sicht des Christentums. Im jeweiligen Selbstverständnis der anderen Religionen kann dies Verständnis nicht geteilt werden. Es bleibt bei den wechselseitigen Herausforderungen.

---

[9] Siehe oben S. 69.

III. ISLAM – Der Gedanke der
    erscheinenden Rede Gottes

1. Gottes Wirken – Verständliche Erfahrungen

Islam ist die Vergegenwärtigung der Erfahrung der Rede des Einen Gottes, der alles geschaffen hat, alles erhält und alles vollendet.[1] Dieser Eine Gott tritt in eine besondere Beziehung zu allen Menschen, indem er durch Propheten von sich hören lässt. Die durch den Propheten Muhammad (ca. 570–632 n. Chr.) an alle Menschen ergangene Offenbarung ist die erweiterte Wiederherstellung vorangegangener Offenbarungen, insbesondere von Tora und Evangelium, die von den Anhängern der jeweiligen prophetischen Offenbarungsträger Moses und Jesus durch Hinzufügungen verfälscht wurden. Ist im Judentum die Behauptung der partikulären Erwählung des Volkes Israel ein verfälschender Verstoß gegen die in Wahrheit universale und gleiche Heilszuwendung Gottes zu allen Menschen, so im Christentum die Entstehung der Christologie als Verstoß gegen die Absolutheit Gottes. Beide Verfälschungen als Verstöße gegen Universalität und Absolutheit Gottes werden durch den Islam getilgt: die Sammlung der durch Muhammad abschließend, unverfälscht und unverfälschbar ergangenen Offenbarung, also das wörtliche Wort Gottes, ist der Koran, „das zu Wiederholende". Kerninhalte des Korans sind die Lehre von der absoluten Erhabenheit Gottes[2] und der abso-

---

[1] Die folgende Darstellung in III. 1. ist eine überarbeitete Fassung eines Vortrags: *Christentum und Islam. Bemerkungen zu einer schwierigen Beziehung*. Gehalten am 16. November 2010 in der Aula Magna des Seminarium Incarnatae Sapientiae zu Gyulafehérvár (Alba Iulia, Rumänien), erstmals erschienen unter dem Titel „*Christentum und Islam. Bemerkungen zu einer schwierigen Beziehung*" *[„Kereszténység és izlám. Megjegyzések egy nehéz kapcsolat margójára"]*, in: Studia Theologica Transsylvaniensia 13/2. Alba Iulia 2010, S. 325 ff.
[2] Vgl. Koran 42, 11 u. ö.

luten Einheit Gottes[3], beides insbesondere gegen Christologie und Trinitätslehre der christlichen Theologie vorgetragen[4] und der Liebe Gottes zu allen Menschen[5], dies insbesondere gegen den Erwählungsgedanken des Judentums. Diese Liebe Gottes soll der Mensch durch „Islam", „Unterwerfung", „Hingabe", durch völlige Hingabe des eigenen Willens an den Willen Gottes, erwidern, indem er möglichst ununterbrochen der Worte Gottes gedenkt und ihnen Folge leistet, soweit er sie verstehen kann. Ausdruck dieser Erwiderung ist das Einhalten einer Vielzahl hoher ethischer Gebote und Verbote, die in der Liebe zu Gott[6] und in der Liebe zu den Menschen kulminieren.

Diese Kurzcharakteristik des Islam[7] lässt nicht sogleich deutlich werden, mit welchem methodischen Grundsatz der Islam, mithin der Koran selbst und die islamische Theologie sich den Menschen kundtun. Der Islam versteht sich als eine Religion des Verstandes, eines Verstandeswissens, das jedem Menschen zugänglich und evident ist, weil es sich um ein natürliches Verstandesprinzip handelt. Jeder Mensch ist also von Natur aus geeignet zu einer Einsicht, die innerhalb der griechischen Philosophie als erstes und sicherstes Denkprinzip aller Menschen im „Satz vom zu vermeidenden Widerspruch" formuliert ist: „dass nämlich dasselbe zugleich zukommen und nicht zukommen kann demselben in selbiger Hinsicht: das ist unmöglich."[8] Es ist also unmöglich,

---

[3] Vgl. Koran 4, 36 u. ö.
[4] Vgl. Koran 5, 72 f. u. ö.
[5] Vgl. Koran 5, 54 u. a.
[6] Vgl. dazu Milad Karimi, *Vom Glauben als Sehnsucht nach Gott*, in: Jahrbuch für Islamische Theologie und Religionspädagogik 1/2012. Freiburg 2012, S. 215 ff.
[7] Der Islam ist kein „monolithischer Block". Vgl. dazu die methodischen Anmerkungen oben S. 39 f. Zur Vielfalt schon im klassischen Islam vortrefflich die große Studie von Josef van Ess, *Das Eine und das Andere*. 2 Bände. Berlin 2011 (= Studien zur Geschichte und Kultur des islamischen Orients. N.F. Bd. 23, 1 und 23, 2).
[8] Aristoteles, *Metaphysik* 1005 b 19 f.

demselben Subjekt oder Sachverhalt selbstwidersprüchliche Prädikate gleichzeitig und in vollkommen gleicher Hinsicht zuzuschreiben, weil dann keine Aussage getroffen wird: ein Glas Wasser ist zur selben Zeit und in selbiger Hinsicht niemals voll und leer zugleich – dies kann jeder Mensch auch mit nur geringer Verstandeskraft einsehen Die Sicherheit dieses Verstandesprinzips ergibt sich aus der Unmöglichkeit seiner Widerlegung: wer dieses Prinzip mit dem Prädikat „falsch!" versehen will, will nicht gleichzeitig und in gleicher Hinsicht „richtig!" sagen – er setzt also den Inhalt des Satzes beim Widerlegungsversuch als richtig voraus.[9]

Dieses oberste und sicherste Prinzip des Verstandeswissens, das als formales Prinzip der griechischen Philosophie mit bekannter Vorgeschichte[10] zu Aristoteles hin erhoben werden kann[11], findet im Islam prinzipielle Anwendung, weil Islam sich als Religion[12] auf ein barmherziges Entgegenkommen Gottes zu allen Menschen gründet und damit als ein Entgegenkommen zum natürlichen menschlichen Verstand und damit zu verständlicher Erfahrung versteht: „So richte dein Angesicht auf die Religion [des Islam] im reinen Glauben, getreu der Natur, in welcher erschaffen hat Gott die Menschen!"[13], denn „Gott hat ja die Propheten beauftragt, zu den Menschen ihrem Verstand entsprechend zu

---

[9] Vgl. die Ausführung des Aristoteles a. a. O., ff.
[10] Vgl. die Passagen bei Platon, *Sophistes* 230 b 4 f. und *Politeia* 436 b 8 f. u. a.
[11] Vgl. Bernhard Uhde, *Erste Philosophie und menschliche Unfreiheit. Studien zur Geschichte der Ersten Philosophie.* Teil I. Wiesbaden 1976, S. 70 f.
[12] „Islam" als Hingabe des menschlichen Willens an Gott ist Prinzip aller Prinzipien menschlichen Handelns auf allen Gebieten, mithin *auch* Religion, nicht *nur* Religion: „insgesamt aber ein Habitus, der keinen Bereich auslässt" (Bernhard Uhde, „*Kein Zwang in der Religion" (Koran 2,256). Zum Problem von Gewaltpotential und Gewalt in den „monotheistischen" Weltreligionen*, in: Jahrbuch für Religionsphilosophie 2/2003, S. 85 f.).
[13] Koran 30, 30.

reden."[14] Und jeder menschliche Verstand ist – im Unterschied zu jenen Tieren, die taub und stumm sind[15] – von Natur aus auf Islam ausgerichtet[16], und wer den Islam für „Scherz und Spiel" hält, hat „keinen Verstand"[17]. Daher wird auch der Unbelehrte, der „Wilde von Natur aus", stets zum Islam finden, wie der berühmte Roman des Ibn Tufail „Hayy ibn Yaqzan"[18] schildert:

„Nachdem er die Beschaffenheit der Menschen kennengelernt und viele den unvernünftigen Tieren ähnlich gefunden hatte, sah er ein, dass alle Weisheit, Zurechtweisung und Besserung (deren die Menschen fähig wären) schon in dem begriffen sei, was die Gesandten vorgetragen und ihnen das Gesetz bekanntgemacht habe. Weiter sei nichts zu tun und dasselbe zu vermehren unmöglich; jede Pflicht finde Menschen, (die diese beobachten), und jeder sei zu dem besonders geschickt, wozu er geschaffen sein. *So habe Allah mit den bereits Verstorbenen verfahren; und darin finde keine Veränderung statt*[19]."[20]

---

[14] Muhammad al-Ġazzālī in Richard Gramlich, *Muḥammad al-Ġazzālīs Lehre von den Stufen zur Gottesliebe. Die Bücher 31–36 seines Hauptwerkes eingeleitet, übersetzt und kommentiert*. Wiesbaden 1984, S. 537.
[15] Vgl. Koran 8, 22.
[16] Vgl. Koran 30, 30: „So richte dein Angesicht auf die Religion [sc. des Islam] im reinen Glauben getreu der Natur, in welcher erschaffen Gott die Menschen!" (Übersetzung Ahmad Milad Karimi, in: Bernhard Uhde (Hrsg.), *Der Koran. Vollständig und neu übersetzt von Ahmad Milad Karimi. Mit einer Einführung herausgegeben von Bernhard Uhde*. Freiburg u. a. 2009. Daraus auch die folgenden Koranübersetzungen).
[17] Vgl. Koran 5, 58 u. a.
[18] Deutsch: Ibn Tufail, *Hajj ibn Jaqzan der Naturmensch. Ein philosophischer Robinson-Roman aus dem arabischen Mittelalter*. Aus dem Arabischen übersetzt von Johann Gottfried Eichhorn. Herausgegeben und kommentiert von Stefan Schreiner. Leipzig/Weimar 1983.
[19] *Kursivtext* Koran 48, 23: „So ist das Verfahren Gottes, wie es zuvor gewesen. Und nicht wirst Du eine Änderung finden im Verfahren Gottes."
[20] Ibn Tufail a. a. O. 118, S. 95.

Wenn auch der Koran das Nomen „ʿaql" – „Verstand" nicht verwendet, so wird doch die Verbform „ʿaqala" – „verstehen", „denken" neunundvierzig mal gebraucht, davon neunzehn mal in Verbindung mit Glauben.[21] Dies betrifft auch eine fundamentale systematische Selbstbestimmung des Islam, der sich als analytisch erweiterte Wiederherstellung der reinen Religion versteht, wie sie bereits als „Glauben Abrahams"[22] vorhanden war und sich durch weitere übereinstimmende Offenbarungen bestätigte: „Wir [sc. die Muslime] glauben an Gott und an das, was uns wurde herabgesandt, und was Abraham wurde herabgesandt, Ismael, Isaak, Jakob und den Stämmen, und was empfingen Mose und Jesus, und was empfingen die Propheten von ihrem Herrn. Nicht unterscheiden wir unter ihnen und Ihm [sc. Gott] sind wir ergeben."[23] So ist auch die Offenbarung, die Mose und Jesus erhielten, wahr – verfälscht aber durch die Anhänger der jeweiligen Propheten, also durch Juden einerseits und Christen andererseits: verstößt der Gedanke der Erwählung des Volkes Israel gegen die universale Heilszuwendung Gottes zu allen Menschen, so verstößt der Gedanke der Christologie gegen die Absolutheit Gottes. In beiden Fällen wird ein Selbstwiderspruch offenkundig: der universale Gott wendet sich nicht partikular den Menschen zu, der absolute Gott hat niemanden neben sich. Beides widerspricht dem Prinzip des Verstandes, widerspricht dem „Satz vom zu vermeidenden Widerspruch" und ergibt dadurch keine verständliche Erfahrung. Zur reinen Religion Abrahams ist daher zurückzukehren: „O ihr Leute der Schrift [sc. Juden und Christen], warum streitet ihr über Abraham, wo doch erst nach ihm wurden herabgesandt die Tora und das Evangelium? Habt ihr keinen Verstand? Siehe, ihr habt gestritten über et-

---

[21] Dazu Jacques Waardenburg, *Islam. Historical, Social, and Political Perspectives.* Berlin/New York 2002, S. 46 ff. (The Qur'anic Concept of Reason), bes. S. 48 f.
[22] Koran 2, 135.
[23] Koran 2, 136; 3, 84. Vgl. 4, 163 f., 6, 83 ff., 37, 75 ff. u. a.

was, wovon ihr habt Wissen. Warum aber streitet ihr über das, wovon ihr habt kein Wissen? Gott weiß, doch nicht ihr wisst. Abraham war nicht Jude noch Christ, sondern er war reinen Glaubens, ein Ergebener [Muslim] und nicht einer, der neben Gott Anderes stellt ..."[24]

Der Erwählungsgedanke des Judentums verstößt gegen die universale Heilszuwendung Gottes zu allen Menschen. Diese islamische Auffassung wird besonders deutlich bei der jeweiligen Schilderung des „Urvertrags". Im Judentum bezieht sich dieser zwischen Gott und den Menschen geschlossene Herrschaftsvertrag Gottes auf diejenigen, die die Tora annehmen: „‚Ich bin der Herr dein Gott' [Ex 20,2]. Rabbi Schim'on ben Jochai hat gesagt: Gott sprach zu den Israeliten: Gott bin ich über alle, die in die Welt kommen, aber meinen Namen habe ich nur mit euch vereint; ich heiße nicht der Gott der Völker der Welt, sondern der Gott Israels."[25] Dagegen ist der „Urvertrag" über die Herrschaft Gottes im Islam auf alle Menschen gleichermaßen bezogen, weshalb ja alle Menschen von Natur aus Muslime sind: „Und als dein Herr nahm aus den Kindern Adams, aus ihren Lenden, ihre Nachkommen und sie zeugen ließ gegen sich selbst: ‚Bin Ich nicht euer Herr?', sagten sie: ‚Ja, wir bezeugen es.'"[26]

Diese Stelle im Koran kann, wie viele andere Stellen, ja der gesamte Koran überhaupt, als Sprachbild verstanden werden: „Auch Abu s-Suʿūd al-ʿImādī (gest. 982/1574) erkannte in der Koranstelle einen bildlichen Ausdruck, der besagt: ‚Gott hat alle Menschen in der Urnatur (*fiṭra*) mit der Anlage geschaffen, Erkenntnis zu gewinnen aus den in der weiten Welt und

---

[24] Koran 3, 65 f.
[25] Exodus Rabba 29 (88d). Dazu Bernhard Uhde, *„ER unser Gott, ER Einer". Überlegungen zum Prinzip des Judentums*, in: Günter Biemer u. a. (Hrsg.), *Was Juden und Judentum für Christen bedeuten. Eine neue Verhältnisbesinnung zwischen Juden und Christen*. Freiburg/Basel/Wien 1984, S. 266 ff.
[26] Koran 7, 172. Dazu Richard Gramlich, *Der Urvertrag in der Koranauslegung (zu Sure 7, 172–173)*, in: Der Islam 60/2 (1983), S. 205 ff.

in ihnen selbst aufgerichteten, zum Einheitsbekenntnis und zum Islam führenden Beweisen, wie der Prophet gesagt hat in seinem Wort: Jeder, der geboren wird, wird in der Urnatur geboren'[27]. Im einzelnen: Gott gibt den Menschen die Fähigkeit, ihn als Herrn zu erkennen, indem er ihnen den Verstand und die überall sichtbaren Beweise gibt, und liefert sie dieser Erkenntnis aus und veranlasst sie damit, sich zu ihr zu bekennen, ‚ohne daß es da Vertragschluß und Bezeugenlassen und Frage und Antwort gäbe.'"[28]"[29]

Und dem entspricht der Auftrag Gottes an den Propheten Muhammad: „Sag: ‚O ihr Menschen, ich bin ein Gesandter Gottes für euch allesamt, Sein ist die Herrschaft der Himmel und der Erde. Kein Gott außer Ihm.'"[30] So wird durch den Islam der Selbstwiderspruch im Judentum getilgt.

Der Gedanke der Christologie, und in Folge der Gedanke der Trinität verstoßen gegen die absolute einzige Einheit Gottes, wie zahlreiche Koranstellen mahnen:

„O ihr Leute der Schrift, nicht übertreibt in eurer Religion und sagt nichts von Gott als die Wahrheit! Wahrlich, der Messias, Jesus, Sohn der Maria, ist der Gesandte Gottes und Sein Wort, das hat Er Maria entboten, und Geist von Ihm. So glaubt an Gott und Seine Gesandten! Und sagt nicht ‚Drei'! Hört auf, das ist besser für euch! Wahrlich, Gott ist Gott, der Eine. Preis Ihm! Dass Ihm sei ein Kind! Sein ist, was in den Himmeln und auf der Erde. Und Gott genügt als Sachwalter. Nicht wird es der Messias verschmähen, Diener Gottes zu sein …".[31]

---

[27] [Anmerkung R. Gramlich:] Berühmtes Prophetenwort mit zahlreichen Varianten. Wensinck, Concordance 5, 179–180, s.v. *fitra*.
[28] [Anmerkung R. Gramlich:] Abu s-Suʿūd 2, 429, 8–16.
[29] Gramlich, *Der Urvertrag in der Koranauslegung*, S. 219.
[30] Koran 7, 158.
[31] Koran 4, 171 f. Dazu Hans Zirker, *Islam. Theologische und gesellschaftliche Herausforderungen*. Düsseldorf 1993, S. 186 f. *(„Sagt nicht: Drei!" (Sure 4, 171) – Zur Faszination der Einzigkeit Gottes im Islam)*.

Dieser Gedankenführung sind zwei Elemente zu entnehmen. Christus trägt nicht vor, Gott zu sein, sondern er versteht sich als „Diener", so dass er – „Satz vom zu vermeidenden Widerspruch"! – nicht zugleich Herr sein kann, wie er im Koran selbst sagt: „Nichts sagte ich zu ihnen [sc. den Menschen], als was du mir befahlst: ‚Dient Gott, meinem Herrn und eurem Herrn!'"[32], und „Ich bin ein Diener Gottes. Gegeben hat Er mir die Schrift und mich bestimmt zum Propheten."[33] Sodann gebe der biblische Befund keinen Anhalt für die Göttlichkeit Jesu Christi. Und schließlich ist ein zweiter Gott auch vollkommen überflüssig in Anbetracht der Universalität und Absolutheit des Einen, dessen Wirkungen allenthalben zu erkennen sind.[34] So wird durch den Islam der Selbstwiderspruch im Christentum getilgt.

Nur der Islam also trägt widerspruchsfreie Wahrheit vor, eine Wahrheit, die jedem mit Verstand Beschenktem einsehbar ist.[35] So versteht sich der Islam auch als eine Religion, die für den natürlichen Verstand aller Menschen geoffenbart wurde. Gott spricht über sich im Koran und vermittelt eine verständliche, intensive Erfahrung, und er gibt im Propheten Muhammad und in den Propheten Vorbilder. Also in Menschen! Dies übersteigt nicht den natürlichen Verstand und dessen Erfahrungsmöglichkeiten, und dadurch ist auch die Ethik des Islam als menschliche Praxis nachvollziehbar, weil menschlich verstandesbegründet.

---

[32] Koran 5, 117.
[33] Koran 19, 30. Dazu Martin Bauschke, *Jesus als Beispiel der Gott-Mensch-Beziehung im Koran*, in: Hansjörg Schmid u. a. (Hrsg.), *Heil im Christentum und Islam. Erlösung oder Rechtleitung?* Stuttgart 2004, S. 101 ff.
[34] Vgl. die Ausführungen bei Muḥammad al-Ġazzālī in Gramlich a. a. O., S. 679.
[35] Dazu Bernhard Uhde, *„Denn Gott ist die Wahrheit" (Koran 22, 62). Notizen zum Verständnis von „Wahrheit" in der religiösen Welt des Islam*, in: Jahrbuch für Religionsphilosophie 4/2005. Frankfurt a. M. 2005, S. 83 ff.

2. Der Koran – Gegenwärtige Rede Gottes

Der Koran ist die immer gegenwärtige Rede Gottes, der ja selbst immer gegenwärtig ist.[1] So ist er vollkommen zeitlos wie sein wahrer Autor, Gott: „Und nicht wäre dieser Koran erdichtet worden ohne Gott"[2]. So wird der Koran nach langen Auseinandersetzungen vor allem mit der „rationalistischen" Schule der Muʿtazila[3] in der zur Tradition gewordenen Theologie maßgeblich der Schule der Aschʾariten (*Ašʿarīyūn*, nach Abū l-Ḥasan ʿAlī al-Ašʿarī, 874–935/936), nicht allein als Wort Gottes geglaubt, sondern auch als ungeschaffenes, praeexistentes Wort Gottes, wobei sich diese Tradition auf den Koran selbst beruft, denn es heißt dort in Selbstpraedikation: es ist „ein Koran, ein edler, in einer Schrift, einer wohlverwahrten, die berühren die Gereinigten nur, Herabsendung vom Herrn der Welten!"[4]. Er ist zeitlose reflektive Willenserklärung Gottes selbst und keine zweite ewige Wesenheit neben Gott. Dafür wird Gott selbst als Zeuge genommen: „Aber Gott bezeugt durch das, was Er dir herabgesandt, Er hat es mit Seinem Wissen herabgesandt … Gott genügt als Zeuge."[5] So ist die genannte Selbstpraedikation des Koran als Selbstzeugnis Gottes er-

---

[1] Die folgende Darstellung in III. 2. ist eine überarbeitete Fassung von Abschnitten der „Einführung" in den Koran, in: Bernhard Uhde (Hrsg.), *Der Koran. Vollständig und neu übersetzt von Ahmad Milad Karimi. Mit einer Einführung herausgegeben von Bernhard Uhde*. Freiburg u. a. 2009, S. 526 ff.
[2] Koran 10, 37.
[3] Zur frühen islamischen Theologie unverzichtbar das monumentale Werk: Josef van Ess, *Theologie und Gesellschaft im 2. und 3. Jahrhundert Hidschra. Eine Geschichte des religiösen Denkens im frühen Islam*. Bd. I–VI. Berlin 1991–1997.
[4] Koran 56, 77–80.
[5] Koran 4, 166.

klärt.[6] Mithin ist der Versuch eines Aufweises von Historizität dieses Textes im Sinne eines Geschaffenseins durch Gott, wie durch den gegenwärtig lebenden Muslim Nasr Hamid Abu Zaid[7], von dieser Tradition ebenso unterschieden wie quellenkritische Untersuchungen islamkundlicher Gelehrsamkeit, die den Text in seinem weltlichen historischen Entstehen und zeitgenössischen Verstehen erschließen und einordnen wollen.

Die immer gegenwärtige Rede des Koran trennt radikal den in arabischer Sprache vorliegenden Text des Koran von allen Übersetzungen. Der Koran ist „in der altarabischen Dichtersprache *(ʿarabīya)* gehalten, einer überregionalen, ausschließlich literarischem und formellem Gebrauch vorbehaltenen Hochsprache."[8] Mit dieser Sprache wächst ein gläubiger Muslim auf, auch wenn er diese Sprache nicht im Alltag verwendet oder ohnehin in anderer sprachlicher Umgebung lebt. So erwirbt sich der Muslim nicht nur von Kindesbeinen an eine durch keine Übersetzung zu erlangende sprachliche Feinfühligkeit für den Koran, sondern er verbindet mit der arabischen Wiedergabe dieses Korantextes eine Art von spirituellem Heimatgefühl, von begleitender Nähe über das gesamte Leben, und er verspürt auch die Gemeinsamkeit und Gemeinschaft aller Muslime, die durch dieses sprachliche Gemeinsame als einheitliche Gemeinschaft einander zugewandt sind. All diese Erfahrungen gehen mit Übersetzungen in einzelne andere Sprachen verloren. Verloren geht aber auch der unnachahmliche Eindruck, den der Vortragsstil des Koran – „und vorgetragen haben Wir

---

[6] Vgl. Bernhard Uhde, *„Denn Gott ist die Wahrheit" (Koran 22, 62)*, S. 83 ff.
[7] Vgl. Nasr Hamid Abu Zaid, *Gottes Menschenwort. Für ein humanistisches Verständnis des Korans*. Ausgewählt, übersetzt und mit einer Einleitung von Thomas Hildebrandt. Freiburg u. a. 2008. S. insbesondere S. 85 ff.
[8] Angelika Neuwirth, *Koran*, in: Hellmut Gätje (Hrsg.), *Grundriß der arabischen Philologie II*, Wiesbaden 1987, S. 113.

ihn im Vortragsstil"[9] als sprachliches und musikalisches Erlebnis, als Partitur gleichsam[10], erweckt. Dieser Eindruck wird durch rezitative, feststehende Wendungen, die sich wiederholen und Motive wiedervergegenwärtigen, verstärkt. Die Sprache des Koran ist kein Informationstransfer, keine formlose Mitteilung technischer Art, sondern ein Gesamtkunstwerk von Ästhetik und sprachlicher Wahrnehmung. Verständlich wird diese wichtige Beobachtung, wenn etwa eine Oper mit italienischem Text in deutscher Sprache gesungen wird: die Sprachmelodie ist nur auf Kosten der Textgenauigkeit ungefähr wiederzugeben. So muss der Koran in Wahrheit als unübersetzbar gelten, und alle Übersetzungen leisten nur ein Schattenwerk dessen, dessen Sonnenglanz nur im arabischen Original blendend hervortritt.

Unabhängig davon, ob der Koran als ungeschaffenes, ewiges Gotteswort geglaubt wird oder als Dokument aus dem Munde des Propheten, so bleibt doch, dass dieser Text kein „Lesetext" ist. Es ist ein Vortragstext, ein zu wiederholender – worin die Wortbedeutung von „Koran" anklingt („Das wiederholend Vorzutragende") –, und es war der Tradition nach schon dem Propheten selbst keineswegs freigestellt, in welcher Weise er den Text wiederholend vorträgt und intoniert. Er wiederholte genau Wortlaut und Art des Vortrags, wie er ihm durch den Erzengel Gabriel geoffenbart wurde, gleich einem Instrument, durch das hindurch die Verkündigung erfolgen sollte. Die Verschriftlichung des Textes erfolgte nicht sogleich; und auch nach dessen Niederschrift und Redaktion wird etwa ab dem 9. Jahrhundert die Kunst des Koranvortrags in Wortlaut und Intonation zu einem Studien- und Wissensgebiet, einem eigenen Fach *(„ʿilm al-taǧwīd", wörtlich: „das Wissen vom Schönmachen")*, um die Genauigkeit von Aussprache und Intonation zu regeln

---
[9] Koran 25, 32.
[10] Vgl. dazu Navid Kermani, *Gott ist schön*. München 1999, S. 197 ff.

und weiterzugeben. Dies nicht nur, um der Zeitlosigkeit des Gotteswortes über die Zeiten hinweg Ausdruck zu verleihen, sondern auch, um jenen Eindruck auf die Hörer zu wiederholen, den das so vorgetragene Wort des Koran von jeher auf seine Hörer machte. Das Hören dieses musikalischen Vortrags, wohl unterschieden von anderen musikalischen Darbietungen, erzielte der Überlieferung nach seit jeher eine enorme Wirkung auf die Hörer, was durch den Wundercharakter dieses unvergleichlichen Textes bewirkt wurde und wird: „Herabgesandt hat Gott die schönste Verkündung: Eine Schrift, eine sich gleichartig wiederholende, die erschauern lässt die Häute derer, die fürchten ihren Herrn."[11] Dieser Wundercharakter *("iʿğāz")* lässt sprachlos werden, starr werden vor Staunen, ja sogar zum Tode des derart ergriffenen Hörers kann es kommen.[12]

Und zur Bekehrung: vom späteren Kalifen Umar (geb. um 592, Kalif ab 634, ermordet 644) wird berichtet, er sei zunächst ein erbitterter Gegner des Propheten gewesen, und als ihm erzählt wird, seine Schwester habe den Islam angenommen und empfange einen Gläubigen, eilt er mit gezücktem Schwert zum Haus seiner Schwester. Von draußen hört er, wie Koran-Verse rezitiert werden: „‚Welch schöne und edle Worte!' rief er, und seine Augen füllten sich mit Tränen. Und wie Saulus aus Tarsus, der, vom Licht des Herrn geblendet, zu Boden stürzte und aufhörte, die Christen zu verfolgen, wurde auch Umar durch Gottes Eingreifen bekehrt: Nicht weil er Gott sah, sondern weil er ihn hörte."[13]

Schon allein aus diesen ästhetischen Gründen ist der Koran mit Büchern anderer Religionen, zumal mit der Tora des Judentums und den Evangelien des Christentums, nicht un-

---

[11] Koran 39,23.
[12] Vgl. Kermani, *Gott ist schön*, S. 15 ff.
[13] Reza Aslan, *Kein Gott ausser Gott. Der Glaube der Muslime von Muhammad bis zur Gegenwart*. Aus dem Englischen von Rita Seuß. München 2006, S. 176 f.

mittelbar zu vergleichen. Der Koran ist ein in vieler Hinsicht ganz anderer Text, sowohl von der Form wie vom Inhalt her. Während die Tora insofern scheidend unter die Menschen eingreift, als sie nach jüdischem Selbstverständnis nur dem Judentum geschenkt und verpflichtend ist, gilt die koranische Offenbarung allen Menschen; während die Evangelien die frohe Botschaft Jesu vom nahen Gottesreich und dem damit verbundenen barmherzigen Ausgleich der Gerechtigkeit künden und schließlich Christus selbst verkünden, regelt die koranische Offenbarung das Zusammenleben der Menschen in dieser Welt im Hinblick auf Gottes Gerechtigkeit und Barmherzigkeit. Der Koran ist das Grunddokument aller menschlicher Lebensführung, gleichsam ist er Prinzip aller Prinzipien menschlichen Handelns und Denkens: „Und herabgesandt haben Wir dir die Schrift als Erklärung aller Dinge, als Rechtleitung, Barmherzigkeit und frohe Kunde für die Ergebenen."[14] Und diese Rechtleitung ist er als wörtliche Sprache Gottes selbst, während die Evangelien etwa nicht in der Ursprache Jesu, sondern in Griechisch verfasst wurden, in menschlicher, wenn auch von Gott inspirierter Sprache.

Die wörtliche Sprache Gottes selbst, den Text des Koran, kann der Gläubige mit tiefer Bewegung erfahren, nicht aber alle Stellen des Textes unmittelbar verstehen. Während in den Evangelien die Botschaft Jesu eben nicht in dessen Ursprache wiedergegeben und Jesus als auferstandener Christus nicht in der Sprache seines Landes verkündet wird, indem sich die Texte auch in der Sprache adressatenbezogen an Menschen richten, ist der Text des Koran wörtliche Rede Gottes über seinen eigenen Willen und sein eigenes Wirken, nicht aber über sein eigenes Wesen. So sind die Worte Gottes, eben weil sie Worte Gottes sind, dem Menschen nicht immer unmittelbar verständlich, denn Gott ist

---

[14] Koran 16, 89.

es, „der herabgesandt auf dich die Schrift, in ihr sind eindeutig klare Zeichen – sie sind die Mutter der Schrift – und andere, mehrdeutige. Diejenigen, die abweichen in ihrem Herzen, folgen dem, was in ihr mehrdeutig, im Streben nach Zwietracht und nach Deutung. Doch ihre Deutung weiß keiner als Gott und diejenigen, die im Wissen tief gegründet, sagen: Wir glauben daran. Alles hat seinen Ursprung bei unserem Herrn."[15] Daher bleiben viele Verse des Koran – wenn nicht der gesamte Koran – menschlichem eindeutigem Verstehen verschlossen.

Viele Verse des Koran sind nur einem vorläufigen Verständnis und in sprachbildlichen Analogien zu verstehen, also anagogisch-analog. Ein berühmtes Beispiel dafür ist der Vers 35 der Sure 24 „Das Licht", der kaum übersetzbar ist: „Gott ist das Licht der Himmel und der Erde. Das Gleichnis von Seinem Lichte: Eine Nische, in der eine Leuchte. Die Leuchte in einem Glas. Das Glas gleicht einem Stern, einem funkelnden. Angezündet von einem Baum, einem gesegneten, einem Ölbaum, nicht östlich und nicht westlich, dessen Öl leuchtet beinahe, ohne dass es berührt hätte das Feuer. Licht über Licht. Gott leitet zu Seinem Licht, wen Er will. Und Gott prägt Gleichnisse."[16] Hier wird deutlich, dass manche Ausdrucksweise des Koran ohnehin vergleichenden Charakter hat, um sich den Menschen dasjenige verständlich erfahrbar zu machen, was wiederholt zu hören ist.

Dies wird ganz deutlich bei dem wortwörtlich geoffenbarten Text des Koran, dessen Autor Gott selbst ist: seiner unübertrefflichen Barmherzigkeit wegen schenkt Gott selbst, der Grenzüberschreitung zu menschlichem Vorstellen liebend entgegenkommend, Sprachbilder und Gleichnisse und Vergleiche: „Er [Gott] sendet herab vom Himmel Wasser, damit die Täler fließen nach ihrem Maß, und die Flut

---

[15] Koran 3, 7.
[16] Vgl. dazu Kermani, *Gott ist schön*, S. 122 ff.

trägt Schaum auf der Oberfläche. Und worüber man Feuer entfacht, um Schmuck und Gerät zu gewinnen, aus dem tritt ein ähnlicher Schaum hervor. So trennt Gott das Wahre und das Nichtige voneinander. Doch der Schaum, er vergeht nutzlos. Was aber den Menschen nützt, bleibt auf der Erde. Und so prägt Gott die Gleichnisse."[17] Und dies „sind gewiss Zeichen für Leute, die nachdenken"[18] und als Mahnung: „Und wahrlich, geprägt haben Wir den Menschen in diesem Koran Gleichnisse, damit sie sich vielleicht ermahnen lassen!"[19] Selbst für den reinen Glauben an die Einheit Gottes[20], den reinen Monotheismus, gibt Gott selbst eine Verständnishilfe: „Es prägt Gott ein Gleichnis von einem Mann, der mehreren Partnern gehört, die miteinander im Widerstreit, und einem Mann, der einem einzigen Mann gehört. Gleichen sie etwa einander?"[21]

Die Gleichnisse geben die Möglichkeit, die Deutung des Inhalts an die jeweilige Zeit anzupassen, den Koran als gegenwärtige Rede Gottes zu erkennen. Dies setzt aber auch Vorkenntnisse voraus. So ist es von größter Bedeutung, ob und welche Vorkenntnisse bei der Zuwendung zum Koran vorhanden sind: Vorkenntnisse des Islam, Vorkenntnisse der arabischen Sprache, Vorkenntnisse hinsichtlich der im Koran genannten Religionen – insbesondere von Judentum und Christentum –, Vorkenntnisse der vorislamischen arabischen Kultur. Keinesfalls ist der Koran als eine Einführung in den Islam zu nehmen, keinesfalls Übersetzungen als Äquivalent für den Urtext, schwer nur ist die koranische Kritik an Judentum und Christentum ohne Kenntnis der Prinzipien

---

[17] Koran 13, 17. Vgl. dazu bereits Frants Buhl, *Über Vergleichungen und Gleichnisse im Qurʾān*, in: Rudi Paret (Hrsg.), *Der Koran*. Darmstadt 1975, S. 75ff. (erstmals in: Acta Orientalia 2 (1924), S. 1ff.).
[18] Koran 39, 42.
[19] Koran 39, 27. Vgl . Koran 24, 35 u. a. Vgl. dazu auch Jesu Rede über den Sinn der Gleichnisse: Matthäus 13, 10 f.
[20] Vgl. Koran 112.
[21] Koran 39, 29. Vgl. Koran 30, 28.

der drei Religionen einzuschätzen, gar nicht einzuschätzen[22] sind die sehr großen religiösen und sozialen Umbrüche, die der Koran und mithin die Botschaft, die, muslimisch gedacht, durch den Propheten erging, ohne Vorkenntnis der vorislamischen, „altarabischen" Welt.[23] Der Koran bewahrt dabei seine Einzigartigkeit, indem er sich nicht unmittelbar zugänglich erschließt, jedoch dem Verstand sich öffnet und vor allem der spirituellen Erfahrung, die Rede Gottes selbst in der Gegenwart hören zu können.

---

[22] Beispiel für eine solche Fehleinschätzung sind die Worte des byzantinischen Kaisers Manuel II. Palaiologos, die Papst Benedikt XVI. in seiner „Regensburger Rede" vom 12. September 2006 zitiert hat.
[23] Eine übersichtliche, zuverlässige Kenntnis vermittelt Hartmut Bobzin, *Mohammed*. München 2000. Als „Klassiker" keineswegs überholt: Frants Buhl, *Das Leben Muhammeds*. Deutsch von Hans Heinrich Schrader. 3. A. Heidelberg 1961.

3. Gott der Eine – Und nicht gleich ist Ihm einer!

„Sag: ‚Er ist Gott, der Eine. Gott, der Vollkommene. Nicht hat Er gezeugt und nicht ist Er gezeugt. Und nicht gleich ist Ihm einer!'"[1]

Die Sure 112 des Koran fasst den zentralen Glaubensinhalt des Islam in wenige genaue und sehr schöne Worte. Sie beginnt mit „Sag" – nicht mit „Verstehe", denn den reinen Gottesglauben kann der Mensch nur aussagen, nicht aber verstehen, ist Gott doch größer als alle menschlichen Verstandesmöglichkeiten, weit erhaben über menschliches Denken. Verstehen aber kann der Mensch die offenkundigen Zeichen und Hinweise auf die Notwendigkeit, in Denken und Glauben die Existenz Gottes vorauszusetzen, wie sie ihm ja auch in der erfahrenen Wirkweise Gottes verständlich begegnet: „Wir werden sie sehen lassen Unsere Zeichen an den Horizonten und an ihnen selbst, damit ihnen klar werde, dass es die Wahrheit."[2] Er, Gott, ist „der Eine Gott, der Vollkommene". Wieder kann dies nur, das sich selbst bezeugende Gotteswort wiederholend, gesagt werden,[3] heißt es doch im Koran: „Gott bezeugt: Wahrlich, kein Gott außer Ihm ...".[4] Weder Gottes Einheit noch seine Vollkommenheit sind für den menschlichen Verstand begreifbar außer als Voraussetzung von Vielheit und Maßstab für Unvollkommenheit.[5] Und im Abstoß von christ-

---

[1] Koran 112, 1–4.
[2] Koran 41, 53.
[3] Vgl. dazu Richard Gramlich, *Der eine Gott. Grundzüge der Mystik des islamischen Monotheismus*. Wiesbaden 1998, S. 30 f.
[4] Koran 3, 18.
[5] Vgl. oben S. 108 f. die Ausführungen über Plotin, dessen philosophischer Einfluss die Theologie des Islam durchaus geprägt hat.

licher Lehre und christlichem Glauben wird diese Einheit Gottes nochmals ganz deutlich: „Nicht hat er gezeugt und nicht ist Er gezeugt."

Die Einheit Gottes kann nicht in eine „gezeugte" Person übergehen, ohne zerstört zu werden. Dies ist nicht nur in Anbetracht des „Satzes vom zu vermeidenden Widerspruch" undenkbar, sondern auch der Barmherzigkeit Gottes wegen. Gott der Allmächtige unterliegt keinesfalls einem philosophischen Prinzip, er kann mithin zeugen, was und wie er will, er kann sich beliebig inkarnieren. Dies aber geschieht nicht, weil eine solche Selbstoffenbarung Gottes dem menschlichen Verstand unglaublich und undenkbar wäre, also unbarmherzig, ja sinnlos.[6] Denn: „Und nicht gleich ist Ihm einer!", sonst wäre Er nicht Einheit, nicht Vollkommener, nicht Gott.

Dies bezeugt der Koran selbst an vielen Stellen, und der Koran bezeugt auch, dass Jesus sich als Prophet verstand, was wiederum dem Verstandeswissen Jesu, dem biblischen Befund und der dem Verstandeswissen verpflichteten islamischen Theologie entspricht. Das bereits in der Offenbarung des Koran angelegte Verstandesprinzip der Vermeidung des Selbstwiderspruchs wird innerhalb der islamischen Theologie konsequent angewendet. Die Schrift des großen Theologen Muḥammad al-Ġazzālī „Wider die Gottheit Jesu"[7] zeigt dies deutlich, wenn Ġazzālī die beiden Prinzipien nennt, die er bei der Betrachtung der Schrift des Christentums, dem Evangelium des Johannes, anwenden will:

„1. Die vorhandenen Texte sind im Wortsinn zu nehmen, wenn sie verständlich sind. Wenn sie aber zum menschlichen Denken in Widerspruch stehen, müssen sie interpretiert werden. Wenn man zur Überzeugung gelangt,

---
[6] Vgl. oben S. 129 f.
[7] Franz-Elmar Wilms, *Al-Ghazālīs Schrift wider die Gottheit Jesu*. Leiden 1966.

daß ihr eigentlicher Sinn nicht gemeint ist, muß man ihren metaphorischen Sinn[8] zu erreichen suchen.

2. Wenn die Beweise sich widersprechen und einer für und ein anderer gegen ein Urteil spricht, dann dürfen wir diesen Widerspruch nicht stehen lassen, bevor wir nicht selbst davon überzeugt sind, daß es unmöglich ist, sie auf einen Nenner zu bringen und sie miteinander in Einklang zu bringen."[9]

Die Vermeidung des Selbstwiderspruchs ist ein Prinzip der koranischen Offenbarung, ein Prinzip der islamischen Theologie. So weist der Theologe Ġazzālī auf die Unstimmigkeiten hin, die sich aus der Annahme einer Gottheit Jesu ergeben.[10] Daher sind auch Worte der Schrift wie „Ich und der Vater sind eins"[11] nicht wörtlich, sondern metaphorisch zu verstehen:

„Dieser Text spricht zu unseren Gunsten in unserer Behandlung des Problems der Vereinigung [von Christus und Gott]. Der Beweis dafür ist folgender Sachverhalt: Die Juden sprechen ihm das Wort ‚Ich und der Vater sind eins!' ab – und damit ist das eigentliche Problem der Einigung gemeint –, und sie waren der Meinung, daß er mit diesem Wort den Wortsinn meinte, und er demnach wirklich Gott wäre. Er aber, über ihn sei Friede, widerspricht der Aussage der Juden und erklärt, daß der Satz metaphorisch gemeint ist."[12]

Während der Koran die für den menschlichen Verstand nicht fassbare Selbstwidersprüchlichkeit der Rede von der

---

[8] Ġazzālī verwendet hier ein Wort der islamischen Exegese („bāṭin" – der „verborgene", „innere" Sinn).
[9] Wilms, a. a. O., S. 59 f.
[10] Vgl. Wilms, a. a. O., S. 60 f.
[11] Johannes 10, 30.
[12] Wilms, a. a. O., S. 61 f.

Gottheit Jesu als logische Unmöglichkeit vorstellt, fügt Ġazzālī den biblischen Befund hinzu: auch aus der Schrift der Christen selbst kann die Gottheit Jesu nicht ohne Selbstwiderspruch entnommen werden. Und daher greift er nochmals den logischen Widerspruch gemäß dem „Satz vom zu vermeidenden Widerspruch" auf, mit aller Deutlichkeit:

„Wenn Gott sich mit der menschlichen Natur vereinigte, dann gehörte diese Vereinigung als Attribut zu seinem Wesen. Gott ist über so etwas erhaben.

Nimmt man also die Existenz dieses Wesens [sc. des Gottmenschen] an, dann sagt man damit, daß es sich als drittes Wesen sowohl von der Gottheit als auch von der Menschheit unterscheidet. Trotzdem soll es aber mit allen Wesenseigenschaften und allen daraus folgenden Eigenschaften dieser beiden Wesen beschrieben werden, also mit Eigenschaften des Menschen, die ihn zum Menschen machen, und mit den Eigenschaften Gottes, die ihn zu Gott machen. Das ist aber Unsinn, den niemand beweisen will.

Unser Beweis (dafür) lautet: Man kann einem Ding nur eine solche Eigenschaft zuschreiben, die tatsächlich an diesem Ding möglich ist. Wenn man sich das vor Augen hält, ist es unmöglich, daß in diesem Wesen die Wesenseigenschaften der göttlichen und der menschlichen Natur zusammenpassen. Denn alle Wesenseigenschaften, durch die Gott Gott ist, und die ihn von allen anderen Wesen unterscheiden, würden, wann man sie auch dem dritten Wesen zuspricht, bewirken, daß diese Substanz gleich Gott wird. Entsprechendes läßt sich (ebenfalls) für die menschliche Natur durchführen, denn das dritte Wesen hat ja alle Wesenseigenschaften dieser beiden Naturen. Demnach wäre durch die erwähnte Zusammenstellung das dritte Wesen zugleich Gott und Mensch. Denn, wenn der Unterschied [zwischen Gott und Mensch] feststeht, und der Fall so liegt, ergibt sich daraus die Behauptung, daß einem Wesen mit allen Wesenseigenschaften des Menschen dennoch ein vom Wesen des Menschen verschiedenes Wesen zugesprochen wird. Und das ist offensichtlich unzulässig ....Wenn wir dies überlegen, bleibt (das dritte Wesen) in sich widersprüchlich."[13]

Ġazzālī will herausarbeiten, dass Jesus diesem „dritten Wesen" gleichen müsste, wäre er denn Gott und Mensch; es ergäbe sich nicht nur im biblischen Befund, dass Jesus sich nicht für Gott ausgab, was dem koranischen Befund entspricht[14], sondern auch aus der Verstandeslogik. Und schließlich bleibt noch der islamische Gedanke, dass es selbstwidersprüchlich sei, wenn der ohnehin universale und anwesende Gott, der keineswegs nur „transzendent"[15] verstanden wird[16], sich in einen menschlichen Körper begeben würde. Die Fülle der Selbstwidersprüche, nimmt man den „Satz vom zu vermeidenden Widerspruch" als oberstes Verstandesprinzip, macht deutlich, dass die Christologie nicht diesem Verstandeswissen des natürlichen Menschenverstandes entspricht. Eben dieser Menschenverstand ist aber von Gott – wie alles von Gott Gegebene – mit Bedacht und Ernst gegeben: „Und nicht erschaffen haben Wir die Himmel und die Erde du was zwischen beiden, zum Spiel."[17] Und eben auch nicht zum Spiel der Gedanken, die einen Weg suchen, die christliche Theologie zu begründen.

Gott ist Einer.[18] Und unbegrenzt, unendlich. Wie kann dann neben ihm Anderes existieren, Bestand haben? Das

---

[13] Wilms, a. a. O., S. 83.
[14] Vgl. Koran 5, 116 ff.
[15] Vgl. Papst Benedikt XVI., „Regensburger Rede" vom 12. September 2006 (Bezugnahme auf Ibn Hazm).
[16] Vgl. die diesbezüglichen Bemerkungen der 38 islamischen Gelehrten in ihrem „Offenen Brief an Seine Heiligkeit Papst Benedikt XVI", veröffentlicht am 12. Oktober 2006.
[17] Koran 44, 38.
[18] Vgl. dazu Richard Gramlich, *Der reine Gottesglaube. Das Wort des*

reine Einheitsbekenntnis sieht nur Gott, der Blick richtet sich nur auf Gott:

> „Dieser Blick lässt dich mit Bestimmtheit erkennen, dass Gott der Dankende ist und der, dem gedankt wird, und dass er der Liebende ist und der, der geliebt wird. Das ist der Blick derer, die erkannt haben, dass nichts im Dasein ist außer ihm und dass *alles dem Untergang geweiht ist, nur er nicht* (Sure 28, 88), und dass dies unter allen Umständen schon immer Wahrheit war und immer sein wird. Denn das Nichtgöttliche ist das, wovon man sich vorstellt, es habe in sich selbst Bestand. Und ein solches Nichtgöttliches gibt es nicht, ja kann es nicht geben, da das wirklich Seiende das ist, was in sich selbst Bestand hat. Was aber in sich keinen Bestand hat, hat in sich kein Sein, sondern es hat Bestand in etwas anderem und ist daher durch etwas anderes seiend. Wenn man daher sein Wesen in Betracht zieht und nichts anderes berücksichtigt, hat es überhaupt kein Sein. Das Seiende ist das, was in sich selbst besteht, und das in sich selbst Bestehende ist das, was auch unter der Voraussetzung des Nichtseins von anderem seiend bliebe. Und wenn außer seinem Bestehen in sich selbst noch das Sein eines anderen durch es besteht, ist es schlechthin beständig (*qayyūm*). Schlechthin beständig ist aber nur ein einziger, und es ist nicht denkbar, daß er nicht ein einziger ist. Folglich gibt es im Sein nichts außer dem Lebendigen, schlechthin Beständigen (Sure 2, 25; 3, 2; 20, 111), und dieser ist der Eine, in sich Ruhende."[19]

Einheitsbekenntnisses. Aḥmad al-Ġazzālīs Schrift At-Taǧrīd fī kalimat at-tawḥīd. Eingeleitet, übersetzt und kommentiert. Wiesbaden 1983.
[19] Muḥammad al-Ġazzālī in Gramlich, *Muḥammad al-Ġazzālīs Lehre von den Stufen zur Gottesliebe*, S. 189.

So gibt es nichts neben Gott, und etwas neben ihn zu stellen oder gar darüber ist schwere Sünde, denn in Wahrheit gibt es nichts außer Gott und schon gar nicht eine andere Gottheit: „Wisse: Wahrlich, kein Gott außer Gott!"[20] Einheit ist sein Zeichen, „Anderes neben Ihn zu stellen" ein Akt, der entweder den eigenen menschlichen Willen oder andere Gottheiten neben Gott stellt. Dieser Akt des „Anderes-neben-Gott-Stellens" (*širk*) gilt als die schwerste Sünde des Gläubigen,[21] verstößt dies doch gegen die einzige unvergleichliche Einheit Gottes und seinen einheitlichen Willen. So ist Einheit auch das Zeichen des Koran, indem er widerspruchsfrei ist[22], Einheit das Zeichen der Gemeinde.[23] Nochmals: dies zu verstehen ist einfach. Und so erscheinen alle Menschen von Natur aus Muslime, indem sie Selbstwidersprüche ihrem Verstand gemäß vermeiden, und sie sind dem Islam zugetan, es sei denn, sie wollten gegen bessere Einsicht ihren Willen oder andere Gottheiten diesseitiger Ziele wegen neben oder über Gott stellen. Wer so lebt, ist nicht, wie oft missverständlich gesagt und übersetzt wird, einfachhin „Ungläubiger", nicht glaubend (*lā yūminūn*), sondern „Leugner" (*kāfir*), der, nachdem er bereits geglaubt hatte oder hätte glauben können, weil er die koranische Offenbarung gehört und die Wahrheit der Religion eingesehen hatte,[24] wieder zum Diesseitigen zurückkehrt, anstatt alles andere zurückzustellen und sich dem „Abmühen" auf dem Wege Gottes (*ğihād*)[25] hinzugeben – es wäre besser, denn dann erfreute er sich der Nähe Gottes[26], der näher ist als die Halsschlagader.[27]

---

[20] Koran 47, 19 und eine Vielzahl von ähnlichen Stellen.
[21] Vgl. Koran 4, 116 u. ö.
[22] Vgl. Koran 4, 82.
[23] Vgl. Koran 21, 92.
[24] Vgl. Koran 3, 90; 4, 137 u. ö.
[25] Vgl. vor allem Koran 9, 24.
[26] Vgl. Koran 2, 186 u. ö.
[27] Vgl. Koran 50, 16.

4. Das Menschenleben – Nachahmung des/der Propheten

Der Eine Gott wendet sich in Liebe zu den Menschen, damit sie ihn lieben können.[1] Höchster Ausdruck dieser Liebe ist die Herabsendung des Koran, aber auch die Berufung von Propheten, zumal des Propheten Muhammad als Vorbilder für die Menschen. Vorbilder, die nachzuahmen sind in ihrer Gottesliebe, im Gehorsam gegenüber Gott, in der Zuwendung zu den Mitmenschen. So ist die „Nachahmung der Propheten" oder „des Propheten" Grundlage der Ethik: „Wahrlich, ihr habt an dem Gesandten Gottes ein Vorbild, ein schönes ..."[2]

Der Rechtsgelehrte aš-Šāfiʿī (767–820) führt in seinem Werk „Risāla" („Sendschreiben") aus:

„Gott hat seinen Gesandten im Hinblick auf die Religion, die Verpflichtungen und Offenbarungsschrift an den Platz gesetzt, den er folgendermaßen klargelegt hat: Gott hat den Gesandten zum Kennzeichen seiner Religion gemacht, indem er den Gehorsam ihm gegenüber als Pflicht auferlegte und Ungehorsam gegen ihn verbot. Er hat seine Tugenden dargelegt, indem er den Glauben an den Gesandten mit dem Glauben an Gott selbst verbunden hat. So hat Gott, gewaltig ist sein Ruhm, gesagt: Darum glaubt an Gott und seine(n) Gesandten ... [...] So hat er [Gott] als das Vollkommene des Glaubensanfangs, dem alles andere folgt, den Glauben an Gott bestimmt, und darauf dann den Glauben an den Gesandten Gottes zusammen damit. Denn wenn ein Mensch an Gott glaubt und nicht an seinen Gesandten, kommt ihm niemals die Vollkommenheit des Glaubens zu, bis er zu-

---

[1] Vgl. Koran 5, 54.
[2] Koran 33, 21.

gleich an den Gesandten Gottes glaubt. So machte dies auch Gottes Gesandter bei dem, dessen Glauben er prüfte, zur Sunna:"³

Die „Sunna", der „Brauch", ist die festgelegte Handlungsweise der Muslime. Die Regeln der Sunna ergeben sich vor allem aus den Worten und Taten des Propheten, „Hadith", „Überlieferung" genannt, gemäß dem koranischen Wort an den Propheten: „Sag: ‚Wenn ihr liebt Gott, dann folgt mir, damit euch liebt Gott und euch vergibt eure Vergehen. Gott ist der unübertrefflich Vergebende, der Barmherzige. Sag: ‚Gehorcht Gott und dem Gesandten!'"⁴ Der Gesandte Gottes, Muhammad, kündet ohne Unterschied zu den Gesandten und Propheten vor ihm, vor allen Abraham, Mose und Jesus, die „Rechtleitung" für alle Menschen: „Nicht unterscheiden wir unter ihnen."⁵ Diese Gesandten sind Menschen, nichts weiter – auch Jesus ist Mensch. Gerade deshalb sind sie geeignet, Vorbild für Menschen zu sein, indem sie zeigen, wie sehr ein Mensch Gott lieben kann.

Die Hauptregeln der Sunna des Propheten, die alle Muslime befolgen sollen, sind in einer schönen Erzählung überliefert, die sich in der wichtigen Hadith-Sammlung des Autors Muslim (817–875) findet:

„Umar b. al-Chattab⁶ hat gesagt: Eines Tages, während wir bei Gottes Gesandtem (Segen und Frieden Gottes auf ihm) saßen, da kam plötzlich ein Mann zu uns mit sehr hellen Kleidern und mit sehr schwarzem Haar. An ihm war keine Spur der Reise zu sehen, und von uns kannte ihn keiner. Schließlich setzte er sich zum Propheten (Segen und

---

³ Šāfiʿī, *Risāla*, Übersetzung A. D. von Denffer, in: Bernhard Uhde (Hrsg.), *Die Bibel und die Religionen. Religionsgeschichtliche Quellentexte* (Die Bibel Bd. 8). Salzburg 1979, S. 4059 f.
⁴ Koran 3, 31 f.
⁵ Koran 2, 136.
⁶ Der spätere Kalif ʿUmar b. al-Ḫaṭṭāb, vgl. oben S. 139.

Frieden Gottes auf ihm) und lehnte seine Knie gegen seine Knie und legte seine Handflächen auf seine Oberschenkel und sagte: ‚O Muhammad, unterrichte mich über den Islam!' Da sagte Gottes Gesandter (Segen und Frieden Gottes auf ihm): ‚Islam hat zum Inhalt, daß man bezeugt, daß keine Gottheit außer Gott ist und Muhammad der Gesandte Gottes ist, daß man das Gebet verrichtet, Almosensteuer zahlt, das Ramadanfasten beachtet und die Pilgerfahrt durchführt, wenn man bemittelt genug ist, die Reise zu zahlen.' Er sagte: ‚Du hast recht gesprochen.' Und wir waren erstaunt darüber, daß er ihn befragte und ihm zustimmte. Er sagte: ‚Nun unterrichte mich über den Iman (den Glauben).' Er sagte: ‚Daß man den Glauben an Gott bekennt, an seine Engel, seine Bücher, seine Gesandten, das Jüngste Gericht und die Göttliche Bestimmung zu Gut und Schlecht.' Er sagte: ‚Du hast recht gesprochen.' Er sagte: ‚Nun unterrichte mich über Ihsan (das Tun des Guten).' Er sagte: ‚Das ist, daß man Gott dient, als ob man ihn sieht, und wenn man ihn auch nicht sieht, so sieht er dich doch.' Er sagte: ‚Nun unterrichte mich über die Stunde des Weltendes.' Er sagte: ‚Darüber weiß der Befragte nicht mehr als der Fragende weiß.' Er sagte: ‚Dann unterrichte mich über ihre Anzeichen.' Er sagte: ‚Diese sind, daß die Magd ihre Herrin zur Welt bringt, und daß man sieht, daß die Barfüßigen, die Nackten, die unversorgten Armen, die Schafhirten anmaßend im Bauen von Gebäuden sind.' Danach entfernte er sich, und ich blieb eine lange Weile wartend. Dann sagte er zu mir: ‚O Umar, weißt du, wer der Fragende war?' Ich sagte: ‚Gott und sein Gesandter wissen es am besten.' Er sagte: ‚Es war Gabriel, der zu euch gekommen ist, und er lehrte euch euren Glauben.'"[7]

---

[7] Muslim, *Ṣaḥīḥ*, Übersetzung A. D. von Denffer, in: Bernhard Uhde (Hrsg.), *Die Bibel und die Religionen. Religionsgeschichtliche Quellentexte*, S. 4013.

So sind die Glaubensinhalte, wie sie der Prophet Muhammad von Gott erhielt, durch Gabriel vor den bezeugenden Prophetengenossen bestätigt. Das Haus des „Islam", der liebenden Ergebung in den Willen Gottes, wird von fünf „Säulen" oder „Pfeilern" getragen. Diese fünf „Pfeiler" des Islam lassen eine Systematik erkennen. Zunächst die Bekenntnisformel „Keine Gottheit außer Gott und Muhammad ist der Gesandte Gottes", die kein „Glaubensbekenntnis" ist, sondern ein „Zeugnis" (*aš-šahāda*) im Sinne einer Formel. Sie nennt die wichtigsten und höchsten Bezugspunkte des glaubenden Menschen: Gott und den das Gotteswort vermittelnden Propheten. Ihres melodischen Klanges in der arabischen Sprache wegen – „*lā ilāha illā llāh Muḥammad rasūl allāh*" – ist diese Formel auch für meditative Übungen, zumal der Übung des „Gottgedenkens" (*dhikr*)[8] sehr beliebt. Sodann folgt als zweiter „Pfeiler" das Ritualgebet, das dem Bezug zu Gott Inhalt gibt. Der dritte „Pfeiler" nennt die richtige Beziehung der Menschen untereinander, hilfreich zu sein durch Almosen und Barmherzigkeit. Der vierte „Pfeiler" versammelt und vereint die Glaubenden temporal, indem sie zu derselben Zeit dasselbe tun: Fasten im Monat Ramadan. Der fünfte „Pfeiler" versammelt und vereint die Glaubenden lokal, indem sie zur selben Zeit an demselben Ort sind: die Pilgerfahrt nach Mekka. So tragen diese „Pfeiler" alle Dimensionen des Lebens des Gläubigen, und alle anderen menschlichen Dimensionen werden von diesen getragen.

Diese Glaubensinhalte und Handlungsanweisungen sind Inhalt des Islam, der „Rechtleitung" für alle Menschen. Es ist erkennbar, dass diese Regeln menschliches Zusammenleben vorzüglich begründen und begleiten können. Aber der Glaube an „die göttliche Bestimmung zu Gut und Schlecht"?

---

[8] Vgl. Koran 33, 41: „O ihr, die ihr glaubt, gedenkt Gottes in vielem Gedenken".

Es ist ja Gott selbst, der in seiner Allmacht auch die Menschen führt: „Gott lässt abgleiten, wen Er will, und Er leitet recht, wen Er will. Und Er ist der unübertrefflich Erhabene, der Weise."[9] Ein deutliches Bild von dieser Führung zeichnet Muḥammad al-Ġazzālī:

„Du gleichst eigentlich einem Knaben, der am Abend dem Spiel eines Gauklers zuschaut, der Figuren hinter einem Vorhang hervorkommen läßt, die tanzen und schreien und aufstehen und hinsitzen. Sie bestehen aus Lumpen, die sich nicht von selbst bewegen. Vielmehr werden sie von feinen Haarfäden bewegt, die man im Dunkel der Nacht nicht sehen kann. Ihre Enden hat der Gaukler in der Hand. Doch dieser ist vor den Augen der Knaben verborgen. So haben sie ihre Freude und staunen, weil sie glauben, jene Lumpen tanzten und spielten und stünden auf und setzten sich. Die Einsichtigen wissen jedoch, daß das ein Bewegtwerden ist, kein Sichbewegen. Manchmal aber kennen sie davon keine Einzelheiten, und auch wer gewisse Einzelheiten kennt, weiß darüber nicht so Bescheid wie der Gaukler, dem die Sache obliegt und der die Fäden in den Händen hat. Ebenso ist es um die Knaben unter den Leuten des Diesseits bestellt. Alle Menschen, die Religionsgelehrten ausgenommen, sind Knaben, die auf die Personen hier schauen und glauben, sie seien es, die sich bewegen, und daher die Macht auf sie übertragen. Die Religionsgelehrten wissen, daß sie bewegt werden, nur wissen sie nicht wie. Sie sind in der Mehrzahl. Die Erkenner hingegen und *die (im Wissen) fest gegründeten* (Sure 3, 7; 4, 162) Gelehrten nehmen mit ihren scharfen Augen feine Fäden wahr, wie von Spinnen, ja noch viel feiner, die vom Himmel herabhängen und deren Enden an den einzelnen Er-

---

[9] Koran 14, 4.

denbewohnern festgemacht sind, Fäden, die ob ihrer Feinheit nicht mit diesen äußeren Augen wahrgenommen werden können. Sodann erblicken sie die Anfänge dieser Fäden an ihren Aufhängepunkten, an denen sie befestigt sind, und sie sehen, daß diese Aufhängpunkte Griffe haben, die sich in den Händen der die Himmel bewegenden Engel befinden, und zudem sehen sie, wie die Blicke der Himmelsengel den Trägern des Gottesthrones zugewandt sind, indes sie von ihnen die Befehle erwarten, die vom Hof der Gottesherrlichkeit auf sie herabkommen, um sich Gott in dem, was er ihnen befiehlt, nicht zu widersetzen und zu tun, was sie geheißen sind. Diese Weisen des Schauens kommen im Koran zum Ausdruck, wo es heißt: *Und im Himmel habt ihr euren Unterhalt und (all) das, was euch versprochen wird* (Sure 51, 22). Und das Warten der Himmelsengel auf die Bestimmungen und Befehle, die auf sie herabkommen, kommt zum Ausdruck, da es heißt: *Er hat die sieben Himmel geschaffen und von der Erde ebensoviel, wobei der Befehl zwischen ihnen herabkam. Ihr sollt ja doch wissen, daß Gott zu allem die Macht hat und daß er mit (seinem) Wissen alles erfaßt hat* (Sure 65, 12). Diese Dinge wissen nur Gott und *die im Wissen fest Gegründeten* (Sure 3, 7; 4, 162) zu deuten."[10]

Wie kann dies sein? Wenn Gott alles bestimmt, wie kann dann bei den Menschen religiöses Verdienst oder Versagen festgestellt werden? Was sollte dann der Ausgleich der Gerechtigkeit in einem „Jüngsten Gericht"? Diese Fragen nimmt abermals Muḥammad al-Ġazzālī auf, indem er ausführt:

„Der Mensch ist die Passage (*rāhguḏar*) für das Selbstwählen *(iḫtiyār)*, das Gott in ihm erschafft, und die Pas-

---

[10] Richard Gramlich, *Muḥammad al-Ġazzālīs Lehre von den Stufen zur Gottesliebe*, S. 211 f.

sage für die Fähigkeit (zum Handeln, *qudrat*), die er in ihm erschafft. Da Gott den Baum, der infolge des Windes schwankt, in dem er aber Fähigkeit und Wollen nicht erschaffen hat, nicht zum Ort des Selbstwählens gemacht hat, nennt man das notwendigerweise pures Gezwungensein (*iḍṭirār*). Da aber in allem, was Gott tut, die Fähigkeit dazu an nichts außerhalb von ihm gebunden ist, nennt man es Selbstschöpfung (*iḫtirāʿ*). Und da der Mensch weder so ist noch so – seine Fähigkeit und sein Wollen sind von anderen Ursachen abhängig (lies *taʿalluq dārad*), die nicht in seiner Macht stehen –, ist sein Handeln nicht wie das Handeln Gottes, so daß man es Erschaffen und Selbstschöpfung nennen würde. Weil er aber der Ort der Fähigkeit und des Wollens ist, die in ihm von Gott erschaffen werden müssen, ist er nicht wie der Baum, so daß man sein Handeln pures Gezwungensein nennen müßte, sondern es ist eine andere Kategorie. Man hat dafür eine andere Bezeichnung gesucht und es Aneignung (*kasb*) genannt. Aus alldem läßt sich erkennen, daß der Mensch sein Handeln zwar nicht selbst wählen kann, aber weil er eben gerade in seinem Selbstwählen unter Zwang steht, ob er mag oder nicht, steht nichts in seiner Macht."[11]

Der Mensch ist zum Selbstwählen, also zu der Freiheit zur Entscheidung, erschaffen. Dies ist der Zwang, dem er unterliegt: er muss wählen zwischen dem ihm Gegebenen, das er sich aneignen kann oder nicht. Wie etwa kein Mensch seine Eltern, sein Dasein, seine Veranlagungen wählen, jedoch sehr wohl diese sich aneignen oder ablehnen kann, so kann niemand selbst bestimmen, was ihm zur Wahl angeboten

---

[11] Muḥammad al-Ġazzālī, *Kīmiyā-i saʿādat* 2, 535, 15–536, 2 / Steindruck 443, 23–441, 1. Zitiert nach und übersetzt von Richard Gramlich, *Der eine Gott. Grundzüge der Mystik des islamischen Monotheismus*, S. 206.

wird – diese Bestimmung ist von Gott gegeben. Auch die Wahl selbst mag von Gott bestimmt sein, nicht aber die „Aneignung" dieser Wahl. Eben hier ist die Freiheit und Verantwortung des Menschen, hier seine Selbstbestimmung. Und hier entscheidet sich, ob er den Weg der „Rechtleitung" freier Aneignung gehen will als „Imitatio Prophetarum".

5. Warum sie glauben, was sie glauben

1. Glauben aus Erfahrung

Islam ist die Vergegenwärtigung der Erfahrung der Rede des Einen Gottes. Gott sprach und spricht durch die Propheten, und in abschließender und unübertrefflicher Weise durch den Propheten Muhammad, durch den er den Koran als „das zu Wiederholende" den Menschen geschenkt hat.

Dies ist das Besondere am Wort: es kann wiederholt werden. Alle anderen menschlichen Erfahrungen unterliegen der Vergänglichkeit, nicht aber das Wort, das stets zeitlos vergegenwärtigt werden kann mit bleibender Wirkung.[1] Deutlich wird dies im Ritus der Wiederholung des gleichbleibenden Wortes, das bewusst auch als Ausdruck menschlicher Gemeinschaft verstanden werden kann: „C'est par l'action commune qu'elle [la societé] prend conscience de soi."[2] – „Es ist durch die gemeinschaftliche Tätigkeit, aus welcher [die Gemeinschaft] das Bewusstsein ihrer selbst nimmt." Als Nachahmung, als Wiederholungshandlung wird in festgesetzter Form ein Inhalt vollzogen, „der über Raum und Zeit geschiedene Situationen und Handlungen durch Vergegenwärtigung in die Anwesenheit bringt. So gleicht er einem ernsten Spiel, dessen Rollenverteilung Gemeinschaft ermöglicht; das Bewusstsein dieser mimetischen Handlungen als bewusst herbeigeführte Handlungen läßt sich vom menschlichen Bewusstsein nicht trennen."[3] Der

---

[1] S. oben S. 54 ff.
[2] Émile Durkheim, *Les formes élémentaires de la vie religieuse*. Paris [4]1960, S. 598.
[3] Bernhard Uhde, *Meerschwein und Messwein. Speisekulte und Kultspeisen – religiös und profan. Eine kleine Phänomenologie, in sieben*

Mythos, der als Inhalt des Ritus bestimmt werden kann, geht weder in seiner sprachlichen Gestalt noch in der ihr verbundenen non-verbalen Kommunikation notwendig auf ein historisches Ereignis zurück, und so ist auch dessen Wiederholungshandlung, der Ritus, nicht an eine historische Vorlage gebunden und auch nicht das Ritual, die Ausführung dieser Handlung.

Zeitlos bestehen bleibt das zu wiederholende Wort, nicht aber ein sichtbarer oder ein durch die anderen Sinne vermittelter anderer Eindruck. Dies ist verständlich und einsehbar. Und so ist es verständlich und einsehbar, dass eine die Grenzen von Raum und Zeit durchbrechende Zuwendung Gottes an alle Menschen im Wort geschehen müsse, in der Rede, die wiederholt werden kann. Diese Rede ist Ansprache und Erklärung zugleich: Erklärung des für den Menschen Unverfügbaren. Menschliche Lebenserfahrung wird immer wieder von Unverfügbarem berührt. Und unverfügbar selbst waren und sind das Wort Gottes und das Vorbild des Propheten, die dem Unverfügbaren verständlichen Sinn geben. Und dadurch dem Glaubenden Grund geben, zu glauben, was er glaubt, weil er den Inhalt des Glaubens verstehen kann.

Verständlichkeit für den menschlichen Verstand ist Ausdruck der Barmherzigkeit des Zeugnisses Gottes von und über sich selbst. Dabei ist von größter Bedeutung, dass es verständlich ist, dass Gottes Wesen selbst dem menschlichen Verstand unverständlich ist – wie könnte Gott denn sonst der „Unübertreffliche" sein, wenn er dem menschlichen Verstand verständlich wäre, denn dann wäre doch auch ein Gott zu denken, der über jeden menschlichen Verstand hinaus erhaben ist, was einen vollkommen verständlichen Gott überträfe. Wieder kommt auch in diesem Gedanken

---

Gängen dargereicht, in: Stephan Loos / Holger Zaborowski (Hrsg.): *„Essen und Trinken ist des Menschen Leben". Zugänge zu einem Grundphänomen.* Freiburg/München 2007, S. 130.

das Prinzip menschlichen Denkens, der „Satz vom zu vermeidenden Widerspruch", zur Anwendung.
Dieses Prinzip ist jedem menschlichen Verstand gegeben. Hatte die christliche Theologie die Universalität und Absolutheit des Anspruchs ihrer Botschaft mit dem Gedanken vertreten, allen Menschen sei ein „Logos" gegeben, der Anteil am „Logos, der Christus ist", vermittelt,[4] so bleibt die islamische Theologie bei der Feststellung dieses „Logos" in jedem urteilenden Menschen, weist aber die anteilige Bindung an einen gemeinsamen „höheren Logos" zurück, indem sie nicht der Philosophie Platons, sondern Aristoteles folgt.[5] Der allen urteilsfähigen Menschen geschenkte Logos, das Urteilsvermögen, hat seinen obersten Grundsatz im „Satz vom zu vermeidenden Widerspruch". Dieses Prinzip ist allen Menschen gegeben, gemeinsam und verständlich. Seine Aufhebung als Prinzip durch Plotin kann nicht die für die Alltagspraxis notwendige Anwendung des „Satzes vom zu vermeidenden Widerspruch" betreffen. Dieser Satz ist für die „Welt" und die ihr geltenden Urteile bleibend gültig, bleibend gültig für den natürlichen Verstand des Menschen, der allen Menschen gegeben ist. Keineswegs aber ist allen Menschen die Einsicht in die Aufhebung dieses Satzes gegeben, mag diese in der Geschichte der abendländischen Philosophie und für die christliche Theologie noch so bedeutsam sein. Soll also die Rede Gottes an alle Menschen gerichtet sein, so ist es verständlich, dass sie sich der Widerspruchsfreiheit im Sinne dieses „Satzes vom zu vermeidenden Widerspruch" bedient.

So also kann die übernatürliche Erfahrung des Glaubens mit dem natürlichen Verstand versöhnt werden, indem diesem Verstand Verständliches geschenkt wird. Verständlich ist die ungeheure Erhabenheit Gottes, eine Erhabenheit

---

[4] S. oben S. 58 ff.
[5] Vgl. dazu Thomas Jürgasch, *Theoria versus Praxis? Zur Entwicklung eines Prinzipienwissens im Bereich der Praxis in Antike und Spätantike*. Berlin/Boston 2013, S. 146 ff.

über alle Universen hinaus, verständlich, dass ein Wissen um diese Erhabenheit von Gott selbst kommen muss,[6] verständlich, dass die Worte Gottes Glaubens- und Handlungsanweisungen für alle Menschen sind, ist Gott doch universal und absolut. Verständlich auch, das Sein dieser Welt aus einem anderen Sein heraus zu deuten und dieses andere Sein „Gott" zu nennen. Verständlich, diesem anderen Sein den eigenen Willen zu unterwerfen. Verständlich also, Muslima oder Muslim zu sein.

2. Glauben trotz Leiden?

Wie für Judentum und Christentum stellt sich auch für den Islam die Frage nach dem Leiden, zumal dem unverschuldeten menschlichen Leiden, bei Annahme eines allmächtigen und unübertreffbar barmherzigen Gottes.[7] Diese Frage berührt den Islam in besonderer Weise, weil sie nach einem dem Verstand erscheinenden Widerspruch fragt, der in der scheinbaren Unvereinbarkeit von unverschuldetem menschlichem Leiden und der Annahme eines allmächtigen und unübertreffbar barmherzigen Gottes zu liegen scheint. Eine Religion, die sich auf Verständlichkeit beruft, ist hier besonders herausgefordert.

Für die islamische Theologie können weder eine der jüdischen noch eine der christlichen Antworten auf diese Frage Geltung haben. Wird im Judentum die Bedeutung der Welt als einer vollkommenen Schöpfung Gottes, die kein Übel kennt, zu hoch eingeschätzt, so wird im Christentum die Bedeutung des Menschen, in dem sich Christus verwirkliche, übertrieben. Im Islam werden die Leiden in dieser Welt,

---

[6] Vgl. Koran 6, 103: „Nicht erreichen Ihn die Blicke, aber Er erreicht die Blicke."
[7] Vgl. dazu Ludwig Hagemann, *Leiden im Islam*, in: Adel Th. Khoury und Peter Hünermann (Hrsg.): *Warum leiden? Die Antwort der Weltreligionen*. Freiburg 1991, S. 110 ff.

dem „Diesseits", in ein Verhältnis zu jener Welt, dem „Jenseits" gesetzt. Dies ist gleichbedeutend mit der Einschätzung, dass die „Außenseite", die „Schale", weniger sei als die „Innenseite", der „Kern", so dass Verletzungen und daraus hervorgehende Leiden in der Welt der Materie, der „Außenseite", von ganz geringer Bedeutung sind gegenüber Verletzungen der „Innenseite": „[Einer sagte:] ‚Ein Räuber ist in mein Haus eingedrungen und hat meine Sachen mitgenommen.' Man antwortete: ‚Danke Gott! Wenn der Teufel in dein Herz eingedrungen wäre und das Gottesbekenntnis verdorben hätte, was tätest du dann?'"[8]

Das Diesseits, diese Welt, ist nicht geadelt durch das Erscheinen Gottes in ihr in Person, was dem Verstand auch ein Widerspruch wäre, wenn der Unendliche im Endlichen erschiene. Diese Welt ist endlich, begrenzt, und nicht die Welt des wahren Ernstes: „Wahrlich, das Leben des Diesseits ist Spiel und Zerstreuung nur und Schmuck und Prahlerei unter euch und Wetteifern um Vermehrung von Vermögen und Kindern. Es gleicht dem Regen, dessen Pflanzen den Leugnern gefallen. Dann verwelken sie, und du siehst, sie werden gelb. Und dann sind sie brüchig ..."[9] So kann alles in diesem Diesseits nicht das Gewicht des Jenseits haben, so ist weltliches Leiden zwar vorhanden, doch nicht von Bedeutung im Vergleich zu der Vorbereitung auf das eigentliche Leben im Jenseits, es sei denn schon als weltlicher Ausgleich der Gerechtigkeit:

„Als das Gotteswort ‚Wenn einer Böses tut, wird ihm dafür vergolten'[10] geoffenbart wurde, sagte Abu Bakr[11]: ‚Wie kann es nach diesem Vers noch Freude geben?' Der Gesandte Gottes erwiderte: ‚Gott vergebe dir, Abu Bakr!

---

[8] Richard Gramlich, *Muḥammad al-Ġazzālīs Lehre von den Stufen zur Gottesliebe*, S. 269.
[9] Koran 57, 20.
[10] Koran 4, 123.
[11] Enger Freund und Nachfolger des Propheten in der Leitung der Gemeinde (Kalif), geb. nach 573, Kalif ab 632, gestorben 634.

Wirst du nicht krank? Erfährst du kein Leid? Wirst du nicht traurig? Damit wird euch vergolten!'"[12]

Und weiter: bei allen Unglücksfällen, allem Leiden ist festzustellen, dass sie schlimmer sein könnten, „als sie sind, da die in Gottes Allmacht stehenden Möglichkeiten grenzenlos sind. Wenn Gott sie daher vervielfachte oder vergrößerte, was sollte ihn zurückhalten und hindern? Der Mensch soll also danken, wenn sie im Diesseits nicht größer sind, als sie sind."[13]

Die Struktur dieser verstandesgemäßen Argumentation ist einheitlich. Diese Welt hat nicht die Bedeutung von jener Welt, das endliche „Diesseits" nicht die Bedeutung des unendlichen „Jenseits". Der menschliche Verstand wird belehrt, dass seine Einwände gegen Gottes Gerechtigkeit und Barmherzigkeit angesichts des Leidens in dieser Welt nicht beweiskräftig sind, weil diese Einwände durch Verstandesargumente aufgehoben werden können. So kann der Sinn des Leidens nicht zwingend erklärt, aber auch nicht zwingend bestritten werden. Damit wird dem Verstand die Grenze gesetzt, die den Glauben keineswegs hindert, sondern ermöglicht. Es wird eingesehen, dass Gottes Erhabenheit, Allmacht und Barmherzigkeit ihrer Unendlichkeit wegen den menschlichen Verstand übersteigen. Und es wird eingesehen, dass Gottvertrauen auch Demut bedeutet und die menschliche Tugend, in Geduld (ṣabr) zu verharren, den Glaubenden auszeichnet, denn „siehe, Gott ist mir den Geduldigen"[14]. So soll der Mensch auch in Dankbarkeit Gott gegenüber und in Liebe zu Gott den Glauben annehmen, der seinem Verstand und seiner Einsichtsmöglichkeit geschenkt wird.

---

[12] Richard Gramlich, *Muḥammad al-Ġazzālīs Lehre von den Stufen zur Gottesliebe*, S. 275.
[13] Richard Gramlich, *Muḥammad al-Ġazzālīs Lehre von den Stufen zur Gottesliebe*, S. 269.
[14] Koran 2, 153.

Der Glaube ist jeder Mühe wert: „Ihr sollt an Gott glauben und an Seinen Gesandten und euch auf dem Weg Gottes mit eurem Vermögen und eurer Seele abmühen."[15] Dieses „Abmühen", „Dschihad" (*ǧihād*) ist der Kampf um die Religion, nur nötigenfalls auch die Verteidigung des schwachen Angegriffenen.[16] Auch dies ist ein Zeichen der Liebe zu Gott und den Menschen. Nicht selten wird bemerkt, dem Islam fehle es an der „Feindesliebe". Das Wort fehlt, weil selbstwidersprüchlich, doch heißt es im Koran: „Und nicht gleichen einander die gute Tat und die schlechte Tat. Wehre sie ab mit einer besseren Tat! Da wird der, mit dem du verfeindet, wie ein Freund, ein warmherziger. Und gewährt wird es denen, die geduldig sind."[17] So kann diese Art der Zuwendung zum Mitmenschen niemals mit Zwang oder gar leidbringender Gewalt geschehen, denn das Gotteswort des Koran verkündet deutlich: „Und es gibt keinen Zwang in der Religion."[18] Eben deshalb versteht sich der Islam als eine Religion des Friedens, trotz Leiden und trotz menschlicher Unzulänglichkeit, die auf Gottes unübertreffliches Erbarmen hoffen darf.

---

[15] Koran, 61, 11.
[16] Dazu Bernhard Uhde, *Krieg oder Frieden? Zum Problem von Gewaltpotenzial und Friedensaufrufen in den „Weltreligionen"*, in: Albert Käuflein/Thomas Macherauch (Hrsg.): *Religion und Gewalt. Die großen Weltreligionen und der Frieden*. Würzburg 2008, S. 23 ff.
[17] Koran 41, 34.
[18] Koran 2, 256.

Dritter Exkurs:
Die Widerspruchsfreiheit in der Religion als Herausforderung des Christentums

„Und es gibt keinen Zwang in der Religion."[1] Dies bedeutet aber auch: kein Zwang für den menschlichen Verstand. Eben dies ist die Herausforderung des Christentums, das aus Sicht des Islam die wahre Botschaft Jesu entstellt, indem es den Selbstwiderspruch der Christologie lange nach dem Leben Jesu dieser Botschaft hinzufügt.

Die theologischen Schwierigkeiten in der Beziehung von Christentum und Islam[2] sind wechselseitig. Zunächst das Christentum: Das Christentum hatte zwei Schemata entwickelt, wie Christus für alle Menschen zu allen Zeiten heilbringend sein könne: die Überlegungen des Justinus und des Klemens von Alexandrien.[3] Beide Schemata aber bedenken nicht die Möglichkeit, dass Menschen eine Offenbarungsreligion glauben, die an die Tradition des Judentums und des Christentums anschließt, dabei aber das Zentrum christlichen Glaubens einer scharfen Kritik unterzieht. So entstand gegenüber dem Islam eine gewisse theologische Hilflosigkeit, die in Verachtung und Verteufelung Ausdruck fand. Diese Herabwürdigung findet sich noch in der ersten direkt aus dem Arabischen vorgelegten Über-

---

[1] Koran 2, 256. Dazu Bernhard Uhde, *„Kein Zwang in der Religion" (Koran 2, 256). Zum Problem von Gewaltpotential und Gewalt in den „monotheistischen" Weltreligionen*, in: Jahrbuch für Religionsphilosophie, 2. Jahrgang. Frankfurt am Main 2003, S. 69 ff.
[2] Dazu Bernhard Uhde, *Christentum und Islam. Bemerkungen zu einer schwierigen Beziehung"* [*„Kereszténység és iszlám. Megjegyzések egy nehéz kapcsolat margójára"*], in: Studia Theologica Transsylvaniensia 13/2. Alba Iulia 2010, S. 325 ff.
[3] Siehe oben S. 101 ff.

setzung des Koran ins Deutsche, die David Friedrich Megerlin 1772 veröffentlichte.[4]

Auch hatte das Christentum lange Zeit einen Absolutheitsanspruch hinsichtlich seiner Wahrheit vertreten. „Extra ecclesiam nulla salus" – „Außerhalb der Kirche kein Heil", wie Cyprian von Karthago (um 200–258) formulierte.[5] Schon deshalb konnte und kann aus christlicher Sicht der Islam nicht die vollkommene Wahrheit besitzen, den diese ist der Kirche Christi vorbehalten.[6]

Diese drei Standpunkte werden vom Islam herausgefordert. Christologie und Trinitätslehre des Christentums sind dem natürlichen Verstand aller urteilsfähigen Menschen nicht verständlich. Die theologische Theorie mag manchen Fachleuten zugänglich sein, nicht aber der Mehrheit der Glaubenden – so wiederholt das Christentum jenen Exklusivismus, den der Islam auch dem Judentum vorwirft: die „Rechtleitung" ist nicht für alle Menschen, sondern teilt zwischen den Menschen. Im Judentum zwischen Israel und den Völkern, im Christentum zwischen Religionsgelehrten und dem Glaubensvolk. Das aber widerspricht einer universalen und gleichen Zuwendung Gottes zu allen Menschen und damit der Gerechtigkeit und Barmherzigkeit Gottes. So sind Theorie und Praxis des Christentums einem Selbstwiderspruch ausgesetzt.

Sodann: Während das Christentum gegenüber dem Islam lange Zeit keine theologische Würdigung fand, die auch im Islam eine dem Heile der Menschen dienende Botschaft erkannte, hatte der Islam bereits in der koranischen Offen-

---

[4] David Friedrich Megerlin, *Die türkische Bibel, oder des Korans allererste teutsche Übersetzung.* Frankfurt am Main 1772.
[5] Die ursprüngliche Bedeutung des Satzes bezieht sich wohl auf das Spenden von Sakramenten „außerhalb" der Kirchengemeinschaft; in der Tradition ist dieser Satz dann lange Zeit zum allgemeinen Grundsatz erhoben worden.
[6] So, aus katholischer Sicht, die Dogmatische Konstitution *Lumen Gentium* des II. Vatikanischen Konzils, vgl. dort Nr. 14.

barung eine andere, weitaus weitere und auch das Christentum herausfordernde Sichtweise: „Die, die glauben, die Juden, die Christen und die Sabäer, wer glaubt an Gott und an den Jüngsten Tag und gute Werke verrichtet, diese haben ihren Lohn bei ihrem Herrn. Sie befällt keine Furcht noch werden sie traurig sein."[7] Wieder ist zu sehen, dass eine andere Auffassung einen Selbstwiderspruch hervorbrächte, der nicht nur die universale Heilszuwendung Gottes zu allen Menschen betrifft, sondern auch die „guten Werke" der Andersgläubigen verkennt.

Und nicht nur dies, sondern in dieser Welt ist trotz Absolutheitsanspruch auch des Islam keine gewaltsame oder zwangbegleitete Begegnung zwischen Muslimen und Christen gewünscht: „Gott ist unser Herr. Uns unsere Werke und euch eure Werke! Kein Streitgrund zwischen uns und euch. Gott wird uns versammeln. Und zu Ihm führt die Heimkehr."[8] Dieser Grundsatz ist zwar nicht nur vom Christentum, sondern auch vom Islam selbst in bewegter Geschichte vielfach verletzt worden,[9] doch findet sich eine so konkret formulierte Norm hinsichtlich von Andersgläubigen nur im Koran. Und wieder würde eine andere Auffassung einen Selbstwiderspruch bedeuten, ist es doch Gott, der alle Menschen hinsichtlich ihrer Religion richtet, da er allein unendliche Macht und unendliches Wissen hat. Der Selbstwiderspruch aber würde diese Eigenschaften dem endlichen Menschen zuordnen.

Wozu also Islam als Handlungsanweisung für alle Bereiche des menschlichen Lebens, wozu hat Gott in seiner un-

---

[7] Koran 2, 62.
[8] Koran 42, 15. Vgl. dazu Bernhard Uhde, *„Kein Streitgrund zwischen uns und euch"* (Koran 42, 15), in: Hermann Weber (Hrsg.), *Globale Mächte und Gewalten – Wer steuert die Welt? Die Verantwortung der Weltreligionen.* Ostfildern 2011, S. 128 ff
[9] Vgl. dazu Bernhard Uhde, *¿Religiones del amor? Reflexiones sobre religión y violencia en las grandes religiones monoteístas,* in: ARETÉ. Revista de Filosofia XVII, 2. Lima 2005, S. 213 ff.

übertrefflichen Barmherzigkeit nochmals eine unverfälschbare Offenbarung herabgesandt? Dies hat seinen Grund in der Einsicht in die Unterschiedenheit des Islam von Judentum und Christentum: am Unterschied zum Judentum wird die Universalität des Islam erkennbar, am Unterschied zum Christentum die Absolutheit des Islam. Beide Unterschiede sind mit dem natürlichen Verstand erkennbar. Wenn dies nicht das entscheidende Kriterium sein sollte – wie gelegentlich aus christlicher Sicht vorgetragen –, wozu hat Gott dann den Menschen diesen Verstand gegeben, und zwar allen Menschen? Wozu hat er diesen Verstand geeignet gemacht, in dieser Welt zu urteilen und zu leben?

So bleibt der Islam eine Herausforderung des Christentums, die durch den gottgegebenen menschlichen Verstand begründet ist und keine Teilung dieses Verstandeswissens in „auf die Welt, aufs Diesseits bezogene" und „auf Gott, aufs Jenseits bezogene" fordert. Und wie sich das Christentum als Vollendung aller Religionen versteht, so versteht sich der Islam als Vollendung des Christentums, indem die reine Botschaft Gottes an alle Menschen von Verfälschungen gereinigt und dem natürlichen Verstand glaubhaft verkündet wird.

Überleitung: Vom „Westen" in den „Osten" – Von „Wissenschaft" zur „Weisheit"?

Mit den Betrachtungen zum Hinduismus werden „östliche" Religionen Thema. „Westlich" und „Östlich" sind freilich Bezeichnungen, die zum einen geografischer Art, zum andern aber auch vom jeweiligen geografischen Standpunkt abhängig sind. Während von Europa aus Indien, China und Japan „östlich" liegen, so liegen eben diese Länder von Nordamerika aus betrachtet „westlich". Wenn von „westlich" und „östlich" die Rede ist, so folgt dies einer europäischen Tradition. Schon bei der Teilung des Römischen Reiches unter Kaiser Diokletian im Jahr 292 n. Chr. kann von einer westlichen Reichshälfte und einer östlichen Reichshälfte gesprochen werden. Von dieser Zeit an wurde die Bezeichnung „westlich" für das Abendland, also für Europa, „östlich" für die von Europa aus im Osten gelegenen Gebiete verwandt – diese „östlichen" Gebiete umfassten nach und nach die Länder weiter nach Osten, wie sie in Europa, im „Westen", bekannt wurden. Um diese großen Regionen zu unterscheiden, wurde es üblich, die Bezeichnungen „Naher Osten" (= Osmanisches Reich), „Mittlerer Osten" (= Irak, Persien, Afghanistan) und „Ferner Osten" (Länder jenseits der genannten) zu verwenden. Schließlich wurden auch besonders durch Goethe und die folgende deutsche Romantik die Bezeichnungen „Orient" = „Osten" und „Okzident" = „Westen" (aus dem Lateinischen „oriens" = „aufgehend" und „occidens" = „untergehend", zu ergänzen „sol" = „Sonne") gebraucht, wobei damit vor allem die Kultur und Religion des „Westens" und des „Ostens" im Unterschied zur jeweils anderen verstanden werden sollte. Im Zuge der Globalisierung und der Entwicklung globalen Begreifens sind diese unterscheidenden Begrifflichkeiten kritisiert worden, weil sie einem eurozentrischen Verständnis entspringen.[1] Dennoch wird mit der Rede von „westlich" und „östlich" nicht nur der Tradition gefolgt, sondern auch der in der Literatur verwendeten Terminologie.[2]

Die geistesgeschichtliche, kulturelle und religiöse Unterteilung in „West" und „Ost", in „Okzident" und „Orient" wirft eine Anzahl von Fragen und Problemen auf. Zunächst muss davor gewarnt werden, die Bereiche als jeweils in sich geschlossene, einheitliche Sphären zu betrachten, die in sich nichts Widersprüchliches enthielten; sodann sind Gleichsetzungen von Inhalten von „Westlichem" und „Östlichem" sehr genau zu untersuchen, da keineswegs ähnlich Klingendes ähnlich oder gar dasselbe sein muss; schließlich ist zu bedenken, ob es überhaupt eine gemeinsame kultur- und religionsübergreifende Ebene für „West" und „Ost" gibt, auf der sie sich treffen. Sind also die Kulturen und Religionen unvereinbar, oder finden sie sich doch – etwa in der Mystik – zusammen? Beide Positionen sind vielfach vertreten worden. Hier sei für jede dieser Positionen ein berühmtes Beispiel aus der Poesie angeführt, zunächst für den Standpunkt der irdischen Unvereinbarkeit:

„Oh, East is East and West is West,
and never the twain shall meet,
Till Earth and Sky stand presently
at God's great Judgment Seat;
But there is neither East nor West, Border,

---

[1] Ein berühmtes Beispiel für die Kritik an eurozentrischen Auffassungen über den Orient ist das Buch von Edward W. Said, *Orientalismus*. Aus dem Englischen von Hans Günter Holl. Frankfurt 2009. Das Buch hat heftige Kontroversen über Eurozentrismus und die Einteilung „westlich-östlich" ausgelöst.
[2] Vgl. z. B. Rudolf Otto, *West-östliche Mystik. Vergleich und Unterscheidung zur Wesensdeutung*. München ³1971 (erstmals erschienen 1926); Daisetz T. Suzuki, *Der westliche und der östliche Weg*. Frankfurt ¹¹1971 u. v. a.

nor Breed, nor Birth,
When two strong men stand face to face,
tho' they come from the ends of the earth!"[3]

(„Oh, Osten ist Osten und Westen ist Westen,
und niemals werden die beiden sich treffen,
Bis Erde und Himmel dann vor Gottes großem
Richtstuhl stehen;
Dort aber gibt's weder Osten noch Westen, noch Grenze,
noch Rasse, noch Geburt,
Wenn zwei starke Männer Angesicht zu Angesicht
stehen,
wiewohl sie von den Enden der Erde kommen!")[4]

Goethe hingegen hat im Nachlass zu seinem „West-östlichen Divan" das Zusammenspiel von Okzident und Orient[5] gerühmt:

„So der Westen wie der Osten
Geben Reines dir zu kosten,
Laß die Grillen, laß die Schale,
Setze dich zum großen Mahle,
Mögst auch im Vorübergehn
Diese Schüssel nicht verschmähn.
Wer sich selbst und andre kennt,
Wird auch hier erkennen:
Orient und Okzident
Sind nicht mehr zu trennen.
Sinnig zwischen beiden Welten
Sich zu wiegen, laß ich gelten;

---

[3] Rudyard Kipling, *The Ballad of East and West* (1889), Anfangs- und Endverse der Ballade.
[4] In der Forschung ist umstritten, ob Kipling tatsächlich die Unvereinbarkeit von „Ost" und „West" meinte; gleichwohl werden seine Zeilen stets für diese Position eingenommen.
[5] Goethe versteht hier unter „Orient" den „Nahen Osten", insbesondere die Welt des Islam.

Also zwischen Ost und Westen
Sich bewegen, seis zum Besten!"[6]

Schließlich werden mit den Worten „Westlich" und „Östlich" nicht selten „westliche Rationalität, Wissenschaft" und „östliche Erfahrung, Weisheit" verbunden. Diese Unterscheidung ist nicht begründet, denkt man an die Anweisungen zur rechten Lebensführung etwa in der Stoa[7] oder bei Augustinus.[8]

„Weisheit" meint nicht die Fülle und Erweiterung von Wissen allein, wie sie in der von der abendländischen Tradition geprägten Wissenschaft betrieben wird. „Weisheit" meint jenes Wissen, das in Übereinstimmung von Theorie und Praxis das Leben des Weisen bestimmt.[9] Ein berühmtes Beispiel dafür, dass dieses in der europäischen Wissenschaft nicht notwendig sei, ist eine dem Philosophen und Soziologen Max Scheler (1874–1928) zugeschriebene Äußerung. Als Scheler vorgeworfen wurde, sein Lebenswandel stimme keineswegs mit seinen Lehren von hoher Ethik überein, habe er geantwortet: „Der Wegweiser geht nicht dorthin, wohin er weist." Was also in der Wissenschaft in Europa, im „Westen", möglich sei, sei in der Weisheit im „Osten", insbesondere im Buddhismus, unvorstellbar:

„Wir in Europa haben uns daran gewöhnt, daß zwischen Theorie und Praxis unserer Philosophen, zwischen ihrer Weltanschauung und ihrer Lebensführung oft eine fast unüberbrückbare Kluft liegt. (…) Wenn einer unserer Philosophen bewiesen hat, es gäbe kein Selbst, so wird er sich

---

[6] Johann Wolfgang von Goethe, *Aus dem Nachlaß* (Goethes Sämtliche Werke =Propyläen-Ausgabe Bd. 32, S. 420).
[7] Vgl. dazu Thomas Jürgasch, *Theoria versus Praxis? Zur Entwicklung eines Prinzipienwissens im Bereich der Praxis in Antike und Spätantike*, S. 200 ff.
[8] Vgl. dazu Jürgasch a. a. O., S.327 ff.
[9] Vgl. dazu den Artikel „Wissenschaft – Weisheit", in: Bernhard Uhde, *West-östliche Spiritualität. Die inneren Wege der Weltreligionen. Eine Orientierung in 24 Grundbegriffen*. Freiburg 2011, S. 140 ff.

wahrscheinlich damit zufrieden geben und leben, als gäbe es doch eins. Seine Habgier, sein Haß und seine Liebe bleiben von den philosophischen Argumenten praktisch unberührt. Er wird nicht danach beurteilt, ob seine Lehren mit seinem Leben übereinstimmen, sondern danach, ob ihr logischer Aufbau, der Stil der Darstellung, der Umfang seiner Bildung dem Urteil standhalten – also nach rein intellektuellen Maßstäben. Es wird niemandem einfallen, einen Philosophen durch den Hinweis zu widerlegen, daß er unerträglich grob zu seiner Frau sei, seine glücklicheren Kollegen beneide und, wenn man ihm widerspricht, die Fassung verliere. Im Buddhismus dagegen liegt der Nachdruck durchaus auf der Führung eines gottgefälligen[10] Lebens und der Überwindung der Welt. Die Aufstellung eines rein theoretischen Dogmas, wie ‚es gibt kein Ich‘, würde als völlig unfruchtbar und nutzlos angesehen werden. Gedanken sind Werkzeuge, und ihre Rechtfertigung liegt nur in den mit ihrer Hilfe erzielten Resultaten."[11]

Das Problem dieser Auffassung liegt allerdings darin, dass hier Wissenschaft mit Weisheit verglichen wird, nicht aber Weisheit – zumal religiöse Weisheit – mit Weisheit. Ein Vergleich hinsichtlich der Übereinstimmung von Lehre und Lebensführung zwischen Buddha und Jesus Christus würde ein anderes Ergebnis hervorbringen. Indem die abendländische Philosophie aber weitgehend als Wissenschaft angesehen und betrieben wird, ist sie von „Weisheit" zu unterscheiden – als Wissenschaft muss sie ihren Betreibern nicht notwendig auch „Weisheit" vermitteln.[12]

---

[10] Ob dieser Ausdruck für Lebensführung im Buddhismus glücklich ist, mag bezweifelt werden!
[11] Edward Conze, *Der Buddhismus. Wesen und Entwicklung.* 8. unveränderte Auflage. Stuttgart u. a. 1986, S. 17 f.
[12] Zu erinnern sind in diesem Zusammenhang auch die Auseinandersetzungen um Lebensführung und Philosophie von Martin Heidegger (1889–1976); hinsichtlich politischer Verstrickungen s. Victor Farias, *Heidegger und der Nationalsozialismus.* Berlin 2003.

IV. HINDUISMUS – Der Gedanke der Kausalität von Allem

1. Der Götter Wirken – Vielfältige Erfahrungen

„Hinduismus" ist eine mögliche Bezeichnung für eine Vielzahl von Religionen (Plural!) die in Indien entstanden sind (mit Ausnahme von Buddhismus, Jainismus, Religion der Sikh), also eigentlich eine geographische Bezeichnung: „Religionen Indiens", die „Indische Geisteswelt".[1] Charakteristisch für diese Religionen ist, dass sie Mischkulturen entstammen, wie sie auch in der Zeit ab etwa 2000 v. Chr. im Industal entstanden sind. Beginnend mit der Begegnung zwischen Völkern, die wohl aus dem Nordwesten in das Industal eingewandert sind[2], und den bereits vorhandenen Stadtkulturen wie derjenigen von Mohenjo Daro und Harappa, mischen sich rustikale und urbane Lebensart und Lebensanschauung, aber auch religiöse Vorstellungen.

Die Kenntnisse über die frühe Zeit dieser Geisteswelt sind (noch) beschränkt. Gleichwohl ist deutlich, dass die religiösen Praktiken von Opferkulten und deren genauer Einhaltung geprägt waren, auch von Erfahrungen des Unverfügbaren – Wetter, Krankheiten, aber auch Glücksfälle. Dieses Unverfügbare sollte durch diese Opfer beeinflusst werden, wobei Überlegungen eine Bedeutung hatten, die den Mikrokosmos des Opferplatzes und des Opfers selbst als Schauplatz des Makrokosmos dachten: was hier geschieht, hat Wirkung dort. So wird neben der Eigenheit altindischer Religiosität, Vorstellungen zu mischen, eine zweite Eigenheit erkennbar, die mit der ersten in Verbindung

---

[1] Vgl. dazu Axel Michaels, *Der Hinduismus. Geschichte und Gegenwart*. München 1998, S. 27 ff. Dieses Buch ist eine vorzügliche Studie des äußerst komplexen Phänomens „Hinduismus".
[2] Zur Diskussion um die These von der Einwanderung der Indo-Arier s. Michaels, a. a. O., S. 49 ff.

steht: die wechselseitige Beziehung und gegenseitige Wirkung des Kleinen auf das Große und des Großen auf das Kleine, des Konkreten auf das Allgemeine und des Allgemeinen auf das Konkrete, des denkenden Subjekts Mensch auf das gedachte Objekt und des gedachten Objekts auf das denkende Subjekt Mensch. Diese wechselseitige Beziehung ist kausal, also eine Beziehung von Ursache und Wirkung sowie der verursachten Wirkung auf die Ursache. Was hier geschieht, bewirkt etwas dort, was dort geschieht, hat eine weitere Wirkung hier. Daher können diese Wirkungen durch Veränderung der Ursachen verändert werden.

Diese Erfahrungen sind nicht nur offenkundig, sondern auch sehr vielfältig. Es ist deutlich erfahrbar, dass die jeweiligen Ursachen die ihnen entsprechenden, nicht aber von ihnen völlig verschiedene Wirkungen haben. So kann eine unzählbare Anzahl von Kausalketten beobachtet und erfahren werden, deren Vielfalt sehr wohl unterschieden werden kann. Und so liegt es nahe, die jeweils ersten Ursachen dieser unterschiedlichen Ursachen unterschiedlichen Mächten zuzuschreiben.[3] Diese Mächte sind offenkundig handelnd, indem sie Wirkungen hervorbringen; indem sie als handelnd gedacht werden, werden sie als Personen betrachtet. So entsteht ein Götterhimmel mit einer Anzahl von höheren Mächten und Göttern.[4] Eben diese werden durch Opfer, durch Hymnen und Gesänge freundlich gestimmt. Dass dies möglich ist, wurde aus günstigen Wirkungen erkannt; traten solche Wirkungen nicht ein, so wurde das Opfer nicht richtig vollzogen, der Hymnus nicht richtig gesungen. Insofern schien diese Praxis nicht widerlegbar, aber auch nicht überzeugend.

Nicht widerlegbar, aber auch nicht überzeugend schienen auch die Vorstellungen, die sich auf ein Leben nach

---

[3] Vgl. Michaels, a. a. O., S. 226 f.
[4] Vgl. oben S. 25.

dem irdischen Tod bezogen. Hier ist bei Annahme der Einmaligkeit jeglichen Lebens der Gedanke einer auf dieses Leben folgenden ausgleichenden Gerechtigkeit durch eine göttliche Macht oder einen Gott naheliegend, der zu diesem Zweck über Wissen und Macht verfügen muss. Naheliegend deshalb, weil nicht alle Taten und Gedanken der Menschen in diesem einen irdischen Leben vergolten werden. Ist dies aber nicht der Fall, so würde damit die sonst überall zu beobachtende Kausalität, die Abfolge von Ursachen und entsprechenden Wirkungen, nicht eintreten. Dies ist zwar möglich, widerspricht aber allen Erfahrungen und ist deshalb höchst unwahrscheinlich. Deshalb auch wird diese Annahme der Einmaligkeit des Lebens und damit verbunden die Annahme einer nach dem Tode möglichen Einflussnahme auf die Qualität des Weiterlebens des Verstorbenen im „Jenseits" in Zweifel gezogen, zumal für dieses Weiterleben und dessen Qualität große und teure Opfer vollzogen werden mussten. Ebenso aber wird die Annahme eines allmächtigen Schöpfergottes in Zweifel gezogen und wegen des damit verbundenen Theodizee-Problems als unwahrscheinlich beurteilt. Andererseits erscheint es nicht denkbar, dass beim Tod eines Lebewesens eine Ursache ohne Wirkung bleiben sollte: hat doch beim Tod eines Lebewesens das Prinzip der Selbstbewegung des lebendigen Körpers diesen offensichtlich verlassen und muss irgendwo verbleiben, wenn die Erfahrung der überall zu beobachtenden Kausalität bei allen Vorgängen auch hier gelten soll. So entsteht als geringere Unwahrscheinlichkeit die Lehre von der Wiedereinkleidung des Lebensprinzips alles Lebendigen als die dem Denken nächste Möglichkeit, da die anderen Vorstellungen in den Selbstwiderspruch führen.

Zunächst aber sind es die vielfältigen irdischen Erfahrungen, also die Erfahrungen innerhalb der Spanne eines menschlichen Lebens, die von größter Bedeutung sind. Diese Erfahrungen, seien sie freudvoll oder leidvoll, können stets auf bestimmte Ursachen zurückgeführt werden, als Wirkungen bestimmter Ursachen erkannt werden. Dies wird jeweils durch einen Bewusstseinseindruck vergegenwärtigt, der die Projektionen der erfahrenen Bewusstseinseindrücke von unverfügbaren Ursachen und Wirkungen als personale Manifestationen begreift, als Gottheiten. Inwieweit diese Projektionen auch außerhalb des Bewusstseins Realität haben, ist für den jeweiligen Eindruck nicht von Bedeutung: der Eindruck ist real. Und real ist auch die rationale Einsicht, dass dies Geschehen – ob Bewusstseinsinhalt oder Realprojektion – Kausalität erkennen lässt.

Eine solche Kausalitätsfolge von Ursache und Wirkung ist auch innerhalb eines menschlichen Lebens zu erfahren und zu vergegenwärtigen. Alle Taten, alle Gedanken haben Folgen, die „nach außen", auf alles andere, aber auch „nach innen", auf den Handelnden, den Denkenden selbst einwirken. Kein Vorgang bleibt ohne diese Folge, sei er auch als noch so unbeachtlich empfunden. Diese Beobachtung – dass bestimmte Ursachen bestimmte entsprechende Wirkungen haben[5] – ist auch über das jeweilige Leben hinaus möglich, wenn etwa Eigenschaften der Eltern in den Kindern oder Enkelkindern wieder erscheinen. Diese Beobachtung mag bei den Völkern, die in das Industal einwanderten, besonders gepflegt worden sein, waren sie doch Pferde- und Rinderzüchter, hatten also Erfahrungen in einer Zucht, die besondere Eigenschaften nützlicher Art hervorbringen sollte. Aber auch beim Menschen finden sich deutlich Charakterzüge und andere Anlagen, die von den Eltern oder Großeltern her bereits bekannt sind. So liegt der Gedanke nahe, dass Kausalitäten über den Tod des einzelnen Menschen hinaus weiter wirken in weiteren Lebensformen, in weiteren Wiedereinkleidungen, wenn der „Lebenskern" eines Lebe-

---

[5] Vgl. dazu Aristoteles, *Metaphysik* 1032 a 25 („Ein Mensch zeugt einen Menschen").

wesens durch „Wiedergeburt" eine neue Existenzform als Ergebnis vorheriger Existenzformen erlangt: „Die Weisen sagen, die Körper sterblicher Wesen sind Häuser, die mit der Zeit verfallen. Der Geist allein verleiht Schönheit. So wie einer ein abgetragenes oder auch nicht abgetragenes Gewand ablegt und Gefallen an einem anderen findet, so verhält es sich mit dem Leib verkörperter Wesen."[6]

Charakteristika der Religionen Indiens sind daher die Lehre von der Wiedereinkleidung alles Lebendigen, damit verbunden die Lehre vom Ständesystem (und Kastensystem), das Menschen in unterschiedliche Wiedereinkleidungen gemäß der Frucht ihrer Lebensführung bringt, sowie die diesen Lehren zugrunde liegende Annahme ausnahmsloser Kausalität (*Karma*-Lehre) und ausnahmslosen normativen Rechts (*Dharma*-Lehre) und die Lehren von der Möglichkeit aus der als bedrückend empfundenen Kette von Wiedereinkleidungen sich zu erlösen oder erlöst zu werden. Widerspruchsfreiheit und Kausalitätsdenken sind mithin die wichtigsten, aus vielfältigen Erfahrungen gewonnenen Denkvoraussetzungen und Denkmöglichkeiten der indischen Geisteswelt.

---

[6] Mahābhārata XI, 3; Übersetzung *Mahābhārata. Die große Erzählung von den Bhāratas. In Auszügen aus dem Sanskrit übersetzt, zusammengefaßt und kommentiert von Georg von Simson.* Berlin 2011, S. 354.

2. Die Lehren – Ursachen und Wirkungen

Die Einsicht in die Kausalität ist die alle Einsichten bestimmende Macht der frühen indischen Geistesgeschichte. Diese Einsicht bezieht sich in den alten Lehren zunächst auf die Anfänge von allem Begegnenden, mithin auf die Kosmogonie. Wie ist die erscheinende Welt, in der überall Kausalität beobachtet werden kann, selbst entstanden, woher kommt sie? Genau diese Fragestellung und die Versuche einer Antwort zeigen, dass nach der Ursache aller Kausalität gesucht wurde, ist Kausalität doch der Übergang von Ursache zu Wirkung, wobei die jeweilige Wirkung wieder zur Ursache für weitere Wirkung wird. So können Ursachen und Wirkungen wie ineinander greifende Kettenglieder betrachtet werden. Wo aber ist der Anfang dieser fortlaufenden Ketten? Wo das Ende?

Diese Fragestellung ist von Bedeutung, weil sie auch den Menschen betrifft: auch das menschliche Leben ist von Kausalitätsketten geprägt, indem Denkvorgänge und Handlungen Ursachen für Wirkungen werden, die als psychische und physische Folgen erkennbar sind. Dabei ist zu fragen, ob diese Kausalität derartige Begründungsverhältnisse schafft, dass die jeweiligen Folgen zwangsläufig eintreten, was bedeuten könnte, dass auch die verursachenden Denkvorgänge und Handlungen als Folgen vorangegangener Akte selbst bereits zwangsläufig entstanden sind. Wenn es so wäre, wo wäre denn dann die Freiheit von handelnden Lebewesen, von handelnden Menschen vor allem?

Nun lehrt aber eine Betrachtung dieser Kausalität, dass sich die Frage nach einem Zwang, der eben durch diese Kausalität verursacht sein könnte, mit der Frage verbindet, woher die Kausalität überhaupt kommt, ob und wie sie einen Beginn hat. Damit ist die Frage nach dem Ursprung von allem gestellt, was in dieser Welt erkennbar ist. Hat diese Welt der Kausalität einen Ursprung, einen Beginn, so ist dieser Beginn selbst ja nicht kausal verursacht, sonst wäre ja nicht dieser Beginn, sondern dessen Ursache der Ursprung von allem folgenden Verursachten. Gibt es also einen Beginn dieser Kausalität, so muss dieser frei von einer weiteren Ursache sein. Wüsste man also um diesen Ursprung, so wüsste man etwas um den unverursachten Ursprung von Allem, der, weil ohne Ursache, auch nicht ursächlich bestimmt sein kann, mithin frei ist.

Der Ursprung von Allem ist aber nicht leicht aufzufinden und zu benennen, wenngleich von alters her gesucht, wie eine sehr schöne Stelle im Rig-Veda zeigt, der „eines der ältesten Literaturdenkmäler der Menschheit und der älteste uns erhaltene Text Indiens"[1] ist. Dieser Text, die „rigvedischen Gedichte, stellen die früheste religiöse Dichtung des alten Indiens dar; sie sind lange vor dem Buddhismus und Hinduismus entstanden. Sie sind grundlegend für die nachfolgende Zeit, sowohl für das Ritual als auch für die Geistesentwicklung im Allgemeinen. Sie werden sogar noch heute in vielen Ritualen benutzt, so etwa bei Hochzeiten und Bestattungen. Die 1028 Hymnen des *Rig-Veda* wurden in archaischem Indoarisch (‚vedischem Sanskrit') etwa um 1500–1000 v. Chr. verfasst, gehen aber in Thema und Form auf die gemein-indoiranische Zeit (um 2000 v. Chr.) und bisweilen sogar auf die indogermanische Vorzeit zurück."[2] Im Zehnten Liederkreis des Rig-Veda heißt es über den Ursprung, über das Prinzip von Allem:

---

[1] *Rig-Veda. Das heilige Wissen. Erster und Zweiter Liederkreis. Aus dem vedischen Sanskrit übersetzt und herausgegeben* von Michael Witzel und Toshifumi Gotô unter Mitarbeit von Eijiorō Dōyama und Mislav Ježić. Frankfurt und Leipzig 2007, S. 427.
[2] A. a. O.

„1. Weder Nichtsein noch Sein war damals; nicht war der Luftraum noch der Himmel darüber. Was strich hin und her? Wo? In wessen Obhut? Was war das unergründliche tiefe Wasser?
2. Weder Tod noch Unsterblichkeit war damals; nicht gab es ein Anzeichen von Tag und Nacht. Es atmete nach seinem Eigengesetz ohne Windzug dieses Eine. Irgend ein Anderes als dieses war weiter nicht vorhanden.
3. Im Anfang war Finsternis in Finsternis versteckt; all dieses war unkenntliche Flut. Das Lebenskräftige, das von der Leere eingeschlossen war, das Eine wurde durch die Macht seines heißen Dranges geboren.
4. Über dieses kam am Anfang das Liebesverlangen, was des Denkens erster Same war.- Im Herzen forschend machten die Weisen durch Nachdenken das Band des Seins im Nichtsein ausfindig.
5. Quer hindurch ward ihre Richtschnur gespannt. Gab es denn ein Unten, gab es denn ein Oben? Es waren Besamer, es waren Ausdehnungskräfte da. Unterhalb war der Trieb, oberhalb die Gewährung.
6. Wer weiß es gewiß, wer kann es hier verkünden, woher sie entstanden, woher diese Schöpfung kam? Die Götter kamen erst nachher durch die Schöpfung dieser Welt. Wer weiß es dann, woraus sie sich entwickelt hat?
7. Woraus diese Schöpfung sich entwickelt hat, ob er sie gemacht hat oder nicht – der der Aufseher dieser Welt im höchsten Himmel ist, der allein weiß es, es sei denn, daß auch er es nicht weiß."[3]

Der Ursprung von Allem wird gedacht als eine Einheit ohne jegliche Vielheit (Vers 2), und im „Nichtsein" wird von den

---

[3] Rig-Veda X, 129. Übersetzung: Karl Friedrich Geldner, *Der Rig-Veda. Aus dem Sanskrit ins Deutsche übersetzt.* (Harvard Oriental Series 1–3). Cambridge/Mass. 1951 ff.; überarbeitet von Ulrich Stiehl und Thomas Barth, 2006.

Weisen das „Band des Seins" gefunden (Vers 4). Dabei bleibt diese Einheit unbekannt, bekannt nur die Wirkung derselben, die „Schöpfung" (Vers 7), in der Kausalität herrscht, indem diese Schöpfung „sich entwickelt".

Diese Kausalität ist die feste Ordnung, in der Ursache und Wirkung stets und ohne Ausnahme aufeinander folgen. Diese Ordnung ist der „Dharma", ein schwer zu übersetzendes Wort, das Gesetz, Recht und Rechtsfolge bezeichnet: „Das Wort *dharma* leitet sich von der Verbalwurzel *dhṛ* („halten, stützen") ab und bezeichnet somit das, was die Welt stützt bzw. in Ordnung hält. So wird etwa im *Rāmāyaṇa*-Epos (II 21, 42) der Dharma als das ‚Höchste in der Welt' bezeichnet, ‚in dem alles fest steht'. Und im *Taittirīya-Āraṇyaka* (X 63, 1) heißt es:

> ‚Der Dharma ist die Stütze der ganzen Welt. In der Welt schleichen sich die Lebewesen an den Dharmahaftesten an, durch Dharma beseitigen sie das Übel. Im Dharma steht alles (fest); deshalb nennen sie den Dharma das Höchste.'"[4]

Dieses „Weltgesetz" von Ursache und Wirkung bestimmt bei den Lebewesen das „Karma". Das Wort „Karma" stammt von der Wurzel kṛ „tun".[5] Bezeichnet wird mit dem Wort die jeweilige Handlung zusammen mit ihrer Folge, also werden Tat und Frucht der Tat – Ursache und Wirkung – als Einheit betrachtet. Daher heißt es in der „Manusmṛti", dem „Gesetzbuch des Manu", einem bedeu-

---

[4] *Manusmṛti. Manus Gesetzbuch. Aus dem Sanskrit übersetzt und herausgegeben von Axel Michaels unter Mitarbeit von Anand Mishra.* Berlin 2010, S. 284.
[5] Vgl. *Großes Petersburger Wörterbuch*, bearbeitet von Otto von Böhtlingk und Rudolph Roth. Petersburg 1855, s.v. Das Wörterbuch führt zwei Hauptbedeutungen von Karma auf: 1) Handlung, Werk, Tat; 2) Heiliges Werk, Opferhandlung Ritus.

tenden Werk, das zwischen 200 v. Chr. und 200 n. Chr. entstanden sein mag:

„Jede Handlung, die dem Denken, der Rede oder dem Körper entspringt, trägt eine gute oder schlechte Frucht; die Zustände der Menschen, ob hoch, niedrig oder mittelmäßig, entstammen diesen Handlungen."[6]

Und so ist zu denken, dass diese Früchte der Taten nicht nur in einem einzigen Leben eines Lebewesens abgegolten werden, denn nicht selten ist zu beobachten, dass Gutes unbelohnt, Böses unbestraft bleibt. Der Ausgleich der Gerechtigkeit vollzieht sich gemäß dem Weltgesetz von Ursache und Wirkung über ein einziges Leben hinaus. Die Vergänglichkeit, die in der Zeitfolge der Kausalität erscheint, umfasst alles in dieser Welt, alle Lebewesen, insbesondere auch den Menschen. Im großen Epos „Mahābhārata", der „Großen Erzählung von den Bhāratas", einem Epos, das neben der Geschichte selbst eine kaum überschaubare Fülle von religiösen und philosophischen Gedanken enthält,[7] belehrt der dem Weltgesetz Dharma eng verbundene Weise Vadura den König Dhṛtarāṣṭra:

„All das, worüber wir uns hier Sorgen machen [...], ist unbeständig. Die Welt ist wie eine Bananenstaude: Es gibt darin keinen festen Kern. Die Weisen sagen, die Körper sterblicher Wesen sind Häuser, die mit der Zeit verfallen. Der Geist allein verleiht Schönheit. So wie einer ein abgetragenes oder auch nicht abgetragenes Gewand ablegt und Gefallen an einem anderen findet, so verhält es sich mit dem Leib verkörperter Wesen. [...] Die Wesen finden ihren Aufenthalt hier, er sei leidvoll oder lustvoll,

---

[6] Manusmṛti. *Manus Gesetzbuch* II, 12, 3; Michaels S. 265.
[7] Zum Mahābhārata: *Mahābhārata. Die große Erzählung von den Bhāratas. In Auszügen aus dem Sanskrit übersetzt, zusammengefaßt und kommentiert von Georg von Simson.* Berlin 2011.

aufgrund der von ihnen selbst begangenen Taten. Durch die Taten erlangt man Himmel, Lust oder Leid [...]. Ohne dass er Kontrolle darüber hat, oder auch nach eigener Bestimmung, trägt einer daher seine Last. So wie ein tönernes Gefäß in Stücke gehen kann, während es gerade auf die Töpferscheibe gestellt worden ist, oder wenn es schon bearbeitet wird oder eben fertiggestellt ist oder wenn es beim Herabnehmen zerbricht oder nachdem es heruntergenommen ist, sei es, daß es noch feucht ist oder schon trocken, oder während es gebrannt wird oder während es aus dem Brennofen geholt wird oder danach, schon herausgeholt, oder während es benutzt wird – ebenso verhält es sich mit dem Körper verkörperter Wesen: Er kann zerstört werden, sei es als Fötus oder nach der Geburt oder innerhalb eines Tages oder nach einem halben Monat oder nach einem Monat oder nach einem Jahr, nach zwei Jahren, im Jugendalter, im mittleren Alter oder auch, wenn er alt geworden ist. Gemäß ihrer früheren Taten entstehen die Wesen, oder sie vergehen. Wenn die Welt ihrem Wesen nach so ist, weshalb empfindest du dann das Leid anderer nach? So wie irgendein Wesen sich spielerisch im Wasser bewegt, mal taucht es auf, mal taucht es unter, o König, ebenso tauchen (die Wesen) mal aus der Verstrickung in die zeitliche Existenz *(saṃsāra)* auf, mal gehen sie unter. Diejenigen, die wenig Verstand haben, empfinden Pein, gebunden durch den Genuß ihrer Taten. Die aber Einsicht haben, fest in der Wahrheit verankert sind, nach dem Ende der Existenz in der Zeit suchen und wissen, wie die Begegnungen zwischen den Wesen zustandekommen, die erreichen das letzte Ziel."[8]

---

[8] Mahābhārata XI, 3; Übersetzung von Simson, a. a. O., S. 354 f.

„Gemäß ihrer früheren Taten entstehen die Wesen". So heißt es in der „Manusmṛti", dem „Gesetzbuch des Manu", in deutlichen Worten: „Einer Frau, die ihrem Mann untreu wird, hängt in der Welt Schande an; sie gelangt in den Schoß eines Schakals und wird mit üblen Krankheiten gequält sein. Die Frau, die ihren Ernährer nicht hintergeht und in Gedanken, Rede und Körper gezügelt ist, erlangt die Welten ihres Ehemannes und wird von den Guten ‚eine Gute' genannt."[9]

Wenn also „die Welt ihrem Wesen nach so ist", so ist die Wiedereinkleidung dessen, was als Lebensprinzip in den Wesen lebt, notwendig. Widerspricht dieser Gedanke nun der Erfahrung, die bewusste Wesen in ihrem Leben machen, indem sie dessen Einmaligkeit annehmen? Keineswegs. Die überall zu beobachtende Kausalität legt nahe, dass mit dem Ende einer Existenz die Macht dieser Kausalität nicht endet, also weitere Wirkungen eintreten. Der Gedanke der Wiedereinkleidung gemäß der Frucht der Taten erklärt vor allem die offensichtliche Ungleichheit von Wesen. Insbesondere bei Menschen ist deutlich, dass sie schon durch ihre Abstammung, durch physische und psychische Veranlagungen und durch die unterschiedlichen sozialen Verhältnisse ihrer Herkunft und ihres Aufwachsens unterschiedliche Lebensmöglichkeiten haben. Wie wäre dies bei Annahme eines einmaligen Lebens und Annahme eines gerechten und allmächtigen Schöpfergottes zu erklären? Und nochmals: wie wäre zu erklären, dass Gutes unbelohnt, Böses unbestraft bleibt? Die Annahme einer kausal den Tatfrüchten folgenden Wiedereinkleidung hingegen gibt allen Lebewesen die gerechte jeweilige Existenzform als Frucht vorherigen Lebens. Damit wird der Ausgleich der Gerechtigkeit durch Kausalität vollzogen. Der „ewige Dharma"[10] bestimmt in dieser Weise alles. So folgt Existenz auf Existenz. Diese fortlaufende Folge

---

[9] Manusmṛti. 5, 164–165.
[10] Vgl. Manusmṛti. 4, 138 u. a.

lässt die Lebewesen, insbesondere die Menschen, „nach dem Ende der Existenz in der Zeit suchen"; mag es noch vorstellbar und gar wünschenswert sein, länger als ein einziges einmaliges Leben im *„saṃsāra"*, dem „Zusammenlauf" allen Existierens, also in der Welt des Lebendigen zu verweilen, so ist die Vorstellung, dort fortlaufend immer wieder eingekleidet zu werden, grauenhaft. Nicht nur die fortfolgende Wiederholung aller Leiden in einem Leben – Ängste, Krankheiten, Sterben, Verluste – ist es, sondern es ist auch der Gedanke, durch nicht dem Dharma entsprechender Lebensführung eine mindere Existenzform ertragen zu müssen, der diese Vorstellung von einer unendlich scheinenden Wiederholung allen Lebens zu einem Schrecken macht. Andererseits verpflichtet die fortlaufende Folge von selbstverursachten und gemäß der Kausalität des ewigen Dharma eintretenden Wiedereinkleidungen zu höchster Selbstverantwortung, denn keine höhere Macht kann diese Kausalität brechen.

Daher wird eine Ausflucht, eine Erlösung (*„mokṣa"*) gesucht, dieser fortlaufenden Kausalfolge zu entkommen. Wie ist es nun denkbar, der überall waltenden Kausalität zu entgehen, um nicht schier unendlich oft Wiedereinkleidung zu erfahren, Wiedereinkleidungen mit allen Beschwerlichkeiten des Lebens?

3. Alles ist Eines – Eines ist Alles

Es ist einsichtig, dass die Macht der Kausalität nicht leicht mit dem Einsatz des menschlichen Willens gebrochen werden kann. Der Wille, der Wunsch, diese Macht zu brechen, bringt als Ursache abermals Wirkung hervor und befestigt damit die Kausalität. Es muss also versucht werden, gerade ohne Entfaltung eines Willensaktes, ohne Denkbewegung oder Handlung zu sein, um keine weitere Kausalität auszulösen, mithin die Kausalketten zu unterbrechen.

Daher wird dies in verschiedenen Lehren, die verschiedene Inhalte von Religion begründen, vermittelt. Alle diese Lehren tragen vor, wie keinerlei kausale Wirkung seitens eines Lebewesens hervorgebracht werden kann. Auf dieses Ziel hin bilden sich verschiedene „Wege" und eine unüberschaubare Vielzahl von Mischformen dieser Wege. Es ist eine Frage der Definition, ob diese Verschiedenheit als Plural von Religionen aufgefasst werden kann, denn viele Inder haben „kein Problem, verschiedenen solchen ‚Wegen' gleichzeitig anzugehören oder sie zu befolgen. Die einzelnen Kulte, Sekten, Philosophien und theistischen Systeme sind deshalb nicht [...] verschiedene Religionen, sondern kognitive Systeme oder sozio-religiöse Institutionen einer Gesellschaft, die sich auf eine prinzipielle Austauschbarkeit und Identität der Glaubenssysteme verständigt hat."[1]

Wie aber kann ein Lebewesen, das in immer neuen Einkleidungen existiert, einen solchen Weg gehen und verhindern, dass der immer neu eingekleidete Lebenskern Kausalität auslöst? Dieser Lebenskern ist das stets gleichbleibende „Selbst" („Ātman"). Würde sich dieses verän-

---
[1] Michaels, *Hinduismus,* S. 35.

dern, gäbe es ja keine Wiedereinkleidung; es muss also ein kontinuierlich konstantes „Selbst" gedacht werden, das sich nicht verändert und immer wieder neu eingekleidet wird gemäß der Frucht der Taten. Dieses „Selbst" ist das Prinzip der Selbstbewegung des lebendigen Körpers; es ist an sich ohne Veränderung, wird also nicht bewegt, schafft aber Veränderung, löst also Bewegung aus. Eben dies Auslösen von Bewegung muss verhindert werden, wenn die Kausalität unterbrochen und damit beendet werden soll. Grundsätzlich sind hierfür drei Möglichkeiten denkbar, welche in den drei großen „Wegen" verwirklicht werden. Jeder dieser „Heilswege" („Mārga") wird in vielen unterschiedlichen Schulen gelehrt und ist nicht selten mit einem oder mehreren der philosophischen Systeme („Darśana") verbunden. Grundsätzlich lassen sich die drei großen „Wege" charakterisieren:

Es ist zu erkennen, dass jegliche Kausalität stiftende Willensbewegung zur Ruhe zu bringen ist, so dass der Atman völlig ohne Willens- und Denkbewegung ist, keine Bewegung mehr auslöst und dadurch von Kausalität frei wird („Karma-Mārga", „Karma-Yoga"). Dies kann durch Nicht-Handeln oder durch willenloses Handeln erreicht werden.

Es ist zu erkennen, dass die gesamte Welt der Vielheit und Kausalität Schein („Māyā") ist, mithin in Wahrheit gar keine Wiedereinkleidung stattfindet (Vedānta-Schulen), oder dass diese Welt vollkommen getrennt vom eigenen Selbst ist (Dvaita-Schulen, Sāṃkhya-Schulen).

Es ist zu erkennen, dass der eigene Wille vollkommen mit dem Willen eines Anderen (eines Geliebten, z. B. sehr verbreitet Krishna) zu verschmelzen ist (Bhakti-Schulen).

Alle diese Wege, die durch eine Vielzahl von Riten und Kulthandlungen begleitet werden, beenden die fortlaufende Folge von Wiedereinkleidungen und führen mithin zu glücklicher Gegenwart.[2]

Zunächst ist einzusehen, dass die gegenwärtige Existenzform Produkt der eigenen früheren Taten ist, also selbstverantwortet und nicht durch eine Gottheit oder ein Geschick hervorgebracht. Und dies in strenger Kausalität, die keine Ausnahme kennt: eine der berühmtesten Schriften der indischen Geisteswelt ist die „Bhagavad Gītā", „Des Erhabenen Gesang".[3] In diesem Werk wird geschildert, wie der Held Arjuna von seinem Wagenlenker – dem Lenker des Lebenswagens – Krishna belehrt wird, auch gegen seine eigene Familie zu kämpfen, um den Unrechtszustand der Usurpation seines Thrones zu beseitigen. Die Wiederherstellung des Dharma, des normativen Rechts, ist die Aufgabe des Helden, ungeachtet der Situation. Dies entspricht einer streng kausalen Auffassung allen Geschehens, die keine situativen Ausnahmen zulässt. Auf dieser Grundlage ist zu erkennen:

Weg der Tat: Karma-Mārga

Aller weltlichen Kausalität ist dadurch zu entgehen, dass selbst keine Kausalität mehr ausgelöst, also vollkommene Bewegungslosigkeit erreicht wird. Dies kann geschehen, wenn keine Relation zum Handeln oder gar zur Frucht des Handelns hergestellt wird, alle Relationen, die durch Wünsche oder Vorstellungen den Geist binden, abgebrochen werden und in vollkommener Absichtslosigkeit der Lebenskern „Atman" freigelegt wird, um unsterblich zu sein.[4] Da-

---

[2] Zur indischen Philosophie noch immer vorzüglich Erich Frauwallner, *Geschichte der indischen Philosophie*. 2 Bde. Salzburg 1953 und 1956.
[3] Dazu Michael von Brück, *Bhagavad Gītā. Der Gesang des Erhabenen. Aus dem Sanskrit übersetzt und herausgegeben.* Frankfurt a. M. 2007.
[4] Vgl. Brihadaranyaka-Upanishad 4. 4. 22; dazu Michaels, *Hinduismus*, S. 354 ff.

mit wäre die Kette der Kausalität unterbrochen und Befreiung aus der fortlaufenden Folge von Wiedereinkleidungen erreicht. Dieser „Karma-Mārga", „Weg der Tat", beruhigt nach und nach alle bewusste Bewegung von Körper und Geist, indem er nach und nach alle Wünsche und Ziele löscht. So wird gehandelt, denn Nicht-Handeln in Vollkommenheit ist nicht möglich. Dazu lehrt Krishna in der „Bhagavad Gītā":

> „Nicht dadurch, daß er überhaupt nicht mehr handelt,
> gelangt der Mensch zur Freiheit von karmischen Fesseln,
> und auch durch Entsagung
> erreicht er keine Vollkommenheit.
>
> Keiner kann auch nur einen Augenblick
> jemals völlig ohne Handeln sein,
> denn die Grundkräfte der Natur
> lassen jeden unwillkürlich handeln."[5]

Keinesfalls aber soll auf die Früchte der Handlungen geachtet werden. Abermals Krishna in der Bhagavad Gītā:

> „Du bist zuständig allein für das Tun,
> niemals aber für die Früchte des Handelns.
> Dein Motiv soll nie Frucht des Handelns sein,
> hafte aber auch nicht an der Vorstellung vom
> Nicht-Handeln an.
>
> Vollziehe dein Handeln in der Grundhaltung des Yoga,
> wobei du das Anhaften aufgegeben hast, o Schatz-Bezwinger,
> indem du Gleichmut bei Erfolg und Mißerfolg bewahrst.
> Gleichmut bewahren – das ist Yoga!
>
> Denn bloßes Handeln gilt bei weitem weniger
> als der Yoga der Einsicht, Schatz-Bezwinger.
> Suche Zuflucht in Einsicht!

---

[5] Bhagavad Gītā III, 4–5; von Brück a. a. O., S. 27.

Bedauernswert, wer von Ergebnissen des Handelns
motiviert ist.
Wer in Vernunft geeint ist,
läßt hier gutes und böses Handeln hinter sich.
Deshalb übe dich in der Einung!
Yoga ist Geschicklichkeit im Handeln."[6]

Gibt es aber kein Anhaften mehr, dann auch weder Kausalität noch Wiedereinkleidung. Dann ist keine Vielheit mehr da, an die Anhaftung bestünde. Alles ist Eines, daher gibt es auch nicht die Handlungen des Einzelnen, wie der Weise erkennt:

„Der im Yoga Geübte, dessen Selbst gereinigt ist,
dessen Selbst und Sinne kontrolliert sind,
der sein Selbst als das Selbst aller Wesen erkennt,
befleckt sich nicht, auch wenn er handelt.

Ich bin es gar nicht, der handelt,
denkt der im Yoga Geübte, der die Wahrheit kennt,
beim Sehen, Hören, Berühren, Riechen,
Essen, Gehen, Schlafen, Atmen,

Beim Sprechen, Entleeren, Greifen,
auch beim Öffnen und Schließen der Augen.
Er weiß genau, daß es die Sinne sind,
die auf die Sinnesobjekte einwirken.

Wer so handelt, daß er die Handlungen dem Brahman zuschreibt
und das Anhaften aufgegeben hat,
wird sowenig vom Übel verunreinigt
wie das Lotosblatt vom Wasser."[7]

Damit wird die reine Gegenwart des Allgegenwärtigen gewonnen, das reine Glück der Gegenwart, die keine Kausalität kennt, erlangt wird die Ruhe im Brahman:

---
[6] Bhagavad Gītā II, 47–50; von Brück a. a. O., S. 23.
[7] Bhagavad Gītā V, 7–10; von Brück a. a. O., S. 42.

„Dem Allgegenwärtigen kommt weder
das Schlechte noch das Gute von irgendeiner Tat zu.
Weisheit wird von Unwissenheit verhüllt,
deshalb sind die Menschen verwirrt.

Solchen aber, die diese Unwissenheit über das Selbst
durch Erkenntnis überwunden haben,
strahlt diese Erkenntnis wie die Sonne,
um das Höchste auszuleuchten.

Die Vernunft darauf gerichtet, das Selbst darin eins,
darauf gegründet und dieses zum höchsten Ziel,
werden sie nicht wiedergeboren,
denn ihre Übeltaten sind durch Erkenntnis abgeschüttelt.

Schon auf Erden ist der Geburtenkreislauf überwunden
von denen, deren Bewußtsein in allem das Gleiche erblickt.
Denn Brahman ist ohne Befleckung in allem gleich.
Darum gründen sie im Brahman.

Wenn man Liebenswertes erhält, soll man sich nicht erregen,
noch soll man schaudern, wenn einem Häßliches widerfährt.
Mit unerschütterlicher Vernunft, ohne Verblendung,
ruht der im Brahman, der Brahman erkannt hat.

Wessen Selbst unberührt ist von der Berührung mit äußeren Dingen,
findet das Glück in seinem Selbst;
wessen Selbst durch Yoga mit Brahman vereint ist,
der erlangt unzerstörbares Glück."[8]

Und so ist die Erlösung erreicht: durch Nicht-Anhaften befreit sich der Wesenskern, der Lebenskern und kommt zur glückseligen, unzerstörbaren Ruhe.

---

[8] Bhagavad Gītā V, 15–21; von Brück a. a. O., S. 43 f.

Weg der Erkenntnis: Jñāna-Mārga

Aller weltlichen Kausalität ist auch dadurch zu entgehen, dass eine entscheidende Erkenntnis, ein „Wissen" („Jñāna") gewonnen wird. Zu erkennen ist: wenn das in einem Lebewesen eingekleidete Lebensprinzip („Ātman") stets immer wieder eingekleidet wird, muss es selbst konstant mit sich identisch sein, da es ja sonst seine Identität nicht wahrte. Es ist also bewegungslos unverändert und löst gleichwohl Veränderung, Kausalität aus. Bedenkt man nun den allerersten Anfang, den Urgrund („Brahman") aller Kausalität, so muss dieser Anfang ebenfalls bewegungslos unverändert und Kausalität auslösend sein. Da nun „Ātman" als bewegungslos begriffen ist, kann er sich nicht von „Brahman" entfernt haben, da sonst ein Selbstwiderspruch entstünde: also ist er mit „Brahman" identisch. Daher ist die Suche nach dem ersten Anfang von Allem eine Suche nach dem bewegungslosen Urgrund, der nicht kausal verursacht ist und daher Ruhe und Bewegung – im Sprachbild: Schlaf und Ausatmen des Gottes Brahmā – vereint: „Ich neige mich vor dem uranfänglichen Weltgeist (Puruṣa), dem vielangerufenen und vielgepriesenen Herrn, (der identisch ist mit) der Wahrheit, dem aus einer Silbe bestehenden Brahman [der Silbe *om*], dem Manifesten und Nichtmanifesten, dem Ewigen, das da ist und nicht ist, dem Ganzen, das jenseits von Sein und Nichtsein ist, vor dem alles umschließenden Schöpfer, dem Uralten, Höchsten, Unvergänglichen; dem Glückbringenden, der selbst Glück ist ..."[9]

So heißt es: „Denn der Urgrund *(brahman)* ist dieses gesamte All. Der Urgrund ist der Wesenskern *(ātman)* hier."[10] Dieser Lebenskern, dieser „Wesenskern ist makellos: Er ist

---

[9] Manusmṛti I, 20 f. Übersetzung: Manusmṛti. *Manus Gesetzbuch. Aus dem Sanskrit übersetzt und herausgegeben von Axel Michaels unter Mitarbeit von Anand Mishra*. Berlin 2010, S. 11.
[10] Māṇḍūkya-Upaniṣad 2; Übersetzung Walter Slaje, *Upanischaden. Ar-*

alterslos, unsterblich, kummerlos, ohne Hunger, ohne Durst."[11] Daher gibt es einziges absolutes Alles, das Eines ist. In dieser Weise auch belehrt der Vater den Sohn: „Das ganze All hier ist wesensidentisch *(etadādmya)* mit dieser Feinstofflichkeit [des Seienden]. Sie ist wahr *(satya)*, sie [ist Dein] Wesenskern *(ātman)*. So geartet *(tad)* bist Du …"[12]

Folglich ist die Vielheit der erscheinenden Welt „Māyā", „Schein". Im „Schein" gibt es aber in Wahrheit keine Wiedereinkleidung. Folglich ist mit der Einsicht in die Identität von „Atman-Brahman" auch die kausale Wiedereinkleidungskette als Schein entlarvt oder als bedeutungslos, und es kann keine Wiedereinkleidung folgen.[13] Diese Lehre wurde in späterer Zeit von dem Philosophen Śaṃkara (zweite Hälfte des 7. Jahrhunderts n. Chr.) ausgearbeitet:

„Für Śaṃkara ist der Ātman, das Selbst des Menschen, identisch mit dem Brahman, der Realität, der alles zugrunde liegt und die alles erst begründet. Für ihn ist das Brahman also absolut, ohne ein Zweites *(advaya)*, eigenschaftslos, unveränderbar, es ist bloßes Sein *(sat)*, reines Bewußtsein *(cit)* und höchste Wonne *(ānanda)*, aber es wird auch – schwach theistisch – als Herr oder höchster Herr *(īśvara, parameśvara)* und Selbst *(ātman)* bzw. höchstes Selbst *(paramātman)* bezeichnet. Alles andere ist demzufolge unwirklich, der Welt der Zweiheit, der vielen Namen und Formen zugehörig, die zwar ebenfalls vom Brahman entfaltetes Sein oder seine Schöpferkraft *(māyā)* ist, aber nur in ihrer nicht-entfalteten Form, man könnte auch sagen: nur in ihrer nicht-empirischen Wirklichkeit. Diese Konstruktion hat vor allem Auswirkungen auf die Brahman-Ātman-Identität: Auch der Mensch ist Brahman, aber nur in seiner nicht-em-

---

kanum des Veda. Aus dem Sanskrit übersetzt und herausgegeben. Frankfurt am Main und Leipzig 2009, S. 377.

[11] Chāndogya-Upaniṣad VIII, 7, 1; Slaje a. a. O., S. 339.
[12] Chāndogya-Upaniṣad VI, 8, 7; Slaje a. a. O., S. 312.
[13] Dazu Frauwallner, a. a. O., Bd. 1, S. 41 ff.

pirischen, nicht-entfalteten Form, derer er sich bewußt werden muß; andernfalls hat er zu leiden. Wichtig dabei ist, daß der Mensch nicht Brahman *werden* kann, denn dann wäre ja das Brahman nicht schon in ihm und er könnte die Einheit nicht erfahren, und er kann es auch nicht schon sein, denn dann müßte er es nicht mehr werden. Die Lehre von der Nicht-Zweiheit fordert daher, was sie im Grunde leugnet: die Einheit von Ātman und Brahman. Auch hier führt der Ausweg über zwei Formen des Wissens, denn nur aus Unwissen (*avidyā*) gibt es für den Menschen Zweiheit. Das (höhere) Wissen hingegen kann die Nicht-Zweiheit in sich erkennen und vollziehen.

Das Unwissen beruht nach dem Śaṃkara auch auf einem Mißverständnis von Sprache, vor allem der ersten Person des Personalpronomens, wodurch man verleitet werde, sich stets mit dem Vergänglichen zu identifizieren. Durch Sätze wie ‚Ich bin dies' (*aham idam*) oder ‚Dies ist mein' (*nama idam*) sei man versucht, sich mit dem Ungeistigen gleichzusetzen, auch mit psychischen und physischen Formen, mit dem eigenen Körper, mit Charaktermerkmalen, mit körperlichen oder seelischen Befindlichkeiten. Auf diesem Wege werde aber dem Ich eine Existenz zugeschrieben, die es nicht haben könne oder nur, wenn es mit der einzigen Realität, dem Brahman, identifiziert werde. Alles andere seien Identifikationen (*adhyāsa*) ungleicher Größen und damit irrtümlich. Der einzige Weg zur Befreiung sei die Erkenntnis (*vidyā, vijñāna*) der Deckungsgleichheit von Brahman und Ātman. Nur dann kann die Aussage ‚Ich bin das Brahman' richtig sein, weil das Ich nicht mehr als verschieden vom Brahman gesehen wird und Brahman nicht mehr Objekt der Wahrnehmung des Ich ist.

Bei Śaṃkara ist Nichterlösung eingebettet in eine deutliche Konzeption vom Kreislauf der Wiedergeburten (*saṃsāra*). Erlösung ist die Brahman-Ātman-Identifikation, die weder gedanklich noch durch Taten – beides gehört der Welt der Vergänglichkeit an – angestrebt werden kann, sondern die sich nur bei geeigneter Vorbereitung und – eine besondere Komponente Śaṃkaras – durch Schriftoffenbarung einstellen kann."[14]

So ist Alles Eines in Nicht-Zweiheit, in Wahrheit aber Eines – nur die Sprache verleitet, sich mit Kausalität und Vergänglichem gleichzusetzen. Der Wissende aber durchschaut dies und erkennt die unvergängliche Einheit von Allem. Mit dieser Erkenntnis ist die Erlösung aus der als unwahr durchschauten Folge von Wiedereinkleidungen vollzogen.

Weg der liebenden Hingabe: Bhakti-Mārga

Aller weltlichen Kausalität und damit aller Wiedereinkleidung ist schließlich auch dadurch zu entgehen, dass in vollkommener Hingabe des eigenen Willens an einen anderen Willen nur der andere Willensträger Karma, also Kausalität, hervorbringt: man macht sich gleichsam zum vollkommenen Instrument des Willens des Anderen in hingebender Verehrung und Liebe („Bhakti"). Hier haben besonders die Gottheiten ihren Platz, und unter diesen insbesondere Krishna.[15] Und hier haben auch Gaben an Gottheiten ihren Platz sowie die Gnadengaben der Gottheiten an diejenigen, die sie verehren. Gelingt nun diese vollkommene Verehrung, so verschmilzt der Verehrende mit dem Verehrten vollkommen und befreit sich dadurch aus der fortlaufenden Folge von Wiedereinkleidungen.

„Von Ich-Sucht, Gewalt, Stolz,
Begierde, Zorn und Habsucht sich frei machend,
ohne Besitzanspruch und in Frieden,
so ist er fähig, mit Brahman eins zu werden.

---

[14] Michaels, *Hinduismus*, S. 296 f.
[15] Dazu Michaels, *Hinduismus*, S. 277 ff.

Wer Brahman geworden ist, ein ruhig-klares Selbst hat,
trauert um nichts und begehrt nichts.
Gleichgesinnt gegenüber allen Wesen
erreicht er die höchste liebende Hingabe an mich.

Durch liebende Hingabe an mich erkennt er,
wie groß und wer ich in Wirklichkeit bin.
Wer mich dann in Wirklichkeit erkannt hat,
geht im Nu in mich ein.

Wenn er darüber hinaus alle Taten stets
im Vertrauen auf mich vollzieht,
erlangt er durch meine Gnade
die ewige, unvergängliche Seinsweise.

Indem du im Geist alle Taten auf mich legst,
mich zu deinem Höchsten machst,
indem du dich auf den Yoga der Einsicht stützt,
versenke deinen Geist ununterbrochen in mich!"[16]

Hier wird deutlich, dass in der liebenden Hingabe des Bhakti-Mārga sowohl Alles Eines wie aber auch Eines, Einer Alles ist. Jegliche, von sich selbst und dem eigenen Selbst absehende Liebe, führt zu Krishna, der Alles ist:

„Von mir, in meiner unentfalteten Gestalt,
wird dieses ganze Universum entfaltet,
Alle Wesen befinden sich in mir,
aber ich gehe nicht in ihnen auf …

Auch jene, die andere Götter anbeten,
opfern doch mit gläubigem Vertrauen
und damit eigentlich ja mir, Kuntī-Sohn[17],
obgleich sie nicht der Regel gemäß opfern …

Gleich bin ich zu allen Wesen,
der eine ist mir nicht verhaßt und der andere lieb.

---

[16] Bhagavad Gītā XVIII, 53–57; von Brück a. a. O., S. 121.
[17] Der Held des Epos, Arjuna.

Die mich aber in Hingabe liebend verehren,
die sind in mir, und ich bin auch in ihnen."[18]

Und daher spricht der Held Arjuna in der Bhagavad Gītā zu Krishna:

„Du bist der Ursprungsgott, der alte personale Geist,
du bist der höchste Ruheplatz der Welt;
du bist Erkenner, Gegenstand des Erkennens und höchste Stätte,
von dir wurde das All ausgebreitet, o du Grenzenlos-Gestaltiger."[19]

Erlösung aus der Welt der Kausalität ist, sich mit Krishna oder einem anderen Herrn („Īśvara") zu vereinen und in Liebe zu verschmelzen, seinen eigenen Willen vollkommen aufzugeben für den Willen des Geliebten und dies in vollkommen selbstloser Weise. Denn jede andere Liebe verfehlt die Aufgabe des eigenen Kausalität hervorbringenden Willens und Handelns. Daher spricht der Erhabene, Krishna, mahnend zu den schönen, ihn liebenden Hirtinnen, denen er seine Liebe schenkt, wodurch er zum „Herrn" wird. Krishna wird oftmals mit Hirten und Hirtinnen in Verbindung gebracht. In diesem göttlichen Liebesspiel mit den schönen Hirtinnen wird die gesamte Welt zum Schauplatz und Spiegel der Liebe, die den Gott mit den Menschen vereint und die Welt schön erscheinen lässt nur durch die verschenkende Liebe, denn: „Die nur für Gegenliebe lieben, ihr Freundinnen, sind nur auf eigenen Vorteil bedacht; da ist weder Liebe noch Tugend, das ist reine Selbstsucht, sonst nichts."[20] Und Selbstsucht bringt Wirkung hervor, also Kausalität, und hindert alle Erlösung, indem Alles nicht Eines ist und Eines nicht Alles.

---

[18] Bhagavad Gītā IX, 4; IX, 23; IX, 29; von Brück a. a. O., S. 63 f.
[19] Bhagavad Gītā XI, 38; von Brück a. a. O., S. 82.
[20] Bhagavata-Purana 10, 31, 16 ff.

4. Das Menschenleben – Gleichsein mit dem Dharma

Der Mensch ist, indischer Tradition nach, ein Lebewesen innerhalb vieler anderer Lebewesen, von denen viele über ihm, viele unter ihm in der Rangfolge von Wiedereinkleidungsformen zu finden sind. Aber auch die Menschen selbst sind nicht alle gleichrangig. Sie unterscheiden sich nach dem Rang ihrer Herkunft durch ihre Geburt in Stände und Kasten, in Kastenlose, in Inder und Nicht-Inder. In dieser genauen Einteilung wird die Genauigkeit des alle Kausalität bestimmenden Weltgesetzes, des Dharma, deutlich. Die feinen Unterschiede, die sich zwischen den jeweiligen Wirkungen der Denk- und Handlungsweisen der Menschen ergeben, erstrecken sich bei den Lebewesen nicht allein auf die groben Unterscheidungen zwischen Pflanzen, Tieren, Menschen, Gottheiten und Göttern, sondern auch auf die Unterscheidungen zwischen verschiedenen Menschen selbst. Keineswegs sind alle Menschen gleich, wie sich an ihren physischen und psychischen Unterschieden, an ihren unterschiedlichen Eigenschaften und Begabungen schon von Geburt an zeigt.

Des Menschen Leben wird aber nicht nur durch unterschiedliche Geburt bestimmt, sondern – für manche Stände und Kasten – auch durch die Einteilung dieses Lebens in Lebensstufen. Wieder ist es die genaue Differenzierung, die eine solche Einteilung als sinnvoll erscheinen lässt: das Kind ist nicht in allem dem Erwachsenen, dieser nicht in allem dem Greise gleich; der Familienvater unterscheidet sich vom Waldeinsiedler, dieser vom entsagenden Wanderasketen. So wird in den von dem höchsten Stand entwickelten Lehren das Menschenleben der höheren Stände idealtypisch in vier Lebensstadien eingeteilt, die es zu durchleben gilt.[1]

---
[1] Vgl. dazu Michaels, *Hinduismus*, S. 107 ff.

Allen Lebewesen mit Bewusstsein, also auch allen Menschen, ist der Wunsch eigen, die Welt der Kausalität und damit die Welt der Wiedereinkleidungen zu verlassen. Bei allen Wegen zu diesem Ziel ist zu erkennen, dass dieses Ziel durch Gleichsein, also durch Identifikation oder Verschmelzung mit dem Prinzip von Allem zu erreichen ist, und sei dies auch nach einer Reihe von stets höherrangigen Wiedereinkleidungen.

Dies sozio-religiöse System, das den einzelnen Menschen bestimmt, beruht wie alle anderen Überlegungen des Hinduismus auf der Annahme der Herrschaft der Kausalität. Alle Lebewesen, so auch die Menschen, ernten die Früchte ihrer Taten gemäß dem Karma-Gesetz und sind deshalb für ihre Existenzform wie auch für den Ablauf ihres jeweiligen Lebens selbst verantwortlich. Die genauen und festen Regeln, insbesondere die Riten, die ihnen dafür gegeben werden, sind so genau wie möglich zu befolgen, um gemäß dem Weltgesetz, dem Dharma, zu leben. Daher ist der Tagesablauf für die unterschiedlichen Wiedereinkleidungsformen des Menschen, für die „Stände", auch in Einzelheiten festgelegt. Die vier „Stände" („*varna*", auch „Kasten" genannt[2]) sind die „Brahmanen", der Stand der Gelehrten und der Priester, die „Kshatriyas", der Stand der Krieger und Kämpfer, die „Vaishyas", der Stand der Handelsleute, und die „Shūdras", der Stand der Dienstleute. In vielen Handbüchern und Schriften werden sie und ihre Pflichten beschrieben, und auch in der Bhagavad Gītā findet sich eine kurze Charakteristik der Handlungspflichten dieser Stände:

> „Die Handlungen der Brahmanen, Kshatriyas, Vaishyas und Shūdras [...]
> teilen sich ein nach den Grundeigenschaften,
> die in der je eigenen Natur der Kasten existieren

---

[2] Vgl. dazu die Bemerkungen von Michaels, *Hinduismus*, S. 188 f.

Ruhe, Selbstbeherrschung, Askese, Reinheit
Geduld und Rechtschaffenheit,
einende Weisheit, unterscheidende Erkenntnis, Frömmigkeit –
so ist das Handeln des Brahmanen, das seiner Natur entspringt.
Tapferkeit, Ausstrahlungskraft, Beständigkeit,
Geschicklichkeit und keine Feigheit in der Schlacht,
Almosengeben und vornehmes Benehmen –
so ist das Handeln des Kshatriya, das seiner Natur entspringt.
Ackerbau, Viehzucht und Handel –
so ist das Handeln des Vaishya, das seiner Natur entspringt.
Dienen ist das Handeln des Shūdra,
das auch bei ihm aus seiner Natur entspringt.
Ein Mensch erlangt Vollkommenheit,
wenn er in seinem je eigenen Handeln Genüge hat.
So höre nun, wie zu Vollkommenheit gelangt,
wer in seinem je eigenen Handeln Genüge findet:
Ein Mensch erlangt Vollkommenheit,
wenn er durch sein ihm bestimmtes Handeln den anbetet,
von dem der Ursprung aller Wesen ist,
von dem dieses ganze Universum ausgebreitet worden ist.
Besser ist es, seine eigene Pflicht unvollkommen
als die Pflicht eines anderen gut zu erfüllen.
Wer die Handlung vollzieht, die durch die eigene Natur
verordnet ist, lädt keine Schuld auf sich."[3]

Hier ist zusammengefasst, was die rechte Lebensführung ausmacht: Handeln gemäß dem jeweils vorgeschriebenen Dharma, nicht nach den Vorschriften für andere Stände,

---

[3] *Bhagavad Gītā* XVIII, 41–47; von Brück a. a. O., S. 119 f.

für andere Menschen. Nur das Vollziehen des jeweils Vorgeschriebenen entspricht dem jeweiligen Stand und damit der jeweils kausal begründeten Wiedereinkleidungsform eines Menschen. Dabei soll keine fremde Kausalkette den ruhigen Strom der jeweiligen Kausalität, an den sich einzufügen ist ohne neue Kausalität auszulösen, stören. Eine fremde Einfügung hindert die Anpassung und das Gleichsein mit dem Dharma.

Dieses den Ständevorschriften und den Kastenvorschriften vollkommen entsprechende Handeln ist einem Gebet gleich, das an den Ursprung aller Wesen gerichtet ist. So vereint sich das Handeln nach den Vorschriften des Dharma mit dem Gleichsein mit dem Dharma, und dieses wiederum mit der liebenden Zuwendung zum „Ursprung aller Wesen", der als Anfang aller Kausalität und Ende aller Kausalität Erlösungsziel ist. So ist die Folge der Wiedereinkleidungen eines Menschen von diesem Handeln bestimmt und zugleich bestimmt dieses Handeln die Möglichkeit, weiteren Wiedereinkleidungen zu entgehen.

Dazu tragen insbesondere auch die Riten und Rituale[4] bei sowie die Verehrung höherer Mächte, die Verehrung von Gottheiten, die nicht selten als Repräsentanten noch höherer Götter angesehen werden. Insbesondere ist es Krishna, eine Manifestation („*Avatāra*")[5] des Hochgottes Vishnu, dem Hingabe gewidmet wird. Diese Hingabe findet Ausdruck im täglich oder regelmäßig vollzogenen Ritual („*pūjā*"),[6] das als genaue Wiederholungshandlung nach ganz genauen Regeln vollzogen wird, damit der Vollziehende nicht durch Handlungen nach seinem eigenen Willen Kausalität und damit deren Folgen auf sich lädt. Diese Ri-

---

[4] Dazu Michaels, *Hinduismus*, S. 85 ff.; S. 250 ff.
[5] Dieser Begriff wird oftmals mit „Inkarnation" wiedergegeben. Dies ist unzutreffend, da ein „Avatāra" Aspekte eines Gottes, nicht dessen Vollkommenheit verkörpert.
[6] Dazu ausführlich Michaels, *Hinduismus*, S. 265 ff.

tuale sind je nach Stand und Lebensalter verschieden, um der Situation des Einzelnen zu entsprechen.

Die Lebensalter werden nach traditioneller Weise in vier Stadien eingeteilt, welche für die oberen drei Stände Gültigkeit haben sollen. Nach der Schülerzeit folgt die Hausvaterschaft, sodann die Zeit des Waldeinsiedlers, sodann die Zeit der Erlösung.[7] Für alle diese Zeiten sind genaue Vorschriften gültig. Der Schüler soll sich dem Studium widmen, in vollkommenem Gehorsam gegenüber dem Lehrer und mit vollkommener sexueller Enthaltsamkeit; der Hausvater soll heiraten und ein Familie gründen, soll den Wohlstand dieser Familie mehren und nach Genuss – vor allem sexuellem Genuss („*Kama*") – streben; der Waldeinsiedler verlässt die Familie, um sich in der Einsamkeit, im „Wald", wieder dem Studium der religiösen Schriften hinzugeben, Lehrer aufzusuchen und Riten zu vollziehen; der erlöste Wanderasket ist vollkommen bedürfnislos und aller Pflichten enthoben. So ist für jedes Alter das Angemessene bestimmt, wobei dieser Lebenslauf nicht in einem einzigen Leben durchlaufen werden muss, also auch ein Verbleiben auf einer der ersten drei Stufen möglich ist. Wer die vierte Stufe erreicht hat, hat alle Kausalität beendet und wird nicht mehr wiedergeboren, hat er doch nach vollkommener Angleichung an die Vorschriften des Dharma Erlösung erlangt.

---

[7] Vgl. Michaels, *Hinduismus*, S. 107 ff.

5. Warum sie glauben, was sie glauben

1. Glauben aus Erfahrungen

Die indische Religiosität spiegelt eine große Anzahl unterschiedlicher menschlicher Erfahrungen. Dies betrifft nicht nur die stets zu erfahrende Kausalität, die alles Veränderliche, mithin alles der Vergänglichkeit Unterworfene bestimmt, die alle Denkakte und Handlungen bewirkt, begleitet und vollendet, nicht nur die menschlichem Leben genau korrespondierenden personifizierten oder nichtpersonifizierten Mächte, es sind vor allem überprüfbare und daher kommunikable Erfahrungen dessen, was in der Welt der Bewegung, dem „saṃsāra", geschieht.

Warum dies aber glauben? Und was bedeutet hier „glauben"? Zu erinnern ist: die ältesten Texte indischer Religiosität heißen „Veda" = „Wissen". Für diese Tradition ist „glauben" eine Art des „wissens", ein Wissen, das „gehört" ist aus göttlicher Zuwendung, das sich aber bestätigt aus wiederholter Beobachtung. Dieses Wissen kann erlernt werden, es ist also verständlich und erlebbar.

Warum dies glauben? Dieser Glaube ist für das Denken ein Vorgang, das am wenigsten Unwahrscheinliche im Blick auf das Leben der Lebewesen, mithin des Menschen, ins Bewusstsein zu nehmen, wie auch die Vorgänge in der Welt der Bewegung und Veränderlichkeit nur dadurch von Bedeutung für ein Lebewesen sind, weil sie in das Bewusstsein aufgenommen werden. So muss auch in das Bewusstsein genommen werden, dass unbedeutend erscheinende Handlungen auch bedeutende Folgen haben können und bedeutend erscheinende Handlungen unbedeutende Folgen, die Lebewesen also nicht immer über die Ursache-Wirkung-Folge herrschen. Dies wiederum ergibt ein Wissen, das aus Erfahrungen entstanden lehrt, jede Handlung des Denkens und der äußeren Tätigkeit genau auszuüben, da jegliche dieser Handlungen Folgen – und nicht selten unabsehbare Folgen – haben. Die Erfahrung der Unverfügbarkeit eben dieser notwendig eintretenden Folgen erbringt ein Wissen um die Gewalt des Dharma, des „Weltgesetzes", und damit auch eine Einsicht in die Verantwortlichkeit, die jedes Denken und jede äußere Tätigkeit begleitet. Auch der entsprechende Glaube, der in Wissen übergeht, ist daher eine Folge von Ursachen.

Wie aber kann, so mag gefragt werden, Verantwortlichkeit eingefordert werden, wenn doch alle Handlungen kausale Folgen vorheriger Handlungen sind? Sind die Handlungen denn dann nicht determiniert, also ausschließlich notwendige Folgen vorheriger Handlungen, ohne dass der Handelnde über seine Handlungen frei verfügen könnte? Und wozu die zahlreichen Vorschriften studieren, wozu sich belehren lassen, wenn all dies doch nur bereits bestimmte Folgen zeitigte?

Die Frage nach der Freiheit der Lebewesen, zumal nach der Freiheit des Menschen, ist in allen Religionen eine Frage, die ins Zentrum von Religion verweist. Stellt sich diese Frage in den Religionen Judentum, Christentum und Islam schon deshalb, weil Gott ja von Ewigkeit her alles Wissen hat, folglich auch über des Menschen Willensentscheidungen zu allen Zeiten, und daher naheliegend zu sein scheint, dass diese Entscheidungen bereits bestimmt, weil bereits gewusst sind,[1] wodurch auch das Problem der Theodizee hervorgerufen wird.[2] So scheint der Gedanke der allumfassen-

---

[1] Diesen Zusammenhang hat, für das Christentum, Augustinus mit harschen Worten überzeugend zurückgewiesen; vgl. *De libero arbitrio* (=*Über den freien Willen*) III, 30.
[2] Vgl. aus der unüberschaubaren Literatur Gottfried Seebaß, *Willensfreiheit und Determinismus. I: Die Bedeutung des Willensfreiheitsproblems*. Berlin 2007.

den Kausalität diese Problematik ebenfalls zu treffen, indem an die Stelle Gottes die Summe der wirkenden Ursachen gesetzt wird. Wie also menschliche Freiheit erfahren, denken?

Zunächst die Erfahrungen. Menschliche Erfahrungen zeigen unmittelbar an, dass in vielen Situationen Wahlfreiheit bestehe – wie könnte sonst ausgewählt, bestellt werden bei Speise und Trank, wie gewählt werden in menschlichem Zusammenleben? Gibt es nicht jeden Tag etliche Situationen, die eine Wahl möglich machen oder erfordern, deren Richtung nicht festgelegt scheint? Die Erfahrungen des natürlichen Verstandes geben diesen Eindruck deutlich wieder, ungeachtet philosophischer, theologischer oder neurobiologischer Überlegungen. Es ist aber gerade dieser natürliche Verstand, der auch den Menschen so lange begleitet, bis Erlösung erlangt ist.

Wie kann Freiheit des Menschen in einer Welt von Kausalität gedacht werden? Hier ist zu wissen, dass die menschliche Freiheit Folge von aufgehobener Kausalität sein kann, indem die Möglichkeit besteht, einen Willensakt nicht zur Verwirklichung zu bringen. Es mag sein, dass die Wahlfreiheit eingeschränkt ist, es ist aber denkbar, die Freiheit zu haben, nicht zu wählen, keinen Willen zu entfalten, weil dann keine Kausalität wirkt. So bleibt als wahre Freiheit das Ergebnis der Reduktion des Willens: „So wie die Wasser in den Ozean fließen, / der gefüllt wird und doch unbewegt derselbe bleibt, / so erlangt Frieden jener, in den zwar alle Begierden einströmen / und der doch die Begierden nicht begehrt."[3]

Einsehbar ist dies Wissen um die Erfahrungen, einsehbar das Wissen des Denkens. Einsehbar ist, dass menschlichen Bewusstseinsakten bestimmte Mächte korrespondieren, einsehbar, dass menschliches Leben selbstverantwortet sein müsse. Einsehbar ist auch, was in den „monotheistischen" Religionen so schwer erklärbar scheint: Leiden, Krankheiten, Sterben.

---

[3] Bhagavad Gītā II, 70; von Brück a. a. O., S. 26.

2. Glauben wegen Leiden

Der Glaube, den die indische Religiosität als eine besondere Art von Wissen über Jahrtausende bewahrt und weiter entwickelt hat, ist auch hinsichtlich von menschlichem Leid, ja sogar von menschlichem Leid, das nicht auf eigenes Verschulden innerhalb eines Lebens zurückzuführen ist, nicht ohne Auskunft. Der Gedanke an ein Weiterleben des „Lebenskernes", des „Selbst", nach einer jeweiligen Einkleidung in neuen Einkleidungsformen, erklärt, dass und wie Freude und Leid in einem menschlichen Leben als selbstverursachte Folgen vorheriger Handlungen – Wirkung des „Karma" gemäß dem Gesetz des „Dharma" – begriffen werden können: „So wie das verkörperte Selbst in diesem Körper / Kindheit, Jugend und Alter erfährt, / so erlangt es einen anderen Körper, / der Weise hat daran keinen Zweifel."[4]

Der Weise, der das Wissen erlangt hat, um sodann Erlösung zu erlangen, „hat daran keinen Zweifel". Ein Zweifel müsste sich gegen die Macht der Kausalität richten. Solches aber ist nicht denkbar, weil ja auch der Zweifel eine kausal bedingte Folge wäre, dessen Ursache eben die Kausalität ist – im Versuch, das Gesetz der Kausalität zu widerlegen, wird eben dieses vorausgesetzt und dadurch bestätigt.

So kann auch für den Weisen kein Zweifel herrschen, dass Freude und Leid selbstverursachte Folgen vorheriger Handlungen in der jetzigen Lebensform oder aus früheren Einkleidungen sind. Weil diese Erklärung auch die Problematik der Ungleichheit der Chancen, die Menschen durch Erbanlagen, Sozialisation und soziale Gegebenheiten haben, einsehbar beantwortet, ist sie überzeugend. So sind gerade die menschlichen Leiden ein Grund, die Kerngedanken indischer Religiosität zu glauben, ohne sich in die Widersprüche

---

[4] Bhagavad Gītā II, 13; von Brück a. a. O., S. 18.

des Theodizee-Problems verstricken zu müssen, wie es in den „monotheistischen" Religionen begegnet.

Ein weiterer Grund, gerade wegen menschlicher Leiden zu glauben, was indische Religiosität lehrt, ist aber auch, dass eine Anzahl von Wegen gezeigt wird, wie dieses Leiden durch das jeweilige Lebewesen selbst überwunden werden kann. Dabei sind viele dieser Wege keineswegs exklusiv, sondern können mit anderen Wegen verbunden werden. So entsteht auch eine weitläufige inklusivistische, andere Heilswege einschließende und achtende Haltung. Grundsätzlich aber bleibt in allen Heilswegen die Selbstverantwortung der Lebewesen, die daher keine anderen Lebewesen für ihr jeweiliges Geschick verantwortlich machen können.

Und ein weiterer Grund legt nahe, indische Religiosität zu glauben. Der Gedanke der fortwährenden Folge von Wiedereinkleidungen des Lebenskernes aller Lebewesen lässt nur eine Möglichkeit zu, wie aus dieser Folge auszuscheiden ist: die Erlösung („*mokṣa*"). Die Vorstellung einer ewigen Hölle, die alle Hoffnung auf diese Erlösung zunichte machte, ist dieser Religiosität fremd. Dies aus einsehbarem Grunde: alle Kausalität kann nicht bewirken, dass aus einer endlichen, beschränkten Ursache eine unendliche, unbeschränkte Wirkung hervorgehen kann. Die Erlösung aber, unendlich und unbeschränkt, kann nur durch Aufhebung aller Kausalität erlangt werden. Daher ist die Selbstverantwortung der Lebewesen auf dieses Ziel hin ausgerichtet.

Vierter Exkurs:
Die Selbst-Verantwortung der Lebewesen als
Herausforderung des Christentums

Die indische Geisteswelt ist in ihrer religiösen und philosophischen Vielfalt nicht leicht zu erfassen. Und doch kann eine deutliche Herausforderung „monotheistischer" Religionen erkannt werden, die sich mithin auch auf das Christentum bezieht: die Selbstverantwortung der Lebewesen.

Alle Lebewesen sind nach hinduistischem Glauben und Wissen für ihren jeweiligen Zustand selbst verantwortlich. Dies mindert nicht, dass einzelne Lebewesen einander helfend und liebend begegnen, wie es etwa die Zuwendung des Krishna zu den Menschen vorbildlich zeigt. Auch kann hier eine Art von „Gnade" erkannt werden. Dabei ist aber zu bedenken, dass Zuwendung und „Gnade" nicht unverdient empfangen werden. Das empfangende Lebewesen hatte sich selbst in die kausal bedingte Disposition gebracht, den Lohn für dieses Verdienst zu erhalten. Unverdiente Zuwendung oder Gnade sind nicht nur gegen das Gesetz der Kausalität, sondern verletzen auch den Grundsatz der Gerechtigkeit, der im Begriff des „Dharma" mitgedacht ist. Vollkommene Gerechtigkeit für alle Lebewesen ist aber ebenso ein religiöses Postulat wie der vollkommene Ausgleich der Gerechtigkeit durch einen Gott oder durch ein „Weltgesetz".[1]

Eben dieser Ausgleich durch ein „Gericht", wie es im Christentum geglaubt wird, erscheint dem indischen Denken wenig wahrscheinlich, weil damit das Problem der Theodizee verbunden ist. Werden aber nicht die Gerechtigkeit dieses Gerichts, sondern dessen Barmherzigkeit und

---
[1] Vgl. dazu Bernhard Uhde, *Es wird, was sein soll. Religionsgeschichtliche Überlegungen zur Eschatologie*, in: Michael N. Ebertz/Reinhold Zwick (Hrsg.), *Jüngste Tage. Die Gegenwart der Apokalyptik*. Freiburg-Basel-Wien 1999, S. 104 f., hier S. 105 ff.

Gnade erhofft, scheint das Problem der Ungerechtigkeit zu bestehen, wie dies ja auch in Jesu „Gleichnis vom verlorenen Sohn" zum Ausdruck zu kommen scheint.² Einsehbar gerecht aber ist die Selbst-Verantwortung jedes Lebewesens, die Verantwortung für das eigene Selbst und dessen Wiedereinkleidung, denn einsehbar ist die strikte Kausalität.

Die Selbst-Verantwortung jedes Lebewesens unterscheidet sich nicht von der Selbst-Verantwortung anderer Lebewesen. Auch dadurch sind alle Lebewesen miteinander verwandt und streben nach demselben Ziel, nach Erlösung. Insofern kann keiner der indischen Wege einen exklusiven Absolutheitsanspruch vortragen. Auch dies ist eine Herausforderung für ein Christentum, wenn es einen solchen Anspruch vertreten will. Denn ein „monotheistischer" Absolutheitsanspruch exklusiver Art bedeutet auch, andere Religionen als nicht oder nicht in gleicher Weise zur Erlösung führend zu begreifen, um gegen den „Relativismus" zu kämpfen: „Einen klaren Glauben nach dem Credo der Kirche zu haben, wird oft mit dem Etikett des Fundamentalismus belegt; während der Relativismus, also das Sichtreibenlassen von jedem Widerstreit der Meinungen, als die einzige Haltung erscheint, die auf der Höhe der heutigen Zeit ist. Es entsteht eine Diktatur des Relativismus, die nichts als endgültig anerkennt und als letzten Maßstab nur das eigene Ich und seine Wünsche gelten lässt. Wir hingegen haben einen anderen Maßstab: den Sohn Gottes, den wahren Menschen."³ Wenn aber Menschen nur ein einmaliges Leben haben sollen, dann ist abermals eine Ungerechtigkeit zu denken: der nicht im Bereich des Christentums geborene oder sozialisierte Mensch wird einer anderen Religion ange-

---

² Lukas 15, 11 f.; s. o. S. 66.
³ Joseph Ratzinger, *Predigt in der Heiligen Messe „Pro Eligendo Romano Pontifice"*, in: *Der Anfang. Papst Benedikt XVI. Josef Ratzinger. Predigten und Ansprachen*. April/Mai 2005. Bonn 2005 (Verlautbarungen des Apostolischen Stuhles 168), S. 14.

hören, weil seine Familie und die Gesellschaft um ihn herum einer anderen Religion angehört. Er wird also zumindest auf Erden nicht dasselbe Heil erlangen können wie der Christ, ohne dass er – nach christlicher Auffassung – daran schuldig sein kann, da seine Erscheinungsform, sein Erdenleben, ja nicht als Folge eigener Handlungen in vorherigen Lebensformen angesehen wird. So erscheint also die religiöse Ungleichheit der Menschen, auch wenn sie in einem „jenseitigen Gericht" ausgeglichen werden sollte, als ein unbegreiflicher Mangel im irdischen Leben.

Für die indische Religiosität erscheint die christliche Lehre von unverdienter Gnade weder einsichtig noch gerecht. Diese Lehre gleicht einer Entlassung aus der Selbst-Verantwortung, als eine Versuchung, Handlungen nicht mit dem Bewusstsein dieser Selbst-Verantwortung auszuführen. Dies aber würde die Verletzung ethischer Forderungen fördern, weil entsprechende Handlungsfolgen nicht notwendig eintreten. So fordert die indische Religiosität das Christentum in Theorie und Praxis heraus, indem sie Einschränkung einer vollkommenen Selbst-Verantwortung anmahnt.

# V. BUDDHISMUS – Der Gedanke der Konditionalität von Allem

1. Der Buddha – Eine Erkenntnis

Der Buddhismus[1] wird durch eine überragende Erkenntnis gegründet, die von Siddhārtha Gautama, genannt „Buddha", gefunden und vorgetragen wurde. Der Zusatzname „Buddha", abgeleitet von einer Wortwurzel, die „erkennen",[2] aber auch „erwachen" bedeuten kann, bezeichnet seinen Träger als denjenigen, der etwas erkannt hat, der „erwacht" ist. Wie überragend diese Erkenntnis ist, wird deutlich, wenn die altindische Geisteswelt, in der der Buddha aufwuchs,[3] vergegenwärtigt wird. Ebenso deutlich wird die Größe dieser Erkenntnis bei der Betrachtung des Lebensweges des Buddha bis hin zu dieser Erkenntnis; dieser Lebensweg ist historisch ungesichert, aber eine idealtypische Beschreibung des Weges, wie zu der Erkenntnis des Buddha gelangt werden kann.[4]

---

[1] Die folgende Darstellung bezieht sich vor allem auf den Hīnayāna-Buddhismus („Kleines Fahrzeug", wohl eine Spottbezeichnung seitens der Gegner), der als die „alte Lehre" gilt, deutlich durch die Schulen des Mahāyāna-Buddhismus („Großes Fahrzeug") erweitert. Allen Schulen eigen aber ist die Erkenntnis der konditionalen Wechselbeziehung von Allem. Zum Buddhismus: Hans Wolfgang Schumann, *Buddhismus. Stifter, Schulen und Systeme*. München 1993 u. ö.; Michael von Brück, *Einführung in den Buddhismus*. Darmstadt 2007.
[2] ‚Buddha' stammt von der Wurzel √budh, erkennen, etwas gewahr werden u. a. (vgl. Großes Petersburger Wörterbuch, Bd. 5, S. 101–107).
[3] Die Lebensdaten des historischen Siddhārtha Gautama Buddha sind ungewiss. Die ältere Forschung gab 563–483 v. Chr. an, neuere Forschungsergebnisse legen nahe, diese Daten um etwa 100 Jahre später anzusetzen.
[4] Die nachfolgende Darstellung hält sich daher an die Überlieferung, nicht an historisch gesicherte Daten. Vgl. dazu auch Hans Wolfgang Schumann, *Der historische Buddha*. Köln 1982 (Manches in diesem Buch ist von neuerer Forschung überholt).

Der Buddha wurde als Sohn eines Gaufürsten in wohlhabenden Verhältnissen in Lumbini in Nordindien geboren. Schon die Geburt ist von einer Anzahl von Wundern begleitet, zuvor schon die Empfängnis.[5] Die Jahre des Heranwachsens verbringt Siddhārtha Gautama im elterlichen Palast zu Kapilavastu, der Hauptstadt des kleinen Reiches. Umgeben von Wohlstand, versehen mit hervorragender Erziehung in allen fürstlichen Tugenden und Künsten, heiratet er und bekommt auch einen Sohn. Er hat als dem Stand der „Kshatriyas", der Krieger und Kämpfer angehörend, die ersten beiden Lebensstufen der höheren Stände durchlebt und begibt sich nach einem prägenden Erlebnis in die „Hauslosigkeit", also den dritten Lebensabschnitt. Das Erlebnis wird so geschildert, wie es der Buddha im Blick auf eine frühere Daseinsform, deren Lebensweg seiner eigenen gleicht, ausführlich berichtet.[6] Aus der „heilen Welt" des Palastes sei er zu vier Ausfahrten aufgebrochen, zusammen mit seinem Wagenlenker – gleichsam dem Lenker des Lebenswagens – und habe jeweils eine entscheidende Begegnung „draußen in der Welt" gehabt. Er trifft einen Alten, einen Kranken und einen Trauerzug mit einem Toten, und bei jeder Begegnung fragt der junge, gesunde und lebendige Siddhārtha seinen Wagenlenker, ob ihm dies alles auch widerfahren könne. Dies bestätigt der Wagenlenker. Die letzte Begegnung aber führt zu einem Wanderpilger, einem Wan-

---

[5] Ausführlich in: *Mahāvastu*. Translated from the Buddhist Sanskrit by J. J. Jones (Sacred Books of the Buddhist Vol. XVI). London 1949, S. 117 ff. Wie dies bei vorangegangenen Buddhas ebenfalls der Fall war: *Mahāvastu* a. a. O., S. 171 f. Vgl. dazu Helmuth von Glasenapp, *Der Pfad zur Erleuchtung. Grundtexte der buddhistischen Heilslehre in deutscher Übersetzung.* Düsseldorf-Köln 1956, S. 38 f.
[6] Vgl. Karl Eugen Neumann, *Die Reden Gotamo Buddhos. Aus der längeren Sammlung Dīghanikāyo des Pāli-Kanons übersetzt* (= Karl Eugen Neumanns Übertragungen aus dem Pāli-Kanon. Gesamtausgabe in drei Bänden. Band II). Zürich / Wien 4.-7. Tausend 1957, S. 194 ff.

derasketen, der in der „Hauslosigkeit" Erlösung von allem Leid sucht.

Die Begegnungen zeigen eine Steigerung: selbst bei Erhalt der Gesundheit wird Alter eintreten, wenn nicht zuvor schon Krankheit, sicher aber der Tod. All dies ist leidvoll und ist Ausdruck der Vergänglichkeit von Jugend, Gesundheit und Leben. Und so erinnert sich der Buddha:

„Da kam mir, ihr Mönche, der Gedanke: ‚Was suche ich denn, selber der Geburt, dem Altern, der Krankheit, dem Sterben, dem Schmerze, dem Schmutze unterworfen, was auch der Geburt, dem Altern, der Krankheit, dem Sterben, dem Schmerze, dem Schmutze unterworfen ist? Wie, wenn ich nun, selber der Geburt unterworfen, das Elend dieses Naturgesetzes merkend, die geburtlose unvergleichliche Sicherheit, die Wahnerlöschung suchte? Selber dem Altern unterworfen, das Elend des Naturgesetzes merkend, die alterlose unvergleichliche Sicherheit, die Wahnerlöschung suchte? Selber der Krankheit unterworfen, das Elend dieses Naturgesetzes merkend, die krankheitlose unvergleichliche Sicherheit, die Wahnerlöschung suchte? Selber dem Sterben unterworfen, das Elend dieses Naturgesetzes merkend, die unsterbliche unvergleichliche Sicherheit, die Wahnerlöschung suchte? Selber dem Schmerz unterworfen, das Elend dieses Naturgesetzes merkend, die unbeschmerzte unvergleichliche Sicherheit, die Wahnerlöschung suchte? Selber dem Schmutze unterworfen, das Elend dieses Naturgesetzes merkend, die unbeschmutzte unvergleichliche Sicherheit, die Wahnerlöschung suchte?'

Und ich zog, ihr Mönche, nach einiger Zeit, noch in frischer Blüte, glänzend dunkelhaarig, im Genusse glücklicher Jugend, im ersten Mannesalter, gegen den Wunsch meiner weinenden und klagenden Eltern, mit geschorenem Haar und Barte, mit fahlem Gewande bekleidet, vom Hause fort in die Hauslosigkeit hinaus."[7]

Nun beginnt das Leben in der „Hauslosigkeit".[8] Siddhārtha sucht Lehrer auf, findet jedoch keine von allem Leid befreiende Botschaft. Daraufhin sucht er die Leiderlösung in strengster Askese, heißt es doch in einem für diese Hauslosigkeit bestimmten Text: „Die Askese *(tapas),* so sagen sie [ist das Höchste]. Es gibt aber keine höhere Askese als das Fasten. Denn was die höchste Askese ist, die ist schwer zu bewältigen, schwer zu überwältigen. Darum freuen sie sich der Askese."[9] Aber auch diese führt nicht zum Ziel. So zieht er sich in die Einsamkeit zurück. Dies zeigt, dass die Disposition zur entscheidenden Erkenntnis gerade nicht durch Belehrung oder strengste Askese nach Art altindischer Tradition gewonnen werden kann, sondern durch Rückzug in die Einsamkeit. Der Buddha erzählt weiter:

„Ich wanderte nun, ihr Mönche, das wahre Gut suchend, nach dem unvergleichlichen höchsten Friedenspfade forschend, im Magadhā-Lande[10] von Ort zu Ort und kam in die Nähe der Burg Uruvelā. Dort sah ich einen entzückenden Fleck Erde: einen heiteren Waldesgrund, einen hell strömenden Fluß, zum Baden geeignet, erfreulich, und rings umher Wiesen und Felder. Da kam mir,

---

[7] Karl Eugen Neumann, *Die Reden Gotamo Buddhos. Aus der mittleren Sammlung Majjhimanikāyo des Pāli-Kanons übersetzt* (= Karl Eugen Neumanns Übertragungen aus dem Pāli-Kanon. Gesamtausgabe in drei Bänden. Band I). Zürich / Wien 4. Auflage 37.-40. Tausend 1956, S. 185 f.
[8] Neumann, *Die Reden Gotamo Buddhos. Aus der mittleren Sammlung Majjhimanikāyo,* a. a. O., S. 187 ff.
[9] *Mahānārāyana-Upanishad,* 62. Anuvāka 2. Übersetzung Paul Deussen, *Sechzig Upanishads des Veda.* Darmstadt 1963 [Nachdruck der 3. Aufl. Leipzig 1921], S. 254.
[10] Magadhā ist ein nordostindisches Königreich, das Ursprungsland des Buddhismus.

ihr Mönche, der Gedanke: ‚Entzückend, wahrlich, ist dieser Fleck Erde! Heiter ist der Waldesgrund, der Fluß strömt hell dahin, zum Baden geeignet, erfreulich, und rings umher liegen Wiesen und Felder. Das genügt wohl einem Askese begehrenden edlen Sohne zur Askese.' Und ich setzte mich nun, ihr Mönche, dort nieder: ‚Das genügt zur Askese.'"[11]

„Das genügt zur Askese" – eine ruhige, heitere Umgebung und ein entsprechendes Gemüt genügen, die Einsamkeit ist Bedingung. Der Weg des Siddhārtha bis zu diesem Platz in der Einsamkeit kann auch als ein Weg des Bewusstseins verstanden werden, ein Weg von einander folgenden Vorstellungen. Sie beginnen mit dem Wunder der Geburt, setzen sich als Vorstellungen von einer „heilen Welt" – einer gleichsam kindlichen Vorstellung – fort zur ersten Einsicht in die Vergänglichkeit auch alles heil Erscheinenden bis hin zur Konsequenz aus dieser Einsicht, dem Vergänglichen zu entsagen und dadurch dem Leid zu entrinnen. Dieser Weg des Bewusstseins mündet, altindischer Tradition nach, in die Grundformen des „Karma-Mārga"[12] mit dessen Askese oder in die Grundformen des „Jñāna-Mārga"[13] mit dessen Wissenslehren. Beide „Wege" aber führen den künftigen Buddha nicht zu erlösender Befreiung vom Leid der Vergänglichkeit. Zwar begründet dies der Buddha nicht ganz genau und deutlich, aber aus seiner eigenen Erkenntnis ist dies zu entnehmen. Dem Buddha genügte nicht die Reduktion auf einen entweder bedürfnislosen Lebenskern („Ātman"), Ziel des Karma-Mārga, oder auf einen allein wirklich bestehenden, mit dem Prinzip von Allem identischen „Ātman-Brahman", Ziel des Jñāna-Mārga. Dies deshalb

---

[11] Neumann, *Die Reden Gotamo Buddhos. Aus der mittleren Sammlung Majjhimanikāy,o* a. a. O., S. 188.
[12] S. o. S. 114.
[13] S. o. S. 116.

nicht, weil mit dem Erhalt eines solchen Lebenskernes entweder weiter Kausalität verbunden ist oder aber, ohne alle diese Kausalität, Temporalität und Strebevermögen ein „Lebenskern", ein „Ich", ein „Selbst" pure grammatische Konventionen sind, deren Inhalt sich schon innerhalb einer einzigen Daseinsform nicht als ein gleichbleibender und unveränderlicher erweisen lässt. Es muss also erkannt werden, dass mit der Aufhebung einer Beziehung zu Objekten auch das Subjekt aufgehoben wird. Daher wird die erlösende Erkenntnis so geschildert:

> „So hab ich es gehört: Einst weilte der Erhabene bei Uruvelā am Ufer des Flusses Nerañjarā am Fuße des Bodhi-Baumes, unmittelbar nachdem er ein Erwachter geworden war. Damals aber saß der Erhabene sieben Tage lang mit gekreuzten Beinen, die Seligkeit der Erlösung genießend. Und nachdem der Erhabene sich nach Ablauf er sieben Tage aus dieser Konzentration erhoben hatte, betrachtete er während der letzten Wache der Nacht im Geiste aufmerksam das ‚bedingte Entstehen' in fortlaufender und rücklaufender Richtung in dieser Weise:
>
> Wenn dieses ist, ist jenes, infolge dieses [Prozesses] entsteht jener [Prozess]; wenn dieses nicht da ist, ist jenes nicht ..."[14]

Der Buddha betrachtet dies in „fortlaufender und rücklaufender Richtung". Er erkennt also: wenn dieses, dann jenes; wenn dieses nicht, dann jenes nicht. Wenn jenes, dann dieses; wenn jenes nicht, dann dieses nicht. Zunächst ist zu sehen: der Buddha sagt nicht „weil ...", sondern „wenn ...". Er spricht also nicht von Kausalität, sondern von Kondi-

---

[14] *Udana* I, 8; Übersetzung Karl Seidenstücker, *Pāli-Buddhismus in Übersetzungen. Texte aus dem buddhistischen Pāli-Kanon und dem Kammavāca. Aus dem Pāli übersetzt nebst Erläuterungen und einer Tabelle.* München-Neubiberg 1923, S. 29.

tionalität – und dies ist die entscheidende Wende gegen die altindische Geisteswelt. Der Buddha erkennt: nur *wenn* etwas Gegenstand des Bewusstseins ist, ist es dem Bewusstsein Gegenstand: nur *wenn* das „Selbst", das „Ich" einem Objekt durch Gier oder Haß verbunden ist, konstituiert sich dieses „Ich". Es besteht eine sich wechselseitig bedingende Abhängigkeit: ohne einen Gier oder Hass auf das „Ich" auslösenden Gegenstand gibt es kein nur durch Gier oder Hass bestehendes „Ich", ohne ein mit Gier oder Hass behaftetes „Ich" kann kein Gegenstand eine Beziehung zu einem „Ich" haben. Diese wechselseitige Bedingtheit wird als konditionale Wechselbeziehung von Allem erkannt.

2. Die Predigt – Wechselseitige Bedingtheit

Die überragende Erkenntnis des Buddha ist die Einsicht in die konditionale, wechselseitige Bedingtheit von Allem. Der Buddha lehrt:

> „Ob Vollendete aufgetreten sind oder nicht, fest steht dieses Grundprinzip, diese Gesetzmäßigkeit, diese gesetzliche Notwendigkeit: das Bedingtsein des einen durch ein anderes. Dies erkennt und durchschaut ein Vollendeter, und wenn er es erkannt und durchschaut hat, so teilt er es mit, zeigt es, legt es dar, stellt es fest, enthüllt es, zergliedert es und macht es offenbar."[1]

Der Buddha predigt also diese Erkenntnis und deren Implikationen viele Jahre lang und gründet mit dieser Predigt eine Gemeinde, die an seiner Lehre festhält und diese weiterverbreitet. Die Erkenntnis folgt einer Einsicht in die Grundstruktur allen Daseins: „Vergänglich ist ja, was erscheint, nur Werden zum Gewesensein: entstanden, muss es untergehen ..."[2] Diese Einsicht begründet auch die erste der „Vier hohen Wahrheiten", während die zweite die Ursache allen Leides, die dritte dessen Aufhebung und die vierte die Bedingung der Möglichkeit der Erlösung nennt:

> „Dies nun, ihr Mönche, ist die hohe Wahrheit vom Leiden: Geburt ist leidvoll, Alter ist leidvoll, Krankheit ist leidvoll, Tod ist leidvoll; Kummer, Jammer, Schmerz, Gram und Verzweiflung sind leidvoll; mit Unliebem vereint zu sein ist leidvoll, von Liebem getrennt zu sein ist leidvoll ...

---

[1] Saṁyutta-Nikāya 12, 20, 3; Übersetzung von Glasenapp, *Der Pfad zur Erleuchtung*, S. 78.
[2] Vgl. *Dīgha-Nikāya* 2.4.

Dies nun, ihr Mönche, ist die hohe Wahrheit von der Entstehung des Leidens: Es ist jener Wiedergeburt-erzeugende, von Wohlgefallen und Lust begleitete Durst, der bald hier, bald dort sich ergötzt, das will sagen: der Durst nach Sinnenlust, der Durst nach Werden, der Durst nach Vernichtung.

Dies nun, ihr Mönche, ist die hohe Wahrheit von der Aufhebung des Leidens: Es ist eben dieses Durstes spurloses, restloses Aufheben, Aufgeben, Verwerfen, Ablegen, Vertreiben.

Dies nun, ihr Mönche, ist die hohe Wahrheit von dem zur Aufhebung des Leidens führenden Pfade: Es ist das dieser hohe, achtteilige Weg, nämlich: Rechte Anschauung, rechte Gesinnung, rechtes Reden, rechtes Handeln, rechte Lebensführung, rechter Kampf, rechtes Gedenken, rechte Konzentration ..."[3]

So ist – erste hohe Wahrheit – Dasein gleichbedeutend mit Leiden, weil jegliche Relation leidbringend ist durch die wechselseitige konditionale Bindung, durch den „Durst". Dieser muss daher aufgegeben werden durch Aufhebung des Durstes und damit des diesen Durst hervorbringenden „Ich". Der Buddha erkennt: das Prinzip der Kausalität, also der immerwährenden Folge von Ursachen und Wirkungen, ist nicht schlüssig, da Ursachen und Wirkungen wechselseitig voneinander abhängig sind, also konditional verflochten, „vernetzt". Folglich gibt es keine erkennbare unveränderliche Größe im Gefüge der erschienenen Welt, keinen erkennbaren unveränderlichen „Gott", kein erkennbares unveränderliches „Selbst". Dies zu begreifen ist die erlösende Erkenntnis von aller Wiedergeburt, von allem Leiden und aller Angst – wenn es kein erkennbares Subjekt

---

[3] *Saṁyutta-Nikāya* LVI, 11; Übersetzung Karl Seidenstücker, *Pāli-Buddhismus in Übersetzungen*, S. 5.

gibt, wer sollte wiedergeboren werden, leiden, Angst haben? Als Weg zu dieser erlösenden Erkenntnis werden hohe ethische Werte, insbesondere die vollkommene Zurücknahme des eigenen Willens, gepredigt.

Die überragende Einsicht in die konditionale Wechselwirkung von Allem macht die Annahme eines „Ātman", eines unveränderten substantiell gedachten Lebensprinzips, unmöglich, weil diese Wechselwirkung durch ihre jeweilige Beziehung nichts unverändert lässt. Veränderlich sind alle einen Menschen konstituierenden Faktoren: Körper, Empfindung, Wahrnehmung, Gemütsregungen, Bewusstsein.[4] Wie ein Wagen nur dadurch, dass er in wechselseitiger Abhängigkeit seiner veränderlichen Teile funktioniert, nicht zu einem unveränderlichen „Ich", einem „Lebensprinzip" oder einer „Seele" kommt[5], so ist auch bei „Lebewesen" die Annahme eines unveränderlichen „Selbst" weder einsichtig noch zu demonstrieren. Der Buddha erkennt, dass nicht – wie in altindischem Denken – die „Objekte" des Willens aufgehoben werden müssen, sondern das „Subjekt" des Willens. Mit dieser einfachen Aufhebung werden auch alle „Objekte" aufgehoben, insofern sie Wirkung ausüben und in wechselseitiger Bedingtheit bestehen. Wenn es aber keinen Rezipienten für das gibt, was Wünsche und Vorstellungen bewirken, so gibt es keinen am Dasein Leidenden, wiewohl Leid. Das „Selbst" erlöst sich von seinem „Selbst" selbst, die Welt wird zum Schein („*Māya*").[6]

---

[4] Vgl. *Mahāvagga* I, 6, 38 f.; Übersetzung bei Karl Seidenstücker, *Pāli-Buddhismus in Übersetzungen*, S. 22 f.
[5] Vgl. *Milindapañha. Die Fragen des Königs Milinda*. Aus dem Pali übers. von Nyanatiloka. Zürich 1985, S. 50 ff.
[6] Es mag dahingestellt sein, ob der Buddha eine reale, aber bedeutungslose Existenz der Objekte der Vorstellung annahm oder diese Existenz mit dem „Selbst" ebenfalls als aufgehoben ansah. Diese Art philosophischer Fragestellung erschien ihm nicht als heilsrelevant.

3. Der Buddha – Wahres Wissen

Woher aber kommen Leid, woher die Vorstellungen? Es ist das „Unwissen", „Nichtwissen" um die hohen Wahrheiten, das ein „Entstehen in Abhängigkeit" zur Folge hat, eine Folge, die in konditionaler Verflechtung alle Relationen hervorbringt:

> „Das ‚Entstehen in Abhängigkeit' will ich euch darlegen: Durch (1) *Nichtwissen* als Vorbedingung entstehen (2) *karmagestaltende Triebkräfte*, durch Triebkräfte (3) ein *Bewußtsein*, durch ein Bewußtsein (4) eine *geistleibliche Individualität*, durch eine Individualität (5) die *sechs Sinne* (die fünf Sinne und der Denksinn, das rezeptive Bewußtsein), durch die sechs Sinne (6) *Berührung* (Bewußtseinseindruck), durch Berührung (7) *Empfindung*, durch Empfindung (8) *Gier* (Durst), durch Gier (9) *Lebenshang*, durch Lebenshang (10) *karmisches Werden*, durch Werden (11) *Wiedergeburt*, durch Wiedergeburt (12) *Altern, Sterben, Kummer, Wehklagen, Leid, Gram und Verzweiflung*. So ist die Entstehung dieser ganzen Masse von Leiden."[1]

Der Buddha nennt diese zwölf Glieder als „Ursache" („*nidāna*") allen Leides, das durch die Verbindung dieser Glieder, die in konditionaler Wechselbeziehung zueinander stehen, da ist. Daher muss zur Leidüberwindung wenigstens ein Glied dieser Ursachenkette entfernt werden, damit – da konditional miteinander verflochten – die anderen Glieder ebenfalls aufgehoben sind. So geht aus dem letzten dieser Glieder wieder das erste Glied der Kette hervor und aus

---

[1] *Saṁyutta-Nikāya* XII, 1; Übersetzung von Glasenapp, *Der Pfad zur Erleuchtung*, S. 80.

dem ersten das letzte. Mit der Aufhebung des „Nichtwissens" aber ist jener Anfang gemacht, den auch der Buddha vorbildlich als zur Erkenntnis führend gezeigt hatte.

„Nichtwissen" bezieht sich deutlich auf das „Wissen", „Veda", das in altindischer Tradition Grundlage allen Glaubens war; was dort als „Wissen" bezeichnet wurde, nennt der Buddha „Nichtwissen", „Unwissen", das der Erlösung hinderlich ist. Indem sich der Mensch – oder auch ein anderes Lebewesen – durch „Unwissen", also auch durch die verfehlte Annahme von Kausalität, in Relationen und damit in Abhängigkeiten begibt, verkennt er, dass dies vor allem ein Ergebnis der falschen Annahme eines konstanten „Ich", eines „Ātman" ist. Löst er sich von dieser Vorstellung, löst er sich von allem Leiden.

Die Erkenntnis der konditionalen Wechselbeziehung von Allem umgreift auch die Inhalte der Predigt des Buddha. Auch sie sind sich einander bedingend verbunden in wechselseitiger Abhängigkeit. Das Wissen von der wechselseitigen Bedingtheit von Allem hat die Einsicht in die Reihe des „Bedingten Entstehens" und damit wiederum verbunden die Einsicht in die das „Nicht-Ich" zum Inhalt.

Wahres Wissen ist eine Weisheit. Diese „Weisheit dient zur Durchschauung, dient zur Durchdringung, dient zur Entsagung."[2] Sie ist als wahres Wissen keine reine Theorie, die sich nicht lebenspraktisch verwirklichen ließe. Das wahre Wissen um das Leiden des Daseins, um die Ursache dies Leidens und die Aufhebung dieser Ursache hebt zuletzt auch dieses Wissen selbst auf, weil alle Relationen unterbrochen sind.

Weshalb aber ist Dasein Leiden? Alle, die Erkenntnis haben, also alle Budddhas, lehren „drei Merkmale" („*tilakkhaṇa*"), so auch der Buddha Siddhārtha Gautama:

---

[2] *Majjhimanikāyo* V, 43. Übersetzung Karl Eugen Neumann, *Die Reden Gotamo Buddhos. Aus der mittleren Sammlung Majjhimanikāyo des Pāli-Kanons übersetzt*, S. 327.

„Ob nun, ihr Mönche, Vollendete erstehen oder ob Vollendete nicht erstehen, so bleibt es dennoch Tatsache und die feste, notwendige Bedingung des Daseins, daß alle Gebilde vergänglich sind. Solches erkennt und durchdringt ein Vollendeter, und nachdem er es erkannt und durchdrungen hat, verkündet er, lehrt, offenbart, predigt, enthüllt er, erklärt er im Einzelnen, macht es evident, daß alle Gebilde vergänglich sind.

Ob nun, ihr Mönche, Vollendete erstehen oder ob Vollendete nicht erstehen, so bleibt es dennoch Tatsache und die feste, notwendige Bedingung des Daseins, daß alle Gebilde leidbringend sind. Solches erkennt und durchdringt ein Vollendeter, und nachdem er es erkannt und durchdrungen hat, verkündet er, lehrt, offenbart, predigt, enthüllt er, erklärt er im Einzelnen, macht es evident, daß alle Gebilde leidbringend sind.

Ob nun, ihr Mönche, Vollendete erstehen oder ob Vollendete nicht erstehen, so bleibt es dennoch Tatsache und die feste, notwendige Bedingung des Daseins, daß alle Realitäten nicht das Ich sind. Solches erkennt und durchdringt ein Vollendeter, und nachdem er es erkannt und durchdrungen hat, verkündet er, lehrt, offenbart, predigt, enthüllt er, erklärt er im Einzelnen, macht es evident, daß alle Realitäten nicht das Ich sind."[3]

Dasein ist leidvoll, weil es vergänglich ist. Da alles veränderlich, nicht beharrend („*anicca*") ist, muss bewusst werden, dass auch alles, was als Freude erscheint, vergänglich ist. Das den Menschen treffende Leid ist ohnehin leidvoll, die Freude leidvoll, weil sie vergänglich ist und daher in Leid umschlägt. So ist alles Dasein Leid („*dukkha*"). Aus diesem

---

[3] *Anguttara-Nikāya* III, 134; Übersetzung Karl Seidenstücker, *Pāli-Buddhismus in Übersetzungen*, S. 15 f.

Leid befreit jenes Wissen um die drei „Merkmale", beginnend bei der Einsicht in die Vergänglichkeit:

„Die Vorstellung von der Vergänglichkeit reißt, wenn sie verwirklicht und gefördert wird, alle Gier nach Sinnenlust, nach Körperlichem, nach Dasein aus, reißt alles Nichtwissen aus, reißt allen Ich-Wahn aus, so wie der Pflug alle Wurzeln ausreißt, so wie die Sonne alle Finsternis vertreibt."[4]

Wahres Wissen ist die Erkenntnis der konditionalen Wechselwirkung von Allem. Diese Einsicht hebt die Kausalität auf, damit auch Temporalität und Raum. Es verbleibt ein Bewusstseinseindruck, dessen Selbstauflösung durch Loslösung von jedem realem Inhalt ohne eine besondere Willensentfaltung eintritt.[5] Dies hat der Buddha selbst idealtypisch vorgelebt, und dies ist das Ziel der Nachahmung des Buddha, um ihm gleichend selbst ein Buddha zu werden.

---

[4] *Saṁyutta-Nikāya* XXII, 102.; Übersetzung von Glasenapp, *Der Pfad zur Erleuchtung*, S. 87.
[5] Diese im „Kleinen Fahrzeug", im Hīnayāna-Buddhismus einsichtige Lehre lässt allerdings die Frage offen, weshalb und zu wem der Buddha gepredigt hat. So entsteht das „Große Fahrzeug", der Mahāyāna-Buddhismus mit seiner Lehre von den Bodhisattvas, Wesen, die bereits die erlösende Erkenntnis des Buddha haben, doch nicht ins vollkommene „Verwehen", „Nirvāna" eingegangen sind, um durch Predigt und Gnadenausübung auch andere Lebewesen zu erlösen.

4. Das Menschenleben – Gleichsein mit dem Buddha

Der Buddha lehrt: „Ein unterrichteter Jünger überdenkt gründlich das ‚Entstehen in Abhängigkeit‘, indem er sich vergegenwärtigt: ‚Wenn dieses ist, wird jenes, infolge der Entstehung von diesem entsteht jenes; wenn dieses nicht ist, wird jenes nicht, durch die Aufhebung von diesem wird jenes aufgehoben.‘ Dies ist die ‚edle Methode‘, die er mit Erkenntnis geschaut und völlig durchdrungen hat."[1]

Mit dieser alle anderen Erkenntnisse umfassenden Erkenntnis wird das Leben des Erkennenden vollkommen verändert. Um aber diese Erkenntnis zu erlangen, muss sich der zur Leidüberwindung Entschlossene an die Lehre des Buddha halten, die auch nach dessen Verlöschen zeitlos gültig ist. Vor seinem endgültigen Verlöschen spricht der Buddha zu seinem Jünger Ānando:

> „Darum aber, Ānando, wahrt euch selber als Leuchte, selber als Zuflucht, ohne andere Zuflucht, die Lehre als Leuchte, die Lehre als Zuflucht, ohne andere Zuflucht. Wie aber, Ānando, wahrt der Mönch sich selber als Leuchte, selber als Zuflucht, ohne andere Zuflucht, die Lehre als Leuchte, die Lehre als Zuflucht, ohne andere Zuflucht? Da wacht, Ānando, der Mönch beim Körper über den Körper, unermüdlich, klaren Sinnes, einsichtig, nach Verwindung weltlichen Begehrens und Bekümmerns; wacht bei den Gefühlen über die Gefühle, unermüdlich, klaren Sinnes, einsichtig, nach Verwindung weltlichen Begehrens und Bekümmerns; wacht beim Gemüte über das Gemüt, unermüdlich, klaren Sinnes, ein-

---

[1] *Saṃyutta-Nikāya* XII, 41, 15 f.; Übersetzung von Glasenapp, *Der Pfad zur Erleuchtung*, S. 78.

sichtig, nach Verwindung weltlichen Begehrens und Bekümmerns; wacht bei den Erscheinungen über die Erscheinungen, unermüdlich, klaren Sinnes, einsichtig, nach Verwindung weltlichen Begehrens und Bekümmerns. Also, Ānando, wahrt der Mönch sich selber als Leuchte, selber als Zuflucht, ohne andere Zuflucht, die Lehre als Leuchte, die Lehre als Zuflucht, ohne andere Zuflucht.

Die also da, Ānando, jetzt eben oder nach meinem Verscheiden, sich selber als Leuchte, selber als Zuflucht, ohne andere Zuflucht, die Lehre als Leuchte, die Lehre als Zuflucht, ohne andere Zuflucht, zu wahren verstehn: in solchem Anbetracht nur werden diese, Ānando, Mönche sein, die da eifrige Übung lieben."[2]

Die Lehre bedarf nicht des Lehrers, nachdem sie verkündet wurde – sie ist für sich selbst genug. Daher ist der Weg der Angleichung an den Buddha ein Weg des Einübens in die Lehre, ein Einüben in Stufen, wie der Buddha lehrt: „Das große Meer senkt sich stufenweise, fällt aber nicht plötzlich steil ab. So gibt es auch in dieser Lehre und Zucht eine stufenweise Belehrung, eine stufenweise praktische Anwendung, ein stufenweises Vorwärtsschreiten, und nicht ein plötzliches Gewinnen der Erkenntnis."[3]

Diese Lehre richtet sich an alle, die sie verstehen können; insofern ist sie auch eine Herausforderung für das altindische Ständesystem, indem sie sich an alle Menschen, ja an alle Lebewesen gleichermaßen wendet. Das altindische Ständesystem wird einer deutlichen Kritik unterzogen:

---

[2] *Dīghanikāya* II, 3, 16; Übersetzung Karl Eugen Neumann, *Die Reden Gotamo Buddhos. Aus der längeren Sammlung Dīghanikāyo des Pāli-Kanons*, S. 253.
[3] *Anguttara-Nikāya* VIII, 9, 11; Übersetzung von Glasenapp, *Der Pfad zur Erleuchtung*, S. 89.

„ ‚Den Kriegern hat die Erde, den Brahmanen
Das Wissen der Allmächt'ge übergeben,
Den Vaishyas Ackerbau, den Dienst den Shūdras:
So wies er jedem an den Platz im Leben.'

Beruhte dieses Veda-Wort auf Wahrheit,
So könnten Krieger nur ein Reich regieren,
Nur Vaishyas könnten Landwirtschaft betreiben,
Nur die Brahmanen Sprüche rezitieren
Und Shūdras niemals ihren Dienst verlassen,
Sie würden sonst ihr Dasein ganz verlieren."[4]

Damit wird deutlich, dass weder theoretisch noch praktisch ein Grund für das Ständesystem angegeben werden könne. Jeder Mensch kann der Lehre folgen, der die sittliche Zucht auf sich nimmt; die Ausführung von Ritualen oder anderer äußerer Regeln führt dabei nicht zum Heil:

„Nicht fasten oder ‚Fischkost nur'.
Nicht wirre Flechten noch Tonsur,
Nicht Nackgehn noch ein Fell als Kleid,
Nicht werkgerechte Frömmigkeit,
Gebete, Opfer, Sich-Kastein –
Die machen nicht den Menschen rein,
Der dem Begehren unterliegt,
Weil er die Triebe nicht besiegt.

Wer mordet, stiehlt, die Ehe bricht,
Wer voller Trug und Hinterlist,
Den heiß' ich unrein – aber nicht
Den Menschen, welcher Fleischkost ißt."[5]

---

[4] *Jātaka* 543 VI, p. 209 (P.T.S. London 1877–1897); Übersetzung von Glasenapp, *Der Pfad zur Erleuchtung*, S. 112.
[5] *Suttanipāta* 249, 242 (P.T.S.); Übersetzung von Glasenapp, *Der Pfad zur Erleuchtung*, S. 117.

So ist des Menschen Leben auf die Einübung der Lehre auszurichten, nicht auf Rituale, nicht auf ein ebenso verfehltes Gottvertrauen, denn ein Gott, der dem Menschen Leiden nimmt, ist nicht zu erkennen – würde ein solcher Gott angenommen, wäre zu bedenken:

> „Ist Brahma Herr auf diesem Erdengrund
> Und aller Wesen letzter Daseinsgrund,
> Warum wird Unglück dieser Welt zuteil
> Und nicht nur Freude, Seligkeit und Heil?
>
> Warum herrscht Lüge, Trug und Schlechtigkeit
> Und Einbildung und Ungerechtigkeit
> Warum erschuf er nur ein menschliches Geschlecht
> Das unentwegt verletzt die Sitte und das Recht?"[6]

Was zu tun und zu lassen ist, ist allein in des Menschen Verantwortung. So soll er alle Taten ohne Begierde, ohne Haß und ohne Wahn verrichten, also absichtslos. Wenn die Taten so getan werden, dann sind „jene Taten ... aufgegeben, entwurzelt, wie ein Palmbaum bis zum Grunde ausgerodet und zerstört und nicht mehr fähig, künftig wieder ins Dasein zu treten."[7] Es treten keine karmischen Wirkungen mehr auf, weil die vollkommen absichtslose Tat keinen Träger dieser Tat hat, ist doch keinerlei Willensakt und damit keinerlei Relation mit der Tat verbunden. Dies ist höchste „Sittlichkeit", sittliche Zucht. So wird von dem Ordensälteren Mahātissa berichtet:

> „Einst nämlich, so sagt man, hatte in einer gewissen Familie die Schwiegertochter sich mit ihrem Gatten gezankt; und, schön aufgeputzt und geschmückt wie eine himmlische Jungfrau, brach sie ganz früh von Anurā-

---
[6] *Jātaka* 543 VI, p. 208 (P.T.S. London 1877–1897); Übersetzung von Glasenapp, *Der Pfad zur Erleuchtung*, S. 63.
[7] *Anguttara-Nikāya* III, 33, 2; Übersetzung Karl Seidenstücker, *Pāli-Buddhismus in Übersetzungen*, S. 42.

dhapura auf, um sich zum Hause ihrer Verwandten zu begeben. Unterwegs aber erbklickte sie den Ordensälteren, der gerade vom Cetiyaberge gekommen war und sich nach Anurādhapura zum Almosengange begab; und verdorbenen Herzens lachte sie dabei laut auf. Als nun der Ordensältere aufblickte, um zu sehen, was da los sei, gewann er beim Anblick ihres Zahngebisses (wörtlich der Zahnknochen) die Vorstellung von der Unreinheit und erreichte dadurch die Heiligkeit.

‚Beim Anblick ihrer Zähne dacht' er
An frühere Betrachtungen,
Und noch am selben Orte weilend
Erreichte er die Heiligkeit.'

Ihr Gatte, der ihr auf dem Wege nacheilte, traf ebenfalls den Ordensälteren und fragte ihn, ob er irgend eine Frau gesehen habe. Der Ordensältere erwiderte:

‚Nicht weiß ich, was den Weg entlang lief,
Ob weiblich' oder männlich' Wesen,
Doch das weiß ich: ein Knochenbündel
Bewegt sich auf der Straße fort.'"[8]

Hier nun ist erreicht, was alle Eindrücke zum Verwehen bringt, zum „Nirvāna". Dieses erlangt zu haben ist das Ende des Lebens, das Ende der Wiedereinkleidungen, das Ende des Daseins, das Ende allen Leides: „Als Shāriputra (Sāriputta) die Mönche unterwies: ‚Wonne ist das Nirvāna', fragte ihn Udāyi: ‚Wie kann dort Wonne sein, wenn dort nichts empfunden wird?' Da sagte er: ‚Darin besteht dort ja gerade die Wonne, daß dort nichts empfunden wird.'"[9]

---

[8] Nyanatiloka, *Visuddhi-Magga oder der Weg zur Reinheit. Die grösste und älteste systematische Darstellung des Buddhismus.* Zum ersten Male aus dem Pali übersetzt. Konstanz ²1952, S. 26.
[9] *Anguttara-Nikāya* IX, 34, 1–3; Übersetzung von Glasenapp, *Der Pfad zur Erleuchtung*, S. 103.

So endet des Menschen Leben in dieser Wonne, die alle Ängste, alles Leid besiegt. Diese Wonne beginnt mit der Erkenntnis der konditionalen Wechselbeziehung von Allem. Sie mündet in vollkommene Freiheit, die sogar die Lehre selbst nicht mehr benötigt: „Die Lehre gleicht einem *Floß*, das man benutzt, um über einen Strom (die Wandelwelt) an das andere Ufer (das Nirvāna) zu gelangen, das man aber, wenn es diesen Zweck erfüllt hat, nicht mehr mit sich herumschleppt."[10]

---

[10] *Majjhima-Nikāya* XXII, 1, p. 134 (P.T.S.); Übersetzung von Glasenapp, *Der Pfad zur Erleuchtung*, S. 56.

5. Warum sie glauben, was sie glauben

1. Glauben aus Erkenntnis

Die entscheidende, den Glauben begründende und zugleich aufhebende Erkenntnis, wie sie der Buddha gehabt hatte, die zur Aufhebung allen Leides führt, hat zwei Voraussetzungen. Zunächst ist dies die Einsicht in die leidvolle Vergänglichkeit allen Daseins, wie sie die erste der „hohen Wahrheiten" lehrt. Sodann ist es die Einsicht in die Möglichkeit, das alles leidvolle Dasein verursachende „Anhaften", den „Durst", aufzuheben, wie dies die dritte der „hohen Wahrheiten" zeigt.

Die Vergänglichkeit allen Daseins kann von jedem Lebewesen beobachtet, von jedem mit Einsicht begabten Lebewesen ins Bewusstsein genommen werden. Dies ist eine Kenntnis, die nicht auf übernatürlicher, gar göttlicher Offenbarung beruht, sondern auf eigenem Verstandeswissen. Und nur die eigene Verstandestätigkeit kann bezeugen, was einzusehen ist, führt doch der Gedanke an eine übernatürliche, göttliche Macht aus einfachen Gründen schon in einen Widerspruch:

> „Einige Asketen und Brahmanen behaupten: ‚Was auch immer einem Menschen zuteil wird, Glück, Leid oder keins von beiden, das hat alles seinen Grund in dem Schöpferwillen des Weltherren.' Ich sage dazu: ‚Dann werden die Menschen ja auf Grund des Schöpferwillens zu Mördern, Dieben, Wüstlingen, Lügnern und solchen, denen Gier, Übelwollen und irrige Meinungen eignen. Diejenigen, die sich im Ernst auf den Schöpferwillen des Weltenherren berufen, haben nicht die Willensfreiheit,

sich darüber zu entscheiden, was zu tun und was zu lassen ist.'"[1]

Die eigene Einsicht vermittelt die erste Grundlage des Glaubens. Und ebenso ist es die eigene Einsicht, die Möglichkeit zu erkennen, durch Aufgabe des „Anhaftens" an dem leidvollen Dasein alles Leid zu beenden. Es ist eine mit dem Verstand nachvollziehbare Einsicht: wenn keine Bindung mehr an etwas besteht, ist auch keine Wirkung dieser einstigen Bindung mehr möglich.

Die Erkenntnis nun ist ebenfalls zunächst ein Verstandeswissen. Es ist einsehbar, dass eine konditionale Wechselbeziehung zwischen einem Objekt der Begierde oder des Hasses und dem begehrenden oder hassenden Subjekt besteht, einsehbar, dass beide Seiten dieser Beziehung aufeinander bezogen sein müssen, wenn die Beziehung zustande kommt; ist das Objekt nicht begehrt oder gehasst, entsteht keinerlei Beziehung, ist das Objekt zwar begehrenswert oder hassenswert, das Subjekt aber begehrt oder hasst es überhaupt nicht, entsteht keinerlei Beziehung. Es ist deutlich, dass also eine konditionale Wechselbeziehung besteht, wenn eine Beziehung entsteht. Mit der Aufhebung auch nur einer der beiden Seiten wird die andere Seite ebenfalls aufgehoben.

Dies ist eine dem Verstand zugängliche Einsicht, wie sie auch in der abendländischen Philosophie begegnet: „Ein bestimmtes, ein endliches Seyn ist ein solches, das sich auf anderes bezieht; es ist ein Inhalt, der im Verhältnisse der Nothwendigkeit mit anderem Inhalte, mit der ganzen Welt, steht. In Rücksicht des wechselbestimmenden Zusammenhangs des Ganzen konnte die Metaphysik die – im Grunde tautologische – Behauptung machen, daß

---

[1] *Anguttara-Nikāya* III, 61, 3; Übersetzung von Glasenapp, *Der Pfad zur Erleuchtung*, S. 63.

wenn ein Stäubchen zerstört würde, das ganze Universum zusammenstürzte."[2]

Die Erkenntnis setzt also ein bestimmtes Wissen voraus, ist selbst eine Folge eines bestimmten Wissens.[3] Dieses Wissen ist überprüfbar, ist einsehbar. Es fällt nicht in die von Kant kritisierte „selbstverschuldete Unmündigkeit",[4] es ist in sich schlüssig und überzeugend als eine Deutungsmöglichkeit, menschlichem Leid zu entkommen. Die Übereinstimmung mit dem Verstand, die auf unsichere Fremdbestimmung verzichtende Erkenntnis und damit die Möglichkeit, auch ohne fremde Hilfe allem leidvollen Dasein zu entkommen und die Wonne der Ruhe zu genießen, ergeben auch eine friedliche und freundliche Lebenspraxis unter Vermeidung von Selbstwidersprüchen. So ist der Glaube aus Erkenntnis fest gegründet, der Glaube, zur Erkenntnis zu gelangen, ein Weg des Friedens. Es ist ein Weg der Zurücknahme des selbstbezogenen Willens aus der Einsicht heraus, dass es ein unveränderliches Selbst nicht geben kann. So bewahrheitet sich die Lehre in der Lebenspraxis. Dies ist Grund genug, der Lehre zu vertrauen und sie zu glauben.

2. Glauben ohne Leiden

In vielen Kulturen und Religionen ist die Vergänglichkeit allen Daseins, mithin auch und besonders des Menschen, eingesehen und bedacht worden. Daher heißt es: „Der Mensch

---

[2] Georg Wilhelm Friedrich Hegel, *Wissenschaft der Logik*, Erster Teil, Erstes Buch, Erster Abschnitt, Erstes Kapitel, C Anmerkung 1 (= Werke Band 5. Frankfurt a. M. 1979, S. 87).
[3] Daher heißt es bei Wilhelm Schmidt, *Ursprung und Werden der Religion. Theorien und Tatsachen*. Münster 1930: „Deshalb kann auch der ursprüngliche Buddhismus, insofern er keine persönlichen Götter anerkennt, nicht als Religion, sondern nur als Philosophie betrachtet werden." (S. 2).
[4] Siehe oben S. 27 f.

ist Hauch und Schatten nur",[5] denn „alles ist untergehend",[6] „vergänglich ist ja, was erscheint, nur Werden zum Gewesensein: entstanden, muss es untergehen ..."[7] Diesem Leid der Vergänglichkeit kann aber entgangen werden durch die erlösende, von Dasein und damit von Leid erlösende Erkenntnis, und der Glaube an die Möglichkeit dieser Erkenntnis befreit bereits von Leiden. Die Erkenntnis selbst besiegt die Vergänglichkeit, weil die Einsicht in die konditionale Wechselbeziehung von Allem auch die Zeitfolge aufhebt. Nur jetzt, in dem Augenblick, in dem etwas in Beziehung gesetzt ist, entsteht auch Zeit und damit Vergänglichkeit. In vollkommener Beziehungslosigkeit, Gelassenheit, gibt es keine Zeit, daher keine Veränderung, daher kein Leiden. Dieser „Zustand" kann durch verschiedene Meditations- und Kontemplationsformen vorbereitet werden, ohne dass dadurch mehr als die Bedingung der Möglichkeit der Erkenntnis erreicht wird. Erreicht aber wird bereits in der Vorbereitung ein Glauben, der von Leiden nach und nach befreit und im Lächeln des Buddha seine Vollendung findet.

---

[5] Sophokles, fr. 13 (Pearson); vgl. ders. *Antigone* 360 f.; vgl. Psalm 39, 6–7; u. a. m.
[6] Vgl. Koran 28, 88.
[7] Wort des Buddha; vgl. *Dīgha-Nikāya* 2. 4.

Fünfter Exkurs:
Die Selbst-Erlösung der Lebewesen als Herausforderung des Christentums

Der Buddha lehrt die Selbst-Erlösung, die Erlösung durch das eigene Erkennen sowie die Erlösung von der Vorstellung eines eigenen „Selbst":

> „Im gegenwärtigen Dasein wirksam ist diese Lehre, sie ist an keine Zeit gebunden, sie ladet zu ihrer Betrachtung ein, sie führt zum Ziele und ist von den Einsichtigen aus eigener Kraft zu verstehen."[1]

Es ist zu beachten, dass der Buddha gelehrt hat und seine Lehre predigte, dass er also hilfreich war, und dass die Lehre ein Angebot ist, dessen Befolgung niemals ein Zwang sein soll. All dies wird in Schulen des Mahāyāna-Buddhismus zum Vorbild für jene, die die erlösende Erkenntnis gewonnen haben, jedoch nicht sogleich in das vollkommene Verwehen, in das Nirvāna, eingehen, sondern durch Predigt und Gnadengaben andere Lebewesen zur Möglichkeit der Erkenntnis führen; es entsteht die Lehre von den „Bodhisattvas", den die „Erkenntnis habenden Wesen".[2]

Diese Wesen können verehrt werden, um sie geneigt zu machen, auf dem Weg zur erlösenden Erkenntnis und bei dieser Erkenntnis hilfreich zu sein, denn ihr Hauptmerkmal ist das „Mitleid" („*Karuṇā*") mit den Lebewesen. Ob nun, wie in den Schulen des Hīnayāna, die Erkenntnis der konditionalen Wechselbeziehung von Allem die erscheinende Welt als vergänglich und damit ohne festen Inhalt – ohne einen unveränderlich herrschenden Gott, ohne ein unver-

---
[1] *Saṁyutta-Nikāya* I, 20, 5; Übersetzung von Glasenapp, *Der Pfad zur Erleuchtung*, S. 56.
[2] Vgl. Hans Wolfgang Schumann, *Buddhismus. Ein Leitfaden durch seine Lehren und Schulen*. Darmstadt 1973, S. 83 ff.

änderliches Selbst in den Lebewesen – entlarvt, oder ob, wie in den Schulen des Mahāyāna, diese Erkenntnis die erscheinende Welt als „Leere" (*Shūnyatā*") begreift, in welcher weder ein Gott noch ein Selbst erkennbar sind, so ist doch gemeinsam, dass eine Selbst-Erlösung aus dem vergänglichen und daher leidvollen Dasein möglich ist.

Dieser Weg benötigt keinen allmächtigen Gott. Die Vorstellung eines solchen Gottes, der sich den Menschen barmherzig zuwendet, lässt das Problem der Theodizee, der „Rechtfertigung Gottes" entstehen. Wenn ein solcher Gott existierte, weshalb erlöst er von allem Leid erst, nachdem dies eingetreten ist?[3] Hier ist ein Widerspruch in der Vorstellung eines solchen Gottes deutlich, der Widerspruch zwischen der Annahme seiner gütigen Barmherzigkeit und dem die Lebewesen treffenden Leid, das er doch mit seiner Allmacht verhindern könnte.

Dieser Widerspruch erscheint als unlösbar. Der Buddha aber bedenkt nicht nur diesen Widerspruch, er zeigt auch, dass diese Vorstellung von einem solchen Gott zur Verwirklichung des Heilszieles, vom leidvollen Dasein sich zu befreien, gar nicht nötig ist. So ergibt sich eine Haltung, bei der die Vorstellung von einem solchen Gott weder sinnvoll noch brauchbar ist. Damit werden Religionen wie Judentum, Christentum und Islam herausgefordert, insbesondere aber das Christentum, dessen Prinzip ja gerade der Gedanke der personalen Zuwendung des allmächtigen und barmherzigen Gottes zu den Menschen ist.[4]

Nicht selten sind die Predigt des Buddha und die Predigt Jesu Christi verglichen worden.[5] Beide Predigten rufen auf unterschiedliche Weise und zu unterschiedlichem Ziel zur „Umkehr" vom bisherigen Leben auf, beide rufen zu Fried-

---
[3] Vgl. oben S. 233.
[4] Vgl. oben S. 115 f.
[5] Z. B. Gustav Mensching, *Buddha und Christus: ein Vergleich*. Stuttgart 1978.

fertigkeit und Rücknahme des selbstbezogenen eigenen Willens auf. Und doch sind beide Predigten gegeneinander herausfordernd.

Wenn der Weg, den der Buddha predigt, zum Heilsziel führt, führt Selbst-Verantwortung zur Selbst-Erlösung. Bereits der Weg ist ein Weg hoher sittlicher Tugenden, die aus der Selbst-Bezogenheit lösen und damit auch die Vorstellung eines „Selbst" auflösen. Da die Vorstellung eines eigenen „Selbst" dieses „Selbst" von einem anderen „Selbst" unterscheidet, werden Beziehungen aufgebaut, die Begehren oder Hass begründen. Dabei ist es nicht von Belang, ob diese „Selbst"-Beziehungen zwischen Menschen oder zwischen Gott und Mensch angenommen werden; in beiden Fällen kann Zuwendung oder Abwendung hervorgebracht werden. Die Vorstellung von einem allmächtigen und barmherzigen Gott, der sich vom Menschen ewig abwendet oder zulässt, dass sich der Mensch von ihm ewig abwendet und den Menschen der ewigen Hölle preisgibt, wie dies im auch Christentum gepredigt wurde und wird[6] –, erscheint nicht nur widersprüchlich,[7] sondern auch unfriedlich. Daher ist dieser Vorstellung entgegenzutreten, zumal deren Inhalt mit dem Verlust jeder Hoffnung verbunden ist, wie es denn auch bei Dante als Überschrift über das Höllentor geschrie-

---

[6] Vgl. Papst Johannes Paul II, *Generalaudienz am 28. Juli 1999*, 1 („Gott ist ein unendlich guter und barmherziger Vater. Aber der Mensch, berufen, ihm in Freiheit zu antworten, kann sich leider dafür entscheiden, dessen Liebe und Vergebung zurückzuweisen. Er entzieht sich so für immer der freudvollen Gemeinschaft mit ihm. Tatsächlich ist dieser tragische Augenblick von der christlichen Glaubenslehre dargelegt, wenn sie vom Verderben oder von der Hölle spricht.")

[7] Ein anderer Widerspruch wird angedeutet durch den Gedanken, dass der Mensch als endliches Wesen nur endliche Vermögen haben kann (vgl. Karl Lehmann, *Der Teufel – ein personales Wesen?* in: Walter Kasper und Karl Lehmann (Hrsg.), *Teufel, Dämonen, Besessenheit. Zur Wirklichkeit des Bösen*. Mainz 1978), S. 84 f.) – wie kann er dann eine unendliche Wirkung hervorbringen?

ben heißt: „Lasciate ogne speranza, voi ch'intrate" – „Lasst alle Hoffnung, ihr die ihr eintretet".[8]

So ist die Lehre des Buddha auch eine Lehre der Hoffnung, niemals im leidvollen Dasein unrettbar verloren, niemals der Abwesenheit oder gar dem Zorn eines Gottes ewig ausgesetzt zu sein. Daher ist diese Lehre „eine edle Arznei, die alles Leid und alle bösen Dinge heraustreibt."[9]

Dies ist eine bleibende zweifache Herausforderung des Christentums: aus der Sicht des Buddhismus ist das Christentum trotz hoher Ethik nicht nur im Prinzip selbstwidersprüchlich, sondern es behauptet auch ein Prinzip, das nicht benötigt wird, um zum leidfreien Leben und damit zum Heil zu gelangen. Diese Herausforderungen gewinnen an Kraft, weil auch die Ethik des Buddhismus eine Ethik der Zurücknahme des selbstbezogenen Willens des Menschen ist, wie dies auch im Christentum gelehrt wird. So ist das Christentum gefordert, seine Auffassung vom gütigen und barmherzigen Gott, der den Menschen durch Jesus Christus in Liebe nachgeht, überzeugend und lebensnah beispielhaft vorzutragen.

---

[8] Dante Alighieri, *Divina Commedia*, Inferno III, 9.
[9] *Anguttara-Nikāya* X, 109; Übersetzung von Glasenapp, *Der Pfad zur Erleuchtung*, S. 56.

Nachwort

Die großen Religionen Judentum, Christentum, Islam, Hinduismus und Buddhismus können nicht in wenigen Seiten umfassend dargestellt werden. Auch Wichtiges wurde in diesem Buch daher nicht behandelt. So sind etwa im Islam die Schia, im Buddhismus Zen nicht genannt, in anderen Religionen bedeutende Richtungen. Dies hat seinen Grund in dem Gedanken, nur dies hier vorstellen zu wollen, was innerhalb der jeweiligen Religion allen Richtungen Grundlage ist, aus der sich die unterschiedlichen Richtungen entwickelt haben. Diese Grundlagen sind es, die den Weg zu einem Ziel eröffnen, das den Religionen gemeinsam ist. So kann und will die vorliegende Darstellung nur einen ersten Eindruck vermitteln, wie die Religionen das Dasein des Menschen betrachten und auf unterschiedliche Weise versuchen, diesem vergänglichen Dasein einen Sinn und ein bleibendes Ziel zu geben.

Gemeinsames Ziel der großen Religionen ist es, aus der leidvollen Vergänglichkeit des menschlichen Daseins in eine vollkommene Gegenwart zu führen. Eine Vorahnung dieser Gegenwart ist nicht erst nach dem Ende des menschlichen Lebens zu erlangen, sondern bereits innerhalb dieses Lebens zu verwirklichen. In allen diesen Religionen ist es die Zurücknahme des eigenen, selbstbezogenen Willens der Menschen, die zum Erreichen dieses Zieles notwendig ist.[1] Dies

---

[1] Vgl. Bernhard Uhde, „*Fiat mihi secundum verbum tuum*". *Die Zurücknahme des menschlichen Willens als ein Prinzip der Weltreligionen. Ein religionsphilosophischer Entwurf*, in: Jahrbuch für Religionsphilosophie, 1. Jahrgang. Frankfurt am Main 2002, S. 87 ff.; Ernst Tugendhat, *Egozentrizität und Mystik. Eine anthropologische Studie*. München 2003. Dort besonders 2. Teil: Zurücktreten von sich (S. 109 ff.).

ist auch der Weg der Zurücknahme der Gegensätze unter Menschen.

In einer Welt fortschreitender Globalisierung auf allen Gebieten menschlichen Denkens und Handelns erscheint es nicht nur sinnvoll, sondern notwendig, nach Gemeinsamkeiten zu suchen, um Konflikte zu vermeiden.[2] Dazu ist zunächst eine Kenntnis erforderlich, die das jeweils Andere als Anderes erkennt, um damit das Eigene zu bestimmen. Dies betrifft Kulturen ebenso wie Religionen, die unter verschiedenen geschichtlichen und topographischen Bedingungen entstanden sind, als Religionen mit einem universalen und absoluten Anspruch aber über temporale und lokale Begrenztheit hinaus verständlich sein müssen. Beide vermitteln menschliche Versuche, dem Dasein einen lebenswerten Sinn abzugewinnen. Dies Ziel kann aber auch nicht dadurch erreicht werden, indem eine gemeinsame Ethik mit inhaltlichen Übereinstimmungen postuliert wird, ohne zu bedenken, dass das Verständnis von „Mensch" in verschiedenen Kulturen und Religionen unterschiedlich ist;[3] es kann auch nicht erreicht werden, indem eine der Religionen die jeweils eigene Ethik für die anderen vorschreibt. Es muss also gesehen werden, was die Religionen und damit die Glaubenden prinzipiell verbindet: eben dies ist die Zurücknahme des selbstbezogenen Willens.

Dies zu sehen und zu vermitteln ist der vorliegende Versuch einer Darstellung der Gedanken dieser Religionen. Es ist der Beginn eines Weges. Doch auch der Beginn ist nicht ohne Wert, indem dieser Weg Gegensätze in Unterschiede zurücknimmt, Unterschiede in Respekt oder gar Liebe.

Es ist der Weg zum Frieden auf Erden.

---
[2] Dieses Ziel wird in Frage gestellt in dem berühmten Buch von Samuel Phillips Huntington, *The Clash of Civilisations and the remaking of world order.* New York 1996.
[3] Wie dies bei den Versuchen, die Hans Küng unternommen hat, scheint.

Verzeichnis der Quellen

Anselm von Canterbury, *Proslogion*. Hrsg. v. Franciscus Salesius Schmidt. Bonn 1931.

Aristoteles, *Metaphysik*. Ed. Bekker. Unv. Nachdruck d. Ausgabe 1831. Darmstadt 1960 (Aristoteles opera 1).

Aristoteles, *Politik*. Ed. Bekker. Unv. Nachdruck d. Ausgabe 1831. Darmstadt 1960 (Aristoteles opera 1).

Augustinus, *Enchiridion ad Laurentium de fide et spe et caritate*. Hrsg. v. Hans-Joachim Dienser. Turnholti 1961 (Aurelii Augustini opera 13,2).

Augustinus, *In Ioannis Euangelium tractatus CXXIV*. Hrsg. v. D. Radbodus Willems. Turnholti 1954 (Aurelii Augustinin opera 8).

Böhm, Thomas, *Basilius von Cäsarea: Adversus Eunomium I–III. Einleitung, Edition, Übersetzung*. München 2003.

Brück, Michael von, *Bhagavad Gītā. Der Gesang des Erhabenen. Aus dem Sanskrit übersetzt und herausgegeben*. Frankfurt a. M. 2007.

Büchner, Georg, *Dantons Tod*, hrsg. v. Burghard Dedner. Darmstadt 2000 (Georg Büchner: Sämtliche Werke und Schriften 3,2).

Dante Alighieri, *Divina Commedia*. Karl Witte: *La Divina Commedia di Dante Alighieri, ricorretta sopra quattro dei più autorevoli testi a penna da Carlo Witte*. Berlin 1862.

Descartes, René, *Discours de la Méthode*. Ed. Adam & Tannery. Paris 1902 (Œuvres de Descartes VI).

Descartes, René, *Meditationes de Prima Philosophia*. Ed. Adam & Tannery. Paris 1904 (Œuvres de Descartes VII).

Descartes, René, *Principia philosophiae*. Ed. Adam & Tannery. Paris 1905 (Œuvres de Descartes VIII).

Deussen, Paul, *Sechzig Upanishads des Veda*. Darmstadt 1963 [Nachdruck der 3. Aufl. Leipzig 1921].

Die Bibel. Einheitsübersetzung der Heiligen Schrift. Gesamtausgabe. Hrsg. im Auftrag der Bischöfe Deutschlands, Österreichs, der Schweiz, des Bischofs von Luxemburg, des Bischofs von Lüttich, des Bischofs von Brixen. Für die Psalmen und das Neue Testament auch im Auftr. des Rates der Evangelischen Kirche in Deutschland und der Deutschen Bibelgesellschaft. Nachdruck. Freiburg u. a. 2005.

Estienne, Henri (Hrsg.), *Platonis opera quae extant omnia*. Bd. I–III. Genf 1578.

Geldner, Karl Friedrich, *Der Rig-Veda. Aus dem Sanskrit ins Deutsche übersetzt*. (Harvard Oriental Series 1–3). Cambridge/Mass. 1951 ff.; überarbeitet von Ulrich Stiehl und Thomas Barth, 2006.

Glasenapp, Helmuth von, *Der Pfad zur Erleuchtung. Grundtexte der buddhistischen Heilslehre in deutscher Übersetzung*. Düsseldorf-Köln 1956.

Goethe, Johann Wolfgang von, *1819*. Propyläen-Ausgabe, Bd. 32. Hrsg. v. Curt Noch. Berlin 1925 (Goethe Sämtliche Werke 32).

Gramlich, Richard, *Der reine Gottesglaube. Das Wort des Einheitsbekenntnisses. Aḥmad al-Ġazzālīs Schrift At-Taġrīd fī kalimat at-tawḥīd. Eingeleitet, übersetzt und kommentiert*. Wiesbaden 1983.

Gramlich, Richard, *Muḥammad al-Ġazzālīs Lehre von den Stufen zur Gottesliebe. Die Bücher 31–36 seines Hauptwerkes eingeleitet, übersetzt und kommentiert*. Wiesbaden 1984.

Hegel, Georg Wilhelm Friedrich, *Wissenschaft der Logik*. (= Werke Band 5) Frankfurt a. M. 1979.

Homer, *Ilias. Homeri Opera*. Ed. Thomas W. Allen. Oxford 1902.

Ibn Tufail, *Hajj ibn Jaqzan der Naturmensch*. Ein philosophischer Robinson-Roman aus dem arabischen Mittelalter. Aus dem Arabischen übersetzt von Johann Gottfried Eichhorn. Herausgegeben und kommentiert von Stefan Schreiner. Leipzig/Weimar 1983.

Irenäus von Lyon, *Adversus Haereses*. Hrsg. v. Norbert Brox. 4. Bde. Freiburg 1993–2001.

Johannes Paul II, Enzyklika *Redemptor Hominis* vom 4. März 1979. Hrsg. v. Sekretariat der Deutschen Bischofskonferenz. Bonn 1979 (Verlautbarungen des Apostolischen Stuhls 6).

Johannes Paul II, *Generalaudienz am 28. Juli 1999*.

Justinus, *Apologie*. Hrsg. v. Miroslav Marcovich. Berlin, New York (NY) 1994 (Patristische Texte und Studien 38).

Justinus, *Dialog mit dem Juden Tryphon*. Ed. Philippe Bobichon. Fribourg 2003 (Dialogue avec Tryphon 1).

Kant, Immanuel, „*Beantwortung der Frage: Was ist Aufklärung?*", in: Berlinische Monatsschrift, Dezember-Heft 1784, S. 481–494.

Kant, Immanuel, *Kritik der reinen Vernunft*. Riga 1781.

Kant, Immanuel, „*Über das Mißlingen aller philosophischen Versuche in der Theodicee*". Riga 1791.

Karimi, Ahmad Milad, *Der Koran. Vollständig und neu übersetzt von*

Ahmad Milad Karimi, Mit einer Einführung herausgegeben von Bernhard Uhde. Freiburg u. a. 2009.

Kipling, Rudyard, *The Ballad of East and West* (1889), in: Pioneer vom 2. 12. 1889.

Kirchhoff, Kilian (Hrsg.), *Osterjubel der Ostkirche*. 2 Bde. Münster 1940 (Pentekostarion 1 und 2).

Klemens von Alexandrien, *Stromateis*. Hrsg. v. Annewies van den Hoek. Paris 2001 (Klemens von Alexandrien: Les Stromates 4)

Koerte, Alfred (Hrsg.), *Menandrea*. Leipzig 1910.

Lehmann, Marcus, *Hagadah schel Peßach*. Basel 1962.

Lichtenstein, Erich (Hrsg.), *Übersetzungen und philosophische Schriften*. Weimar 1922 (Friedrich Hölderlin: Werke und Briefe 3).

Loyola, San Ignacio de, *Obras Completas* (Biblioteca de Autores Cristianos). Madrid 1963.

Mahābhārata. Die große Erzählung von den Bhāratas. In Auszügen aus dem Sanskrit übersetzt, zusammengefaßt und kommentiert von Georg von Simson. Berlin 2011.

Mahāvastu. Translated from the Buddhist Sanskrit by J.J. Jones (Sacred Books of the Buddhist Vol. XVI). London 1949.

Maimonides, *Mischneh Tora*. Hrsg. v. Saul Lieberman. Jerusalem 1964.

Manusmṛti, Manus Gesetzbuch. Aus dem Sanskrit übersetzt und herausgegeben von Axel Michaels unter Mitarbeit von Anand Mishra. Berlin 2010.

Megerlin, David Friedrich, *Die türkische Bibel, oder des Korans allererste teutsche Übersetzung*. Frankfurt am Main 1772.

Milindapañha. Die Fragen des Königs Milinda. Aus dem Pali übers. von Nyanatiloka. Zürich 1985.

Neumann, Karl Eugen, *Die Reden Gotamo Buddhos. Aus der längeren Sammlung Dīghanikāyo des Pāli-Kanons übersetzt* (= Karl Eugen Neumanns Übertragungen aus dem Pāli-Kanon. Gesamtausgabe in drei Bänden. Band II). Zürich / Wien 4.–7. Tausend 1957.

Nietzsche, Friedrich, *Götzen-Dämmerung*, in: Nietzsche Werke, Kritische Gesamtausgabe 6. Abt. 3. Bd. Berlin 1969.

Nilokaus Cusanus, *Sermones I*. Hrsg. v. Rudolf Haubst u. a. Hamburg 1991 (Nicolaus Cusanus Opera omnia 16).

Nyanatiloka, *Visuddhi-Magga oder der Weg zur Reinheit. Die grösste und älteste systematische Darstellung des Buddhismus*. Zum ersten Male aus dem Pali übersetzt. Konstanz ²1952.

Plotin, *Enneades IV–V*. Ed. Henry / Schwyzer. Oxford 1977 (Plotini opera 2).

Plotin, *Porphyrii vita Plotini. Enneades I–III*. Ed. Henry / Schwyzer. Oxford 1964 (Plotini opera 1).

Rahner, Karl und Vorgrimmler, Herbert, *Kleines Konzilskompendium*. Freiburg u. a. 2008.

Ratzinger, Josef, *Predigt in der Heiligen Messe „Pro Eligendo Romano Pontifice"*, in: *Der Anfang. Papst Benedikt XVI. Josef Ratzinger. Predigten und Ansprachen. April/Mai 2005*. Bonn 2005 (Verlautbarungen des Apostolischen Stuhles 168).

Rig-Veda. Das heilige Wissen. Erster und Zweiter Liederkreis. Aus dem vedischen Sanskrit übersetzt und herausgegeben von Michael Witzel und Toshifumi Gotô unter Mitarbeit von Eijiorō Dōyama und Mislav Ježić. Frankfurt und Leipzig 2007.

Seidenstücker, Karl, *Pāli-Buddhismus in Übersetzungen. Texte aus dem buddhistischen Pāli-Kanon und dem Kammavāca*. Aus dem Pāli übersetzt nebst Erläuterungen und einer Tabelle. München-Neubiberg 1923.

Sifra mit dem Kommentar von Abraham ben David. Ed. Isaac Hirsch Weiss, Jacob Schlossberg (Nachdr. d. Ausg. Wien 1862). New York (NY) 1946.

Slaje, Walter, *Upanischaden. Arkanum des Veda. Aus dem Sanskrit übersetzt und herausgegeben*. Frankfurt am Main und Leipzig 2009.

Thomas von Aquin, *Summa Theologiae. Prima pars*. Hrsg. v. Petrus Caramello. Turin 1950 (S. Thomae Aquinatis Summa theologiae 1).

Wilms, Franz-Elmar, *Al-Ghazālīs Schrift wider die Gottheit Jesu*. Leiden 1966.

Xenophon, *Anabasis Buch I–III*. Hrsg. v. Ferdinand Vollbrecht. 8. verb. A. Leipzig 1886.

Verzeichnis der Literatur

Abu Zaid, Nasr Hamid, *Gottes Menschenwort. Für ein humanistisches Verständnis des Koran*. Ausgewählt, übersetzt und mit einer Einleitung von Thomas Hildebrandt. Freiburg u. a. 2008.

Andresen,Carl, *Bibligraphia Augustiana*. Darmstadt 1973.

Aslan, Reza, *Kein Gott ausser Gott. Der Glaube der Muslime von Muhammad bis zur Gegenwart*. Aus dem Englischen von Rita Seuß. München 2006.

Bauschke, Martin, *Jesus als Beispiel der Gott-Mensch-Beziehung im Koran*, in: Hansjörg Schmid u. a. (Hrsg.), *Heil im Christentum und Islam. Erlösung oder Rechtleitung?* Stuttgart 2004.

Bobzin, Hartmut, *Mohammed*. München 2000.

Böhl, Felix, *Gebotserschwerung und Rechtsverzicht als ethisch-religiöse Norm in der rabbinischen Literatur* (Frankfurter Judaistische Studien Bd. 1). Freiburg 1971.

Böhm, Thomas, *Die Christologie des Arius. Dogmengeschichtliche Überlegungen unter besonderer Berücksichtigung der Hellenisierungsfrage*. St. Ottilien 1991.

Böhm, Thomas, *Glaube und Inkulturation. Gab es einen „Zwang" zur Heterodoxie in der Spätantike?*, in: ders. (Hrsg.), *Glaube und Kultur. Begegnung zweier Welten?* Freiburg u. a. 2009.

Böhm, Thomas, *Unbegreiflichkeit Gottes bei Origenes und Unsagbarkeit des Einen bei Plotin – Ein Strukturvergleich*, in: Lorenzo Perrone (Hrsg.), *Origiana Octavia*, Vol. II. Leuven 2003.

Böhtlingk, Otto von, und Roth, Rudolph, (Hrsg.) *Großes Petersburger Wörterbuch*. Petersburg 1855.

Brück, Michael von, *Einführung in den Buddhismus*. Darmstadt 2007.

Brück, Michael von, *Identität und Widerspruch*, in: Reinhold Bernhardt/Perry Schmidt-Leukel (Hrsg.): *Multiple religiöse Identität. Aus verschiedenen religiösen Traditionen schöpfen*. Zürich 2008.

Buber, Martin, *Werke II*. München 1964.

Buber, Martin, *Werke III*. München 1963.

Buhl, Frants, *Das Leben Muhammeds*. Deutsch von Hans Heinrich Schrader. 3. A. Heidelberg 1961.

Buhl, Frants, *Über Vergleichungen und Gleichnisse im Qur'ān*, in: Acta Orientalia 2 (1924).

Conze, Edward, *Der Buddhismus. Wesen und Entwicklung*. 8. unveränderte Auflage. Stuttgart u. a. 1986

Dostojewski, Fjodor M., *Die Brüder Karamasoff*. Übertragen von E. K. Rahsin. München ^{8}1977.

Durkheim, Émile, *Les formes élémentaires de la vie religieuse*. Paris ^{4}1960.

Eliade, Mircea, *Geschichte der religiösen Ideen I. Von der Steinzeit bis zu den Mysterien von Eleusis*. Freiburg u. a. 1978.

Ess, Josef van, *Das Eine und das Andere*. 2 Bände. Berlin 2011 (= Studien zur Geschichte und Kultur des islamischen Orients. N. F. Bd. 23, 1 und 23, 2).

Ess, Josef van, *Theologie und Gesellschaft im 2. und 3. Jahrhundert Hidschra. Eine Geschichte des religiösen Denkens im frühen Islam*. Bd. I–VI. Berlin 1991–1997.

Farias, Victor, *Heidegger und der Nationalsozialismus*. Berlin 2003.

Frauwallner, Erich, *Geschichte der indischen Philosophie*. 2 Bde. Salzburg 1953 und 1956.

Gramlich, Richard, *Der eine Gott. Grundzüge der Mystik des islamischen Monotheismus*. Wiesbaden 1998.

Gramlich, Richard, *Der Urvertrag in der Koranauslegung (zu Sure 7, 172–173)*, in: Der Islam 60/2 (1983).

Hagemann, Ludwig, *Leiden im Islam*, in: Adel Th. Khoury und Peter Hünermann (Hrsg.): *Warum leiden? Die Antwort der Weltreligionen*. Freiburg 1991.

Heidegger, Martin, *Brief über den Humanismus*, in: Wegmarken, GA Bd. 9.

Heschel, Abraham Joshua, *Gott sucht den Menschen. Eine Philosophie des Judentums*. Neukirchen-Vluyn 1980.

Hruby, Kurt, *Gesetz und Gnade in der rabbinischen Überlieferung*, in: Judaica 25 (1969), S. 30–63.

Huntington, Samuel Phillips, *The Clash of Civilisations and the remaking of world order*. New York 1996.

James, William, *Die Vielfalt religiöser Erfahrung. Übersetzt aus dem Englischen von Eilert Herms und Christian Stahlhut*. Frankfurt am Main 1997.

Jürgasch, Thomas, *Theoria versus Praxis? Zur Entwicklung eines Prinzipienwissens im Bereich der Praxis in Antike und Spätantike*. Berlin/Boston 2013.

Karimi, Ahmad Milad, *Vom Glauben als Sehnsucht nach Gott*, in: Jahrbuch für Islamische Theologie und Religionspädagogik 1/2012. Freiburg 2012.

Kermani, Navid, *Gott ist schön*. München 1999.

Krienke, Markus, *Theologie – Philosophie – Sprache. Einführung in das theologische Denken Antonio Rosminis*. Regensburg 2006.

Küng, Hans, *Weltethos für Weltpolitik und Weltwirtschaft*. Darmstadt ³1998.

Kutsch, Ernst, *Neues Testament – Neuer Bund? Eine Fehlübersetzung wird korrigiert*. Neunkirchen-Vluyn 1978.

Lehmann, Karl, *Der Teufel – ein personales Wesen?* in: Walter Kasper und Karl Lehmann (Hrsg.), *Teufel, Dämonen, Besessenheit. Zur Wirklichkeit des Bösen*. Mainz 1978.

Maier, Johann, *Judentum*. Göttingen 2007.

Mensching, Gustav, *Buddha und Christus: ein Vergleich*. Stuttgart 1978.

Michaels, Axel, *Der Hinduismus. Geschichte und Gegenwart*. München 1998.

Müller, Reinhard, *Jahwe als Wettergott. Studien zur althebräischen Kultlyrik anhand ausgewählter Psalmen*. Berlin 2008.

Neuwirth, Angelika, *Koran*, in: Hellmut Gätje (Hrsg.), *Grundriß der arabischen Philologie II*. Wiesbaden 1987.

Nissen, Andreas, *Gott und der Nächste im antiken Judentum. Untersuchungen zum Doppelgebot der Liebe*. Tübingen 1974.

Oberlinner, Lorenz, *Die Stellung der „Terminworte" in der eschatologischen Verkündigung des Neuen Testaments*, in: Peter Fiedler (Hrsg.): *Gegenwart und kommendes Reich: Schülergabe Anton Vögtle zum 65. Geburtstag*. Stuttgart 1975.

Oesterreicher, Johannes M., *Kommentierende Einleitung zur Erklärung über das Verhältnis der Kirche zu den nichtchristlichen Religionen*, in: *Das Zweite Vatikanische Konzil. Konstitutionen, Dekrete und Erklärungen. Lateinisch und Deutsch*. Teil II (Nachtrag zum LThK). Freiburg/Basel/Wien 1967.

Otto, Eckart, *Gottes Recht als Menschenrecht. Rechts- und literaturhistorische Studien zu Deuteronomium*. Wiesbaden 2002.

Otto, Rudolf, *West-östliche Mystik. Vergleich und Unterscheidung zur Wesensdeutung*. München ³1971.

Rahner, Karl (1904–1984), *„Erfahrungen eines katholischen Theologen". Rede am 12. 2. 1984 auf der Tagung der Katholischen Akademie der Erzdiözese Freiburg anlässlich des 80. Geburtstags* *von Karl Rahner am 5. 3. 1984*. Nach dem Podcast der Albert-Ludwigs-Universität Freiburg: http://podcasts.uni-freiburg.de/podcast_content?id_content=8 (Stand: 26.06.2013).

Said, Edward W., *Orientalismus. Aus dem Englischen von Hans Günter Holl*. Frankfurt 2009.

Salvatore R. C., *Clement of Alexandria. A Study in Christian Platonism und Gnosticism*. Oxford 1971.

Schaeffler, Richard, *Philosophische Einübung in die Theologie. Erster Band: Zur Methode und zur theologischen Erkenntnislehre* (= *Scientia & Religio Bd. 1/1*, hrsg. von Markus Enders u. Bernhard Uhde). Freiburg/München 2004.

Schechter, Solomon, *Aspects of Rabbinic Theology*. New York 1961.

Schmidt, Wilhelm, *Ursprung und Werden der Religion. Theorien und Tatsachen*. Münster 1930.

Scholem, Gershom, *Die jüdische Mystik in ihren Hauptströmungen*. Frankfurt 1957.

Schumann, Hans Wolfgang, *Buddhismus. Stifter, Schulen und Systeme*. München 1993.

Schumann, Hans Wolfgang, *Der historische Buddha*. Köln 1982.

Schumann, Hans Wolfgang, *Buddhismus. Ein Leitfaden durch seine Lehren und Schulen*. Darmstadt 1973.

Seebaß, Gottfried, *Willensfreiheit und Determinismus. I: Die Bedeutung des Willensfreiheitsproblems*. Berlin 2007.

Seven, Şuayip, *Die Auseinandersetzung der klassischen Gelehrten mit der Problematik der Äquivokation der arabischen Wörter im Qur'ān*, in: Jahrbuch für Islamische Theologie und Religionspädagogik 1/2012. Freiburg 2012.

Soden, Wolfram von, *Jahwe. „Er ist, Er erweist sich."*, in: Welt des Orients 3/3 (1966), S. 177–187.

Söding, Thomas, *„Tut dies zu meinem Gedächtnis ...!" Das Abendmahl Jesu und die Eucharistie der Kirche nach dem Neuen Testament*, in: Stephan Loos / Holger Zaborowski (Hrsg:), *„Essen und Trinken ist des Menschen Leben". Zugänge zu einem Grundphänomen*. Freiburg 2007.

Stemberger, Günter, *Jüdische Religion*. München 1995.

Suzuki, Daisetz T., *Der westliche und der östliche Weg*. Frankfurt [11]1971.

Tugendhat, Ernst, *Egozentrizität und Mystik. Eine anthropologische Studie*. München 2003.

Uhde, Bernhard, *¿Religiones del amor? Reflexiones sobre religión y* *violencia en las grandes religiones monoteístas*, in: ARETÉ. Revista de Filosofia XVII, 2. Lima 2005.

Uhde, Bernhard, „*Alles Vergängliche ist nur ein Gleichnis*". *Des Bildlosen Bild: Religion als Grenzüberschreitung. Hans Friedrich Geißer zum 75. Geburtstag*, in: Jahrbuch für Religionsphilosophie, 3. Jahrgang. Frankfurt am Main 2004.

Uhde, Bernhard, *Christentum – Ein Anachronismus? oder: Zur Freiheit der Theologie*, in: Studia Universitatis Babeş-Bolyai, Theologia Catholica Latina LV, 2/2010. Cluj-Napoca (Klausenburg/ Rumänien) 2011.

Uhde, Bernhard, „*Christentum und Islam. Bemerkungen zu einer schwierigen Beziehung*" *[„Kereszténység és iszlám. Megjegyzések egy nehéz kapcsolat margójára"]*, in: Studia Theologica Transsylvaniensia 13/2. Alba Iulia 2010.

Uhde, Bernhard, „*Denn Gott ist die Wahrheit, und was sie außer ihm anrufen, ist Trug*". Freiburg 2011.

Uhde, Bernhard (Hrsg.), *Die Bibel und die Religionen. Religionsgeschichtliche Quellentexte* (Die Bibel Bd. 8). Salzburg 1979.

Uhde, Bernhard, „*Er unser Gott, ER Einer*". *Überlegungen zum Prinzip des Judentums*, in: *Was Juden und Judentum für Christen bedeuten*. Hrsg. Von G. Biemer, A. Biesinger, P. Fiedler in Zusammenarbeit mit E. L. Ehrlich, B. Feininger, K.-H. Minz, U. Reck und B. Uhde. Freiburg/Basel/Wien 1984.

Uhde, Bernhard, *Es wird, was sein soll. Religionsgeschichtliche Überlegungen zur Eschatologie*, in: Michael N. Ebertz/Reinhold Zwick (Hrsg.): *Jüngste Tage. Die Gegenwart der Apokalyptik*. Freiburg-Basel-Wien 1999.

Uhde Bernhard, „*Fiat mihi secundum verbum tuum*". *Die Zurücknahme des menschlichen Willens als ein Prinzip der Weltreligionen. Ein religionsphilosophischer Entwurf*, in: Jahrbuch für Religionsphilosophie, 1. Jahrgang. Frankfurt am Main 2002.

Uhde, Bernhard, *Judentum: Eine „ethnozentrische" Religion? Eine religionsgeschichtliche Überlegung*, in: Freiburger Leitlinien zum Lernprozess Christen Juden. Hrsg. Von G. Biemer unter Mitarbeit von A. Biesinger, P. Fiedler, K.-H. Minz, U. Reck. Düsseldorf 1981.

Uhde, Bernhard, „*Kein Streitgrund zwischen uns und euch*" (Koran 42, 15), in: Hermann Weber (Hrsg.): *Globale Mächte und Gewalten – Wer steuert die Welt? Die Verantwortung der Weltreligionen*. Ostfildern 2011.

Uhde, Bernhard, „*Kein Zwang in der Religion*" *(Koran 2,256). Zum Problem von Gewaltpotential und Gewalt in den „monotheisti-*

schen" Weltreligionen, in: Jahrbuch für Religionsphilosophie, 2. Jahrgang. Frankfurt am Main 2003.

Uhde, Bernhard, *Krieg oder Frieden? Zum Problem von Gewaltpotenzial und Friedensaufrufen in den „Weltreligionen"*, in: Albert Käuflein/Thomas Macherauch (Hrsg.): *Religion und Gewalt. Die großen Weltreligionen und der Frieden*. Würzburg 2008.

Uhde, Bernhard, *Meerschwein und Messwein. Speisekulte und Kultspeisen – religiös und profan. Eine kleine Phänomenologie, in sieben Gängen dargereicht*, in: Stephan Loos / Holger Zaborowski (Hrsg.): *„Essen und Trinken ist des Menschen Leben". Zugänge zu einem Grundphänomen*. Freiburg/München 2007.

Uhde, Bernhard, *Theatralität des Rituals – Ritual des Theaters. Weltreligionen als Inszenierungen*, in: Theater im Marienbad (Hrsg.): *Ekstase und Trost. Glaube und Ritual im zeitgenössischen Theater*. Freiburg 2009.

Uhde, Bernhard, *West-östliche Spiritualität. Die inneren Wege der Weltreligionen. Eine Orientierung in 24 Grundbegriffen*. Freiburg 2011.

Vetter, Dieter, *Warum leiden? Antworten aus dem Judentum*, in: Adel Th. Khoury und Peter Hünermann (Hrsg.): *Warum leiden? Die Antwort der Weltreligionen*. Freiburg 1991.

Volke, Stefan, *Sprachphysiognomik. Grundlagen einer leibphänomenologischen Beschreibung der Lautwahrnehmung*. Freiburg 2007.

Waardenburg, Jacques, *Islam. Historical, Social, and Political Perspectives*. Berlin/New York 2002. (The Qur'anic Concept of Reason).

Weizsäcker, Carl Friedrich von, *Die Sterne sind glühende Gaskugeln, und Gott ist gegenwärtig. Über Religion und Naturwissenschaft*. Hrsg. und eingeleitet von Thomas Görnitz. Freiburg u. a. 1992.

Wendt, Reinhard (Hrsg.), W*ege durch Babylon. Missionare, Sprachstudien und interkulturelle Kommunikation*. Tübingen 1998.

Wilms, Franz-Elmar, *Al-Ghazālīs Schrift wider die Gottheit Jesu*. Leiden 1966.

Yerushalmi, Yosef Hayim, *Zachor: Erinnere Dich! Jüdische Geschichte und jüdisches Gedächtnis*. Aus dem Amerikanischen von Wolfgang Heuss. Berlin 1997.

Zirker, Hans, *Islam. Theologische und gesellschaftliche Herausforderungen*. Düsseldorf 1993.

West-östliche Spiritualität verstehen

Bernhard Uhde
West-östliche Spiritualität –
Die inneren Wege der
Weltreligionen
Eine Orientierung in
24 Grundbegriffen
160 Seiten | Gebunden
mit Schutzumschlag
ISBN 978-3-451-61057-8

Ein Buch, das zeigt, wie sehr die Grundbegriffe der westöstlichen Spiritualität aufeinander bezogen sind und was religiöse Praxis – über alle kulturellen Unterschiede hinweg – verbindet.

In allen Buchhandlungen oder unter
www.kreuz-verlag.de
Was Menschen bewegt